项目编号：HNJG-2022-1148
项目名称：新时代应用型法律人才培养之实践教学改革研究

# 法律案例实务

**主 编** 贵 静 毕 风 唐淑艳

陈汝超 孙兵华

河北科学技术出版社
·石家庄·

# 编委会

主　编：贵　静　毕　风　唐淑艳　陈汝超　孙兵华
成　员：蔡浩明　侯　坚　梁　琦　何长松　周颂华　彭　芳

## 图书在版编目（CIP）数据

法律案例实务 / 贵静等主编 . -- 石家庄：河北科
学技术出版社 , 2023.9
　ISBN 978-7-5717-1730-8

　Ⅰ . ①法… Ⅱ . ①贵… Ⅲ . ①法律 – 案例 – 汇编 – 中
国 Ⅳ . ① D920.5

中国国家版本馆 CIP 数据核字 (2023) 第 163465 号

## 法律案例实务
FALÜ ANLI SHIWU

贵　静　毕　风　唐淑艳　陈汝超　孙兵华　主编

| | |
|---|---|
| 责任编辑 | 胡占杰 |
| 责任校对 | 张　健 |
| 美术编辑 | 张　帆 |
| 封面设计 | 优盛文化 |
| 出版发行 | 河北科学技术出版社 |
| 地　　址 | 石家庄市友谊北大街 330 号（邮编：050061） |
| 印　　刷 | 河北万卷印刷有限公司 |
| 开　　本 | 710mm×1000mm　1/16 |
| 印　　张 | 15.5 |
| 字　　数 | 240 千字 |
| 版　　次 | 2023 年 9 月第 1 版 |
| 印　　次 | 2024 年 1 月第 1 版 |
| 书　　号 | ISBN 978-7-5717-1730-8 |
| 定　　价 | 88.00 元 |

# 前　言

我们为什么要掌握一点法律知识呢？因为法律是一种工具和手段，学习法律可以更好地维护自己的权益。

如果有一天，我们自己或者亲戚朋友遇到这样的问题，该怎么办？是手足无措地消极等待，还是由于法律知识的匮乏而放弃自己的权益？毫无疑问，如果不懂一点法律知识，面对以上这些问题，纵是绞尽脑汁，我们也很难找出答案。然而，只要掌握一些法律知识，我们就能很好地维护自己以及他人的权益，这就是本书的目的所在。

本书涉及多条法律法规，精选32个案例，对在日常生活中经常遇到的、较为棘手的各种法律问题进行解答，内容涉及民法、继承、合同、物权、侵权、诉讼、消费者权益等多个方面，旨在帮助读者轻松掌握日常必知、必备的法律常识，以法律的思维理智判断社会生活中的是非曲直，从而规范行为、明白生活、理智处世、合法维权。本书是大众必备的法律手册，百姓身边的法律顾问。

本书的编撰者是一批谙熟法律、精通律师、法官、检察官实务的专家、学者。本书所选的案例，是司法机关公开审理的案件，在论述时已对原案件进行了必要的技术性处理。

本书适用范围广泛，它既可以配合国家统一法律职业资格考试大纲，作为较好的辅导书籍，又对参加各类法律考试（专科、本科、研究生）者具有普遍指导作用；同时可以作为各类政法学校培训律师、法官、检察官、人民警察的参考用书。此书在全民普法教育、指导司法人员办案、开展法律咨询服务方面也不失为一本较好的参考书。

由于作者水平有限，加之时间仓促，本书难免会有不足之处，敬请读者批评指正。

编者

2023 年 4 月

# 前　言

# 目　录

# 第一章 民法案例与实务

## 案例 1：支某 1 等诉某管理处生命权、健康权、身体权纠纷案

### 一、案例简介

#### （一）关键词

民事、生命权纠纷、公共场所、安全保障义务。

#### （二）裁判要点

侵犯责任法第三十七条第一款中规定的"公共场所"不包括作为禁止公众进入的水利工程设施之一的消力池。消力池的所有人与管理人采取了相应的防护措施以及合理的安全提示，完全民事行为能力人不顾警示，擅自闯入危险区域造成自身损害，请求所有人与管理人承担赔偿责任的，人民法院不予支持。

#### （三）相关法条

《中华人民共和国侵权责任法》第三十七条第一款。

#### （四）基本案情

2017 年 1 月 16 日，某派出所接到报警电话，声称支某 3 外出遛狗至今未归，下落不明，怀疑是掉进附近的河沟里了。接到报警电话后，该所民

警火速赶到现场展开周密调查，根据报警人员提供的线索，派出所民警于当晚在位于某河拦河闸自西向东的第二道闸门处的消力池中发现了该名失踪男子，发现时支某3已无生命体征。民警经过观察发现，当时某河拦河闸南侧的消力池内池水已经结冰，并且消力池池壁边缘与冰面的高度大体持平，消力池外侧的河道内无水。经过走访群众、法医鉴定、现场勘察等一系列工作，结合所获证据，某公安局于2017年1月20日，针对支某3的死亡情况出具了调查结论（丰公治亡查字〔2017〕第021号）：

①该人系溺亡死亡。

②该人死亡不属于刑事案件。支某3家属对死因无异议。某派出所民警在位于某河拦河闸自西向东方向第二道闸门处的消力池内发现支某3遗体，而消力池属于某桥分洪枢纽水利工程的组成部分。该项工程的日常运行、维护与管理按照规定是由某管理处负责的。支某3的父亲支某1、母亲马某某、妻子李某某和女儿支某2向人民法院提起诉讼，请求该消力池所属单位某管理处承担相应的损害赔偿责任。

**（五）裁判结果**

2019年1月28日，某人民法院作出（2018）京0106民初2975号民事判决：驳回支某1等四人的全部诉讼请求。接到判决后，支某1等四人不服判决要求上诉。2019年4月23日，某中级人民法院作出（2019）京02民终4755号民事判决：驳回上诉，维持原判。

**二、案例解读**

**（一）本案涉及基本法律知识**

1. 安全保障义务

（1）相关概念。所谓安全保障义务指的是经营场所、公共场所的经营者在其管辖范围内，对场所内的所有消费者、潜在消费者以及因其他原因进入到经营场所内部人员的财产以及人身安全依照法律规定所承担的安全保障义务。

　　十三届全国人大三次会议于 2020 年 5 月 28 日表决通过了《中华人民共和国民法典》(以下简称《民法典》),自 2021 年 1 月 1 日开始正式施行。《民法典》第一千一百九十八条规定,宾馆、商场、银行、车站、机场、体育场馆、娱乐场所等经营场所、公共场所的经营者、管理者或者群众性活动的组织者,未尽到安全保障义务,造成他人损害的,应当承担侵权责任。因第三人的行为造成他人损害的,由第三人承担侵权责任;经营者、管理者或者组织者未尽到安全保障义务的,承担相应的补充责任。经营者、管理者或者组织者承担补充责任后,可以向第三人追偿。

　　安全保障义务是在诚实信用原则之下基于公平、正义的需要而得出的,是一种法定义务,义务人必须履行相应的安全保障义务,是一种积极作为的义务。违反安全保障义务致使他人损害的则应承担相应的责任,在归责原则上,安全保障义务应适用过错责任归责原则,由受害方承担义务人有过错的举证责任。

　　(2)哪些人需要履行安全保障义务。

　　①宾馆、商场、银行、车站、娱乐场所等公共场所的经营者、管理者。公共场所包括以公众为对象进行商业性经营的场所,也包括对公众提供服务的场所。在实际生活中,除宾馆、商场等场所外,还包括超市、舞厅、网吧、港口、餐厅等。

　　②群众性活动的组织者。群众性活动是指为了特定的目的,社会公众依法参加的、人数较多的社会活动。特定的目的可能是文艺、体育等。在实际生活中,常见的有运动会、足球比赛等体育比赛活动,演唱会、音乐会、书画展等文艺活动,灯会、庙会、烟火晚会等民间传统活动,汽车展销会、经验交流会、人才招聘会等商业活动,等等。

　　(3)安全保障义务的约定义务如何。安全保障义务的目的在于避免他人的人身、财产遭受损害,所以安全保障义务也可以界定为避免他人遭受损害的义务。一般说来,避免损害的义务通常以加害人和受害人或危险源之间的近因关系为前提。两者都会引起责任,责任进而导致介入的义务。类似的安全(保障)义务也产生于那些自愿对他人负责的个人或组织,包括无合同基础而承担责任的情况。尽管理论上可以将部分安全保障义务解释为合同法上的附随义务,但是从我国立法的实践来看,法律、行政法规大量地规定了各种具体情况下经营者承担的安全保障义务，而合同法却没有（也不可能）对此做出明确的列举性规定，因此原则上将安全保障义务定性为法定义务比较妥当，符合我国现行法律、法规所建立起来的模式。

2. 侵权责任

（1）侵权责任的概念和特征。侵权责任是指行为人因过错侵害他人民事权益造成损害而应承担的责任。侵权行为危及他人人身、财产安全的，被侵权人有权请求侵权人承担停止侵害、排除妨碍、消除危险等侵权责任。其具备如下特征：

①同一侵权行为可以引起民事责任、行政责任或者刑事责任，但加害人的财产不足以支付所有责任时，应先行承担民事责任。

②侵权责任是行为人因违反法律规定的义务而应承担的不利后果。

③侵权责任的构成要件、免责事由、承担形式具有法定性。

④侵权责任形式具有多样性，以财产性责任为主，以人身性责任为辅。

（2）侵权责任的分类。

①自己责任和替代责任。以侵权责任是否由行为人自己承担为标准，侵权责任可分为自己责任和替代责任。自己责任是指侵权责任由加害行为人自己承担的责任形式。替代责任是指侵权责任由与行为人有特定关系的人，或者与动物、物件有管领关系的人承担的责任形式。这种责任形态的责任人与加害人并非同一人。替代责任有以下两种情形。

第一，为他人行为承担责任。即替代责任人与加害行为人之间存在监护、隶属、雇佣等特定关系时的责任。例如，加害人是未成年人，侵权责任由监护人承担。

第二，为致害物承担责任。即责任人与致害物之间存在所有、占有、管理等管领关系，为致害物承担责任的主体为致害物的所有人、管理人或使用人。例如，建筑物的高空悬挂物脱落致人损伤的、建筑物所有人或管理人不能证明自身无过错的，应承担侵权责任。

②单方责任和双方责任。以侵权责任是否由侵权法律关系中的一方承担为标准，侵权责任可分为单方责任和双方责任。单方责任是指由加害人一方承担责任的责任形式，双方责任是指侵权行为所引起的后果由加害人和受害人共同承担责任的责任形式。在双方责任中，受害人与加害人的行为均对损

害后果具有过错，或具备因果关系，可给加害人免除部分责任。

③单独责任和共同责任。以侵权责任人是否为一人为标准，侵权责任可分为单独责任和共同责任。单独责任是指加害行为人为单独一人，由该加害行为人承担侵权责任的责任形式。共同责任是指加害行为人为二人或二人以上的数人，由该数人对同一损害后果共同承担侵权责任的责任形式。侵权责任应在数个加害人之间进行分配，因此共同责任又进一步被分为连带责任、按份责任、补充责任和不真正连带责任。

连带责任是指数个责任人作为一个整体对损害共同承担责任，其中的任何一个责任人都有义务对全部损害承担侵权责任；在责任人之一（或者部分人）对全部损害承担了侵权责任之后，他有权向未承担责任的其他责任人追偿。连带责任主要适用于以下情形：一是共同侵权行为。二是教唆、帮助侵权行为。三是共同危险行为。四是原因或行为竞合的无意思联络数人侵权行为。五是法律直接规定的其他情形。

按份责任是指在数个责任人应承担共同责任中每一个责任人只对其应当承担的责任份额承担清偿义务，不与其他责任主体发生连带关系的侵权责任。

补充责任是指在一个侵权行为造成的损害事实产生了两个相重合的侵权责任请求权时，法律规定被侵权人必须按照先后顺序行使请求权，只有排在前位的责任人无力承担全部责任，且排在后位的责任人有过错的情况下，才由排在后位的责任人承担与其过错相适应且在前位责任人无力清偿范围内的责任的责任形式。

（3）具体的侵权责任。

①产品责任。因产品存在缺陷造成他人损害的，生产者应承担侵权责任。因产品存在缺陷造成他人损害的，被侵权人可以向产品的生产者请求赔偿，也可以向产品的销售者请求赔偿。产品缺陷由生产者造成的，销售者赔偿后，有权向生产者追偿。因销售者的过错使产品存在缺陷的，生产者赔偿后，有权向销售者追偿。因运输者、仓储者第三人的过错使产品存在缺陷，造成他人损害的，产品的生产者、销售者赔偿后，有权向第三人追偿。因产品缺陷危及他人人身、财产安全的，被侵权人有权请求生产者、销售者承担停止侵害、排除妨碍、消除危险等侵权责任。

②机动车交通事故责任。因租赁、借用等情形机动车所有人，管理人与使用人不是同一人时，发生交通事故造成损害，属于该机动车一方责任的，由机动车使用人承担赔偿责任；机动车所有人、管理人对损害的发生有过错的，承担相应的赔偿责任。机动车发生交通事故造成损害，属于该机动车一方责任的，先由承保机动车强制保险的保险人在强制保险责任限额范围内予以赔偿；不足部分，由承保机动车商业保险的保险人按照保险合同的约定予以赔偿；仍然不足或者没有投保机动车商业保险的，由侵权人赔偿。

③医疗损害责任。患者在诊疗活动中受到损害，医疗机构或者其医务人员有过错的，由医疗机构承担赔偿责任。患者在诊疗活动中受到损害，有下列情形之一的，推定医疗机构有过错：违反法律、行政法规、规章以及其他有关诊疗规范的规定；隐匿或者拒绝提供与纠纷有关的病历资料；遗失、伪造、篡改或者违法销毁病历资料。

④环境污染和生态破坏责任。因污染环境，破坏生态造成他人损害的，侵权人应当承担侵权责任。因污染环境、破坏生态发生纠纷，行为人应当就法律规定的不承担责任或者减轻责任的情形及其行为与损害之间不存在因果关系承担举证责任。违反国家规定造成生态环境损害的，国家规定的机关或者法律规定的组织有权请求侵权人赔偿下列损失和费用：生态环境受到损害至修复完成期间服务功能丧失导致的损失；生态环境功能永久性损害造成的损失；生态环境损害调查、鉴定评估等费用；清除污染、修复生态环境费用；防止损害的发生和扩大所支出的合理费用。

⑤高度危险责任。民用核设施或者运入运出核设施的核材料发生核事故造成他人损害的，民用核设施的营运单位应当承担侵权责任；但是，能够证明损害是因战争、武装冲突、暴乱等情形或者受害人故意造成的，不承担责任。民用航空器造成他人损害的，民用航空器的经营者应当承担侵权责任；但是，能够证明损害是因受害人故意造成的，不承担责任。占有或者使用易燃、易爆、剧毒、高放射性、强腐蚀性、高致病性等高度危险物造成他人损害的，占有人或者使用人应当承担侵权责任；但是，能够证明损害是因受害人故意或者不可抗力造成的，不承担责任。被侵权人对损害的发生有重大过失的，可以减轻占有人或者使用人的责任。从事高空、高压、地下挖掘活动或者使用高速轨道运输工具造成他人损害的，经营者应当承担侵权责任；但

是，能够证明损害是因受害人故意或者不可抗力造成的，不承担责任。被侵权人对损害的发生有重大过失的，可以减轻经营者的责任。

（4）适格被告。所谓适格被告是指根据法律规定有以被告身份参加诉讼的资格。根据法律规定，民事诉讼解决公民之间、法人之间、其他组织之间以及他们相互之间因财产关系和人身关系发生的纠纷。因此，当事人是否适格，只能将当事人与具体的诉讼联系起来，看当事人与特定的诉讼标的有无直接联系，判断的标准适用于原告，也适用于被告。

### （二）本案涉及基本法律原理

1. 安保义务中关于公共场所的界定

公共场所是指人群经常聚集、供公众使用或服务于人民大众的活动场所，是人们生活中不可缺少的组成部分。从性质上看，该场所对多数人或不特定的人共同开放并公共使用；从用途上看，该场所具有满足公众在某方面的共同需求并公共使用的功能；从位置上看，该场所应为正常理性人可以正常出入并会选择正常出入的地点；从管理方式上看，该地点明显对外开放，并没有相关提示禁止进入或存在风险。实践中，对公共场所的认定应当结合地点的性质、用途、功能、开放原因、管理方式和公众活动方式等进行综合认定。

本案中，案发地点为某河拦河闸下游方向闸西侧消力池。某河拦河闸位于某河河道底部中间，本身所处地点为自然河道，雨季泄洪、旱季蓄水，某河沿岸并未完全封闭，冬季枯水期处于开放状态。从其性质上看，消力池位于拦河闸下方的某河河道的中间处，并不是向不特定人开放并供不特定人使用的场所；从用途上看，消力池系某河拦河闸的一部分，属于水利设施的范畴，并非对外开放的冰场；从位置上看，不属于正常理性人会前往的区域。因此，综合本案情况，不宜认定该拦河闸下游的消力池为公共场所。

2. 民事法律关系的构成要素

（1）主体。主体是指享有民事权利、承担民事义务的当事人，主要包括自然人、法人和非法人组织，在特定情况下，国家也可能成为民事法律关系的主体。它们之所以能成为民事法律关系的主体，是因为它们具有民事能力，民法将此种能力分解成民事权利能力和民事行为能力。

在民事法律关系中，自然人是最基本的主体。公民是指具有一国国籍的自然人，而自然人是指一切具有自然生命形式的人，包括公民、外国人和无国籍人。自然人要成为民事主体，必须具备民事权利能力和民事行为能力。

法人是具有民事权利能力和民事行为能力，依法独立享有民事权利和承担民事义务的组织。在我国，法人分为以下几类：营利法人、非营利法人、特别法人。

营利法人是以取得利润并分配给股东等出资人为目的成立的法人，包括有限责任公司、股份有限公司和其他企业法人。非营利法人是为公益目的或者其他非营利目的成立，不向出资人、设立人或者会员分配所取得利润的法人，包括事业单位、社会团体、基金会、社会服务机构。特别法人一般指机关法人、农村集体经济组织法人、城镇农村的合作经济组织法人、基层群众性自治组织法人。

非法人组织是指不具有法人资格，但是能够依法以自己的名义从事民事活动的组织，包括个人独资企业、合伙企业、不具有法人资格的专业服务机构等。

（2）客体。客体是指民事法律关系主体之间权利和义务指向的对象。客体是民事权利和民事义务之所依，是主体交往的基石和利益之所在。民事法律关系的客体包括物、行为以及智力成果。客体的种类将随着民事法律关系的发展而不断增加。

（3）内容。内容是指民事法律关系的主体享有的权利和承担的义务。民事法律关系表现为权利义务关系，因此，如果民事主体之间不存在权利义务关系，也就不可能产生民事法律关系。在这种权利义务关系中，享有权利的一方称为权利主体，承担义务的一方称为义务主体。民事权利和民事义务是相互依存和相互联系的，没有无义务的权利，也没有无权利的义务。

3.民事主体的认定标准

（1）民事权利能力论。凡是法律关系的主体，都应具备能够依法享有权利、履行义务的法律资格，即权利义务能力，简称权利能力。不应该把是否具备民事行为能力或者民事责任能力作为判断标准。但是，权利能力只是对民事主体共性特征的一种抽象，是立法者为了将法人引进民事主体领域的一种立法设计。

（2）抽象人格论。抽象人格是指人们平等普遍、独立自由且终身享有的不可变更、不可转让的民事权利能力。相对于具体人格，它具有抽象性、平等性、独立性、终身性、不可变更性、不可转让性。

（3）民事主体功能论。民事主体功能论认为，法律对于民事主体的规定，至少有两个方面的含义：一是在人文主义的影响下，赋予所有自然人民事主体地位，使其参与民事法律关系，享有相应的权利义务；二是为了达到特定的目的和发挥特定的功能而对一定的社会存在赋予民事主体地位，确认其权利能力，这主要是针对社会组织和特定财产而言的。

（4）财产载体论。只要能成为财产的载体，完成交易的使命，就可以是法律确认的主体。

4.侵权责任的构成要件

（1）损害。原告应当对损害的存在、种类、范围和程度承担举证责任。损害应当由受害人进行举证并证明。

（2）加害行为违法。加害行为若不具有违法性即不构成侵权。违法性阻却事由：①不可抗力。②正当防卫。③紧急避险。④自助行为。⑤权利行使行为。⑥受害人同意。

（3）过错。过错包括故意和过失。故意是指行为人预见到损害后果的发生并希望或放任该结果发生的心理状态。过失，是指行为人对自己行为的致害后果应当预见或者能够预见却因为疏忽而没有预见、或虽然预见到自己行为的致害后果却轻信能够避免的心态。

本案坚持在侵权纠纷审判中严格把握过错责任原则的适用，明确了法律规范与公民情感的界限，坚持不能以情感或结果责任主义为导向将损失交由不构成侵权的他方承担的裁判尺度，具有示范意义。

（4）因果关系。侵权责任法中的因果关系，是指加害行为与损害事实之间的引起与被引起的客观联系。加害行为与损害结果之间的因果关系存在多种类型，包括一因一果、一因多果、多因一果和多因多果。

（三）释法说理

支某3溺亡事故发生地点的查实、相应管理机关的确定，以及该管理机关是否应当承担相应的侵权责任是本案争议的焦点。本案主要事实与法律争议认定如下。

1. 关于支某 3 的死亡地点及管理机关的事实认定

第一，从死亡原因角度分析，公安机关鉴定认定支某 3 系溺水死亡；从事故现场来看，某河拦河闸前的消力池是支某 3 遗体发现的地点。根据当时负责受理支某 3 失踪一案的某派出所出具的工作记录，可以认定支某 3 溺亡地点为某河拦河闸处的消力池内。第二，经调查，支某 3 溺亡地点的管理机关是某河管理处，对于这一认定，某河管理处没有予以否认，并再次明确事发消力池确实属于他们的管辖范围，基于上述内容，最终认定支某 3 溺亡地点的管理责任方系某河管理处。从民事责任的角度分析，作为依法成立的事业单位某河管理处具备独立承担相应责任的能力，因此某河管理所、某水务局、某水务局均非本案适格被告，不应承担相应民事责任。支某 1 等四人提出让上述三方共同承担连带赔偿责任的请求，因无法律与事实依据，人民法院不予支持。

2. 关于管理机关某河管理处是否应承担侵权责任的认定

第一，本案不适用侵权责任法中安全保障义务条款。一般情况下，安全保障义务中的义务人与所保护的人之间存在较为密切的关系，包括合同法律关系、缔约磋商关系等；当负有安全保障义务的人因未按照相关规定履行合理范围内的安全保障义务而产生的侵权行为，属于违反安全保障义务的侵权行为。根据调查，某河拦河闸处的消力池是支某 3 溺水身亡的地点。从性质上分析，消力池属于某河拦河闸的一部分，消力池并非对外开放的冰场，而属于水利工程设施的一部分；从位置上分析，拦河闸下方的某河河道的中间部位是消力池；从抵达路径分析，通常情况下，要想抵达消力池，需要从某河沿河的河堤下楼梯至河道，再由河道步行至拦河闸下方，从抵达路径、消力池位置以及消力池性质三个角度来看，均无法将其认定为公共场所。从单位性质来看，某河管理处也并非群众性活动的组织者，因此支某 1 等四人的上诉请求，与法律规定相悖。

第二，从侵权责任的构成角度分析，一方主张承担侵权责任，应就另一方存在的侵权责任构成要件承担举证责任，其中侵权责任构成要件包括另一方存在的损害后果、主观过错、违法行为及损害后果与违法行为之间具有因果关系等。众所周知，某河并不是一个面向公众开放的公共娱乐活动场所，凡是拥有生活常识的人都知晓沿着河道行走或是进入冰面都是极具危险的行为，应当对这些行为后果有一定的预见性。支某3在明知进入河道与冰面具有一定风险的情况下，仍然坚持进入该区域，造成了严重后果，从主观上放松警惕，对自身行为过于自信，因此应当自行承担严重的损害后果。

作为一名成年人，从小便接受相关安全教育，从客观角度分析，自身安危的第一责任人应当是当事人自己，不能所有损害都要找国家的有关部门进行赔偿，自己应当对自己的行为负责。户外活动本身就存在一定的风险，应当趋利避害，不可随便进入非群众活动场所，这是每一位中国公民应当自觉遵守的行为规范。综上所述，支某3的溺水身亡责任人不应当是某河管理处，因此该单位不应承担相应的损害赔偿责任。在这里需要特别指出的是，由于支某3的意外溺亡，使得支某2幼年丧父、父亲支某1和母亲马某某老年丧子，这样的惨痛遭遇值得同情，法院对此给予充分理解，然而赔偿责任方是否构成真正意义上的侵权，则需要证据的支持与法律上的严格界定，不能仅从情感角度出发，以结果责任主义或情感为导向，将损失责任交由不构成侵权的一方来承担。

# 案例2：闫某琳诉某旅游公司平等就业权纠纷案

## 一、案例简介

### （一）关键词

民事、平等就业权、就业歧视、地域歧视。

### （二）裁判要点

用人单位在招录人员时，将性别、地域等与工作没有必然联系的因素作为招聘的衡量标准，对劳动者加以无正当理由的区别性对待，构成就业歧视，使得劳动者的平等就业权得不到保障，请求用人单位承担相应法律责任的，人民法院应予支持。

**（三）相关法条**

《中华人民共和国就业促进法》第三条、第二十六条。

**（四）基本案情**

某旅游公司（以下简称某公司）于2019年7月在某招聘APP平台面向全社会发布招聘信息，其中包括"董事长助理"与"法务专员"两个岗位，本案当事人闫某琳于2019年7月3日通过该招聘APP分别向上述两个岗位投递了应聘简历。在应聘简历中，闫某琳填写了个人基本信息，具体内容包括姓名、性别、出生年月、户口所在地、现居住城市等，其中现居住城市一栏填写的是"浙江某区"，户口所在地一栏填写的是"河南某市"。据杭州市杭州互联网公证处出具的公证书记载，公证人员使用闫某琳的账户、密码登录智联招聘APP客户端，显示闫某琳投递的前述"董事长助理""法务专员"岗位被查看后，均给出岗位不合适的结论，"不合适原因：某省人"。闫某琳因案涉公证事宜，支出公证费用1000元。闫某琳认为，某公司上述地域歧视行为，违反《中华人民共和国就业促进法》的相关规定，严重侵犯了其人格权，给自己的心灵带来了一定程度上的伤害。因此闫某琳向杭州某法院提起诉讼，请求判令某公司赔礼道歉、支付精神抚慰金及承担诉讼相关费用。

**（五）裁判结果**

杭州某法院于2019年11月26日作出（2019）浙0192民初6405号民事判决：

（1）被告某公司于本判决生效之日起十日内赔偿原告闫某琳精神抚慰金及合理维权费用损失共计10000元。

（2）被告某公司于本判决生效之日起十日内，向原告闫某琳进行口头道歉并在《某某日报》公开登报赔礼道歉（道歉声明的内容须经本院审核）；逾期不履行，本院将在国家级媒体刊登判决书主要内容，所需费用由被告某公司承担。

（3）驳回原告闫某琳其他诉讼请求。宣判后，闫某琳、某公司均提起上诉。杭州市某人民法院于2020年5月15日作出（2020）浙01民终736号民事判决：驳回上诉，维持原判。

## 二、案例解读

### （一）本案涉及基本法律知识

1.平等就业权

（1）就业权与平等就业权。

①就业权。就业权与平等就业权具有紧密联系。就业作为一种权利产生于宪法时代，很多国家的宪法都明确规定了公民的就业权。1919年，德国《魏玛宪法》规定："人民应当享有劳动并取得生活资料的机会。"1946年，《法国宪法》明确规定了公民的就业权。《世界人权宣言》第二十三条和第二十四条规定了劳动者的劳动权利和休息权利，包括就业权、自由选择职业权、获得公正报酬和平等待遇权，组织和参加工会权以及休息和休假权等。所谓就业权，是指具有劳动能力和劳动愿望的公民享有从事劳动的权利，包括平等就业权和自由择业权。在我国，就业所体现的权利属性有其特殊的涵义。一方面，就业权具有政治属性。就业作为一种权利是建立在生产资料公有制基础之上的，劳动者享有生产资料"主人翁"资格，有权要求国家和社会依法为其提供工作岗位；另一方面，就业权还具有经济属性。在劳动还是人们谋生的基本手段的历史条件下，就业权承载了保障个人生存权的基本功能，具有极其重要的经济属性。

②平等就业权。平等就业权是指国家通过立法、执法和司法保护使劳动者能够在平等身份、平等权利、平等机会和平等规则等基础上享有形式上的平等就业的权利。同时，国家通过禁止就业歧视、特殊群体就业保护、就业培训和就业社会保障等多种手段和措施，保护劳动者享有实质上的平等就业权。平等就业权是形式上的平等就业权和实质上的平等就业权的统一。

在我国，平等就业权应当作为积极权利予以对待。第一，从平等就业权的目的来看，平等就业权承载了保障生存权的基本功能，具有生存权的本质属性。生存权是一种积极的权利，是社会权的一种。而社会权主要是在社会对经济上的弱者进行保护与帮助时，要求国家作为的权利。因此，生存权也是一种请求权，即请求国家作为的权利。平等就业权所承载的保障生存权的功能使其具有积极的权利扩张性，这集中表现在平等就业权对国家作为的强力要求以及对其他权利的优先排序等方面。第二，从限制用人单位的用工自主权来看，赋予平等就业权积极的权利属性，不仅有利于形成权利制衡，而且能够创造公平的用工环境并培育和谐的劳动关系。尤其是在我国现阶段，在劳动力供过于求矛盾还将长期存在的背景下，依法对用人单位的用工自主权进行合理、必要的限制，无论是对保护劳动者的平等就业权，还是对促进我国就业，都具有非常重要的意义。第三，从建设社会主义和谐社会来看，把平等就业权作为积极权利还是依法赋予劳动者公平分享改革发展成果的一条途径。利益协调是和谐社会建设的重要方面，和谐社会的应有之义包括劳动者公平分享改革发展成果。在劳动还是人们谋生的基本手段的历史条件下，平等就业权是他们应当享有的基本权利。

### 2. 侵权损害赔偿

侵权损害赔偿是指行为人因侵权而造成的他人财产、人身和精神的损害，依法应承担的以给付金钱或实物为内容的民事责任方式。侵权损害赔偿是一种适用最为普通、经常的民事责任方式。由于其涉及的内容较为庞杂，我们可以说，损害赔偿又是一种法律制度，它是由赔偿原则、赔偿范围、赔偿方式等各项制度构成的一个制度体系。

侵权损害赔偿具有如下特征。第一，损害赔偿责任的承担方式以造成他人财产或人身损害为前提。在各种责任形式中，停止侵害、排除妨碍、消除影响这几种责任的承担，均不能以实际造成他人的财产或人身损害为前提，只要受害人的财产、人身或其他权利遭到侵害、面临危险或受到妨碍，即可要求行为人承担这几项责任；返还财产、恢复原状、修理、重做、更换，这几种责任的承担只以财产受到侵害为前提；消除影响、恢复名誉和赔礼道歉，这几种责任的承担通常仅以人身权或知识产权受到侵害为前提。而损害赔偿责任的承担既可以以他人财产受到损害为前提，也可以以他人的人身受到损害为前提。第二，损害赔偿以给付金钱或实物财产为内容。在其他责任形式中，侵权行为人不存在向受害人给付金钱的问题；即使以实物财产赔付，该财产也应属于侵权行为人所有。而在返还财产的责任形式中，侵权人向受害人返还的财产本来就属于受害人所有或管理。第三，损害赔偿责任的承担受各种因素的制约。其他形式的责任，在实际承担时较为简单，易于操作。而损害赔偿责任在实际承担时却较为复杂，通常会受到各种因素的影响。比如，要考虑到赔偿的范围、赔偿数额的计算、侵权人和受害人的经济状况；在故意侵权中，还要考虑到惩罚性赔偿。

### 3. 侵权损害赔偿规则

（1）全部赔偿原则。全部赔偿是侵权损害赔偿的基本原则，指的是侵权行为加害人承担赔偿责任的大小，应当以行为所造成的实际财产损失的大小为依据，全部予以赔偿。换言之，就是赔偿以所造成的实际损害为限，损失多少，赔偿多少。

（2）财产赔偿原则。财产赔偿也是侵权损害赔偿的基本原则之一，是指侵权行为无论是造成财产损害、人身损害还是精神损害，均将财产赔偿作为唯一方法，不考虑其他方法。

（3）过失相抵原则。过失相抵，指在加害人依法应承担损害赔偿责任的前提下，如果受害人对于损害事实的发生或扩大也有过错，则可以减轻加害人的赔偿责任。

### 4. 数种原因造成损害结果的赔偿数额计算

数种原因造成损害结果是指这样一种情形，就是在侵权行为中，造成一个和数个损害结果，不是由于一个原因所致，而是由于两个或者两个以上的原因所致，这种原因，可以是当事人的行为，也可以是第三人的行为，还可以是其他原因甚至是自然的原因；这些原因相互结合，相互作用，共同造成了损害结果的发生。在这种情形下，损害赔偿责任不能由单一的行为人或者其他人承担，而应当由对损害结果的发生有过错或者具有原因力的主体承担。

具体的赔偿数额计算包括以下几部分内容。

（1）过错程度的确定。确定过错程度的标准，一般根据各方当事人注意义务的内容和注意标准来决定过失的轻重。除了故意以外，根据这一标准，首先要确定双方当事人所负有的注意内容，如果一方当事人在损害发生时负有特殊的注意义务，而该当事人不仅没有履行此种特殊的注意义务，而且连一般人所应尽的注意义务都没有达到，其过失就比一般过失严重。如果各方当事人并不负有特殊的注意义务，就应按照"合理人"的标准衡量双方的行为，把双方的行为与一个合理的、谨慎的人的行为进行比较，以决定双方的过失和过失程度。如果行为与一个合理的、谨慎的人的标准相距较远，则过失较重；相距较近，则过失较轻。因而，过错的等级及其轻重关系是：故意 > 重大过失 > 一般过失 > 轻微过失。

（2）赔偿责任份额的具体计算。

①过失相抵赔偿责任份额的计算。在过失相抵的场合，确定赔偿责任额，首先，应当确定过错程度在双方当事人之间的比例。其次，按照原因力比较的要求，进行"微调"。在双方当事人的过错程度相等时，如果行为的原因力亦相当，则应确定双方当事人承担同等责任。原因力不相等，则应根据原因力的大小，对双方当事人的责任份额进行调整，以原因力的比例确定责任份额。

②共同侵权行为的赔偿责任份额计算。确定共同侵权行为的相对性赔偿责任份额，首先，也应当依照各个加害人的过错程度，确定其连带责任中的赔偿责任份额。将赔偿责任确定为100%，然后按照共同加害人的人数和各自的过错程度，确定其应当承担的适当份额。如果各个共同加害人的过错程度相等，则平均分配份额；如果各个共同加害人的过错程度不相等，则按比例确定之。其次，按照各个共同加害人的行为的原因力，对各自的责任份额进行调整。如果各个共同加害人行为的原因力与其过错程度相当，则以此确定赔偿责任份额即可；如果各个共同加害人的行为的原因力与其各自的过错程度不相当，则依原因力的比例进行适当调整。其计算公式如下：共同加害人赔偿责任份额 =（该加害人的过错程度 + 该加害人行为原因力）÷2。例如，五个共同加害人过错程度相当，依过错程度，每人应当承担20%的责任份额，但是为首的一个共同加害人的原因力占整个原因的60%，则其应当承担40%的份额，其他四名共同加害人共同承担其余的60%的份额，每人的份额是15%。当然，这是在连带责任的基础上的份额，而不是按份责任的份额。

在共同危险行为中，各个共同危险行为人的过错程度相当，致害的概率相等，因此他们的相对性赔偿责任份额是均等的，不应当在份额上有差别。在无过错联系的数人致害中，由于是按份责任，因而应当按照各个行为人的过错程度和行为的原因力来确定各自的赔偿责任份额。这种赔偿责任份额，是绝对的份额，不得由于某些加害人无支付能力而责令其他加害人为其承担他所应当承担的份额。这种赔偿责任份额的计算，先比照共同侵权行为的赔偿责任份额计算中确定过错程度的方法计算，确定过错程度所决定的份额；

然后，再依原因力的比较，进行赔偿份额的调整，最后决定每一个加害人的赔偿责任份额。

③加害人和受害人以外的第三人的行为亦为损害原因的赔偿责任份额的计算问题。在加害人和受害人以外，第三人的行为对于损害结果的发生亦有过错、亦具原因力的，第三人应当承担相应的责任。在这种情况下，如果损害结果的发生完全是由于第三人的行为所致，则应由第三人承担全部的赔偿责任。如果当事人的一方有过错，第三人亦有过错，应当由第三任何一方当事人共同承担赔偿责任，责任份额的计算，参照共同侵权行为的共同加害人赔偿责任份额的计算方法计算，确定有过错的一方当事人和第三人各自所应承担的赔偿责任份额。在混合过错的情况下，如果第三人对损害结果的发生亦有过错、具有原因力，则应依据实际情况处理：其一，如果有过错的第三人与受害人有密切关系时，如受害人在被伤害以后，受害人之妻怠于治疗，致受害人死亡，这时，当事人的过错与受害人损害结果的扩大具有原因力，与受害人之间有密切的关系，因而，第三人的过错可以视为受害人的过错，仍按照混合过错的处理原则办理，实行过失相抵，只是将第三人的过错和受害人的过错加到一起，计算赔偿责任份额；其二，如果有过错的第三人与加害人一方有密切关系，构成共同侵权行为的，则按照共同侵权行为的混合过错处理原则处理；其三，如果有过错的第三人对损害结果的发生具有过错和原因力，加害人和受害人亦有过错和原因力，这时，应当将赔偿责任份额分成相应的三份，计算方法与其他的赔偿责任份额的计算方法相同。

**（二）本案涉及基本法律原理**

1.人格权的类型

人格权是民事主体享有的生命权、身体权、健康权、姓名权、名称权、肖像权、名誉权、荣誉权、隐私权等权利。通常，人格权分为一般人格权和具体人格权。

（1）一般人格权。一般人格权是指民事主体基于人格平等、人格独立、人格自由和人格尊严等根本人格利益而享有的人格权。其具有如下特征。

①权利主体的普遍性。自然人、法人和非法人组织一律享有一般人格权。

②权利客体的概括性。概括性即概括了民事主体在具体人格权之外的、尚未或无法具体化的人格利益。

③所保护利益的根本性。一般人格权的内容是人之所以为人的基本权利。

④权利内容的不确定性。一般人格权的内容无法事先确定，也不应当事先确定。

（2）具体人格权。

①生命权。自然人享有生命权。自然人的生命安全和生命尊严受法律保护。任何组织或者个人不得侵害他人的生命权。

②身体权。自然人享有身体权。自然人的身体完整和行动自由受法律保护。任何组织或者个人不得侵害他人的身体权。

③健康权。自然人享有健康权。自然人的身心健康受法律保护。任何组织或者个人不得侵害他人的健康权。

④姓名权。自然人享有姓名权，有权依法决定、使用、变更或者许可他人使用自己的姓名，但是不得违背公序良俗。

⑤名称权。法人、非法人组织享有名称权，有权依法决定、使用、变更、转让或者许可他人使用自己的名称。

⑥肖像权。自然人享有肖像权，有权依法制作、使用、公开或者许可他人使用自己的肖像。肖像是通过影像、雕塑、绘画等方式在一定载体上所反映的特定自然人可以被识别的外部形象。

⑦名誉权。民事主体享有名誉权。任何组织或者个人不得以侮辱、诽谤等方式侵害他人的名誉权。名誉是对民事主体的品德、声望、才能、信用等的社会评价。

⑧荣誉权。民事主体享有荣誉权。任何组织或者个人不得非法剥夺他人的荣誉称号，不得诋毁、贬损他人的荣誉。获得的荣誉称号应当记载而没有记载的，民事主体可以请求记载；获得的荣誉称号记载错误的，民事主体可以请求更正。

⑨隐私权。自然人享有隐私权。任何组织或者个人不得以刺探、侵扰、泄露、公开等方式侵害他人的隐私权。隐私是自然人的私人生活安宁和不愿为他人知晓的私密空间、私密活动、私密信息。

2.人格权侵权责任认定

侵犯人格权是属于侵犯民事权益的行为,侵权人要承担侵权的责任,违反治安管理处罚法的给予治安处罚,构成犯罪的追究刑事责任。判定是否构成人格权侵权责任主要有以下三点。

（1）侵害了公民的人格平等、人格独立、人格自由、人格尊严。

（2）加害人存在主观故意。

（3）受害人实际遭受了精神损害,并造成严重后果。例如,甲商场因怀疑乙偷拿商品,强行将乙带到办公室搜身,最终发现乙没有偷拿商品。搜身时,除工作人员外没有第三人在场,商场工作人员也未对外透露,甲的行为没有侵害乙的名誉权等具体人格权,但甲侵害了乙的人格尊严、人格自由,造成了严重后果,乙有权以人格权遭受损害为由,请求甲承担精神损害赔偿。

3.侵害人格权的精神损害赔偿的认定

精神损害赔偿是指赔偿义务人应当对受害人或其近亲属承担的,因其行为导致受害人的人身权益或者具有人身意义的特定物受到侵害的一种民事损害赔偿。精神损害的赔偿主体只能是自然人,法人或者非法人组织不得主张精神损害赔偿。《民法典》第九百九十六条规定,因当事人一方的违约行为,损害对方人格权并造成严重精神损害,受损害方选择请求其承担违约责任的,不影响受损害方请求精神损害赔偿。第一千一百八十三条规定,侵害自然人人身权益造成严重精神损害的,被侵权人有权请求精神损害赔偿。因故意或者重大过失侵害自然人具有人身意义的特定物造成严重精神损害的,被侵权人有权请求精神损害赔偿。

精神损害的赔偿数额认定根据以下因素确定:第一,侵权人的过错程度,但是法律另有规定的除外;第二,侵权行为的目的、方式、场合等具体情节;第三,侵权行为所造成的后果;第四,侵权人的获利情况;第五,侵权人承担责任的经济能力;第六,受理诉讼法院所在地的平均生活水平。

**（三）释法说理**

法院最终的生效判决指出:平等就业权是劳动者依法享有的一项基本权力,从民法角度看,它具有一定的私权属性,从其他角度分析还具有社会权力属性。所有劳动者均应享有平等就业权，这是其意志自由与人格独立的象征。在民法领域内，公民平等就业权受到侵害，从根本上意味着一般人格权的核心内容——人格尊严受到了侵害，要求平等对待是人格尊严重要的方面，就业歧视通常会带给人一种受侮辱感，无论是对人的身体健康还是精神健康均会带来一定的损害。基于此，当劳动者的平等就业权受到侵害时，可以向当地人民法院提起诉讼，寻求民事侵权救济。

某公司针对闫某琳投递的两份岗位应聘简历，均以"某省人"这一地域身份为由予以拒绝，在本案涉及的整个招聘过程中，某公司严重损害了闫某琳应有的平等就业权，以主体来源的地域空间为招聘衡量标准，对其人品等进行不实的、非客观的评价，使得闫某琳在应聘时遭受了不平等待遇，也就是说低于正常情况下应当给予其他人的应聘待遇，即因地域因素拒绝录用，可以认定某公司对闫某琳进行了应聘的差别对待。

《中华人民共和国就业促进法》第三条在明确规定民族、种族、性别、宗教信仰四种法定禁止区分事由时使用"等"字结尾，表明该条款是一个不完全列举的开放性条款，即法律除认为前述四种事由构成不合理差别对待的禁止性事由外，还存在与前述事由性质一致的其他不合理事由，亦为法律所禁止。何种事由属于前述条款中"等"的范畴，一个重要的判断标准是，用人单位是根据劳动者的专业、学历、工作经验、工作技能以及职业资格等与"工作内在要求"密切相关的"自获因素"进行选择，还是基于劳动者的性别、户籍、身份、地域、年龄、外貌、民族、种族、宗教等与"工作内在要求"没有必然联系的"先赋因素"进行选择，后者构成了法律禁止的不合理就业歧视。劳动者的"先赋因素"，是指人们出生伊始所具有的人力难以选择和控制的因素，法律作为一种社会评价和调节机制，不应该基于人力难以选择和控制的因素给劳动者设置不平等条件；反之，应消除这些因素给劳动者带来的现实上的不平等，将与"工作内在要求"没有任何关联性的"先赋因素"作为就业区别对待的标准，根本违背了公平正义的一般原则，不具有正当性。

本案中，当事人闫某琳的应聘申请被某公司以地域原因为由予以拒绝，使得闫某琳的就业平等权受到损害，而作为当事人来说，出生地这种非本人意愿产生的客观情况，不应作为求职应聘拒绝的理由，这种任何人都无法控制的、无法选择的与生俱来的"先赋因素"，在某公司无法提供客观有效的证据证明该要素与闫某琳申请的工作岗位的工作属性与工作内容存在必然联系或存在其他合法目的的情况下，这种行为不具有合理性、合法性，构成法定禁止事由。据此，可以认定某公司在此案的招聘过程中，对闫某琳以地域要素为由拒绝其应聘请求的行为已构成就业区别对待，也就是就业歧视，使得闫某琳平等地获得就业机会与就业待遇的权益受到严重损害，从主观上具有过错，依照法律有关规定，应当承担公开赔礼道歉并赔偿精神抚慰金及合理维权费用的民事责任。

# 案例 3：某建设公司诉某置业公司建设工程施工合同纠纷案

## 一、案例简介

### （一）关键词

民事、建设工程施工合同、优先受偿权、除斥期间。

### （二）裁判要点

执行法院依其他债权人的申请，对发包人的建设工程强制执行，承包人向执行法院主张其享有建设工程价款优先受偿权且未超过除斥期间的，视为承包人依法行使了建设工程价款优先受偿权。发包人以承包人起诉时行使建设工程价款优先受偿权超过除斥期间为由进行抗辩的，人民法院不予支持。

### （三）相关法条

《中华人民共和国合同法》第二百八十六条（注：现行有效的法律为《中华人民共和国民法典》第八百零七条）。

（四）基本案情

2012 年 9 月 17 日，某置业公司与某建设公司签订一份《某国际商务会展中心工程建设工程施工合同》约定，由某建设公司对案涉工程进行施工。2013 年 6 月 25 日，某置业公司向某建设公司发出《中标通知书》，通知某建设某公司中标的某国际商务会展中心工程。2013 年 6 月 26 日，某置业公司和某建设公司签订《建设工程施工合同》，合同中双方对工期、工程价款、违约责任等有关工程事项进行了约定。合同签订后，某建设公司进场施工。施工期间，因某置业公司拖欠工程款，2013 年 11 月 12 日、11 月 26 日、2014 年 12 月 23 日某建设公司多次向某置业公司送达联系函，请求某置业公司立即支付拖欠的工程款，按合同约定支付违约金并承担相应损失。2014 年 4 月、5 月，某置业公司与某工程管理公司签订《建设工程造价咨询合同》，委托该工程管理公司对案涉工程进行结算审核。2014 年 11 月 3 日，该工程管理公司出具《某国际商务会展中心结算审核报告》。该置业公司、该建设公司和该工程管理公司分别在审核报告中的审核汇总表上加盖公章并签字确认。2014 年 11 月 24 日，该建设公司收到通知，某市中级人民法院依据该置业公司其他债权人的申请将对案涉工程进行拍卖。2014 年 12 月 1 日，该建设公司第九建设公司向该市中级人民法院提交《关于某国际商务会展中心在建工程拍卖联系函》中载明，该建设公司系某国际商务会展中心在建工程承包方，自项目开工，该建设公司已完成产值 2.87 亿元工程，该建设公司请求依法确认优先受偿权并参与整个拍卖过程。该建设公司和该置业有限公司均认可案涉工程于 2015 年 2 月 5 日停工。

2018 年 1 月 31 日，某人民法院立案受理某建设公司对某置业公司的起诉。某建设公司请求解除双方签订的《建设工程施工合同》并请求确认某置业公司欠付某建设公司工程价款及优先受偿权。

（五）裁判结果

河南省高级人民法院于 2018 年 10 月 30 日作出（2018）豫民初 3 号民事判决：

（1）某置业公司与某建设公司于 2012 年 9 月 17 日、2013 年 6 月 26 日签订的两份《建设工程施工合同》无效。

（2）确认某置业公司欠付某建设公司工程款288428047.89元及相应利息（以288428047.89元为基数，自2015年3月1日起至2018年4月10日止，按照中国人民银行公布的同期贷款利率计付）。

（3）某建设公司在工程价款288428047.89元范围内，对其施工的某国际商务会展中心工程折价或者拍卖的价款享有行使优先受偿权的权利。

（4）驳回某建设公司的其他诉讼请求。宣判后，某置业公司提起上诉，最高人民法院于2019年6月21日作出（2019）最高法民终255号民事判决：驳回上诉，维持原判。

## 二、案例解读

### （一）本案涉及基本法律知识

1.建设工程施工合同

（1）建设工程施工合同的概念。建设工程施工合同是发包人（建设单位、业主或总包单位）与承包人（施工单位）之间为完成商定的建设工程项目，确定双方权利和义务的协议。建设工程施工合同也称为建筑安装承包合同，建筑是指对工程进行营造的行为，安装主要是指与工程有关的线路、管道、设备等设施的装配。依照施工合同，承包人应当完成一定的建筑、安装工程任务，发包人应当提供必要的施工条件并支付工程价款。

建设工程施工合同是建设工程的主要合同，是工程建设质量控制、进度控制、投资控制的主要依据。在市场经济条件下，建设市场主体之间相互的权利义务关系主要是通过合同确立的。因此，在建设领域加强对施工合同的管理具有十分重要的意义。施工合同的当事人是发包人和承包人，双方是平等的民事主体，双方签订施工合同，必须具备相应的资质条件和履行施工合同的能力。

（2）建筑工程施工合同的特点。

①合同标的物的特殊性。施工合同标的是各类建筑产品，建筑产品是不动产，其基础与大地相连，不能移动。这决定了每个施工合同的标的都是特殊的，相互间具有不可替代性；同时，这决定了施工企业的流动性。另外，

建筑产品的类别庞杂，其外观、结构、使用目的、使用人各不相同，这要求每一个建筑产品都需要单独设计和施工（即使是可重复使用的标准设计或图纸，也应根据工程的具体条件，如地质条件的不同等做相应的修改设计再施工），即建筑产品是单体性生产，这也决定了施工合同标的的特殊性。

②合同履行期限的长期性。建设工程的工期一般较长（与一般工业产品的生产相比），因而合同履行的期限较长。另外，在工程施工过程中，还可能因不可抗力、工程变更，材料供应不及时等原因而导致工期延误。因此，建设工程施工合同履行期限具有长期性的特点。

③合同内容的多样性和复杂性。在建设工程施工合同中，虽然只有发包、承包两方当事人，但其涉及的主体却有许多种。与大多数的合同相比，施工合同履行的期限长，标的数额较大，涉及的法律关系包括劳动关系、保险关系、运输关系等，具有多样性和复杂性。这要求施工合同内容必须详尽，施工合同除了应具备合同的一般内容外，还应对安全施工，专利技术使用，发现地下障碍和文物，工程分包，不可抗力，工程设计变更，材料设备供应、运输、验收等内容做出规定。在施工合同履行过程中，除施工企业与发包方的合同关系外，还涉及与劳务人员的劳动关系、与保险公司的保险关系、与材料设备供应商的买卖关系、与运输企业的运输关系等。所有这些决定了施工合同的内容具有多样性和复杂性的特点。

（3）建筑工程施工合同的分类。

①按签约各方的关系分类。按签约各方的关系分类，可分为以下四类。

一是工程总承包合同。工程总承包合同指业主与承包商之间签订的合同，包括项目建筑全过程，如勘察、设计、施工等。

二是工程分包合同。工程分包合同指总承包商将中标工程的部分内容分给分包商，总承包商与分包商之间签订的即为分包合同。

三是劳务分包合同。通常称劳务分包合同为包工不包料合同，或称清包合同，常出现在土木工程的劳务分包中。分包商在合同实施过程中，不承担材料涨价风险。

四是联合承包合同。联合承包合同指两个或两个以上的合作承包单位，以一个承包人的名义，为共同承担某一工程的全部建筑任务而与发包方签订的承包合同。

②按计价方式分类。按计价方式分类，可分为以下三类。

一是总价合同。总价合同分为固定总价合同、可调总价合同和固定工程量总价合同。固定总价合同又称总包干合同、一揽子承包合同。可调总价合同是在固定总价合同基础上，增加合同履行过程中因市场价格浮动等因素对承包价格调整的条款。

二是单价合同。单价合同是指承包商按工程量报价单内分项工作内容填报单价，以实际完成工程量乘以所报单价确定结算价款的合同。单价合同也可以分为固定单价合同和可调单价合同。

三是成本加酬金合同。成本加酬金合同也称为成本补偿合同，这是与固定总价合同正好相反的合同，工程施工的最终合同价格将按照工程的实际成本再加上一定的酬金进行计算。在合同签订时，工程实际成本往往不能确定，只能确定酬金的取值比例或者计算原则。成本加酬金合同又可分为成本加固定酬金合同、成本加浮动酬金合同和成本加固定百分比酬金合同。

③按完成承包的内容分类。按完成承包的内容分类，可分为以下四类。

一是勘察、设计合同。二是施工承包合同。三是材料、设备供货合同。四是建设监理合同。

### 2.建设工程优先受偿权

建设工程优先受偿权是指建设工程的承包人在建设工程的折价或者拍卖价款上，要优先于其他的债权，拥有优先的受偿权利。而从法律上看，《民法典》第八百零七条规定，发包人未按照约定支付价款的，承包人可以催告发包人在合理期限内支付价款。发包人逾期不支付的，除根据建设工程的性质不宜折价、拍卖外，承包人可以与发包人协议将该工程折价，也可以请求人民法院将该工程依法拍卖。建设工程的价款就该工程折价或者拍卖的价款优先受偿。

建设工程价款优先受偿权范围主要集中在以下几个方面：

（1）全部建设工程价款均可优先受偿（而非限于承包人的劳务承包或者承包人实际投入建设工程的成本）。

（2）建设工程价款的利息不能优先受偿。

（3）违约金、损害赔偿金等不能优先受偿。

（4）发包人从建设工程价款中预扣的工程质量保证金，可就建设工程折价或者拍卖的价款优先受偿。

（5）实现建设工程价款优先受偿权的费用不能就建设工程折价或者拍卖的价款优先受偿（实现建设工程价款优先受偿权的费用显然不属于建设工程价款）。

3.除斥期间

（1）除斥期间理论的概念。除斥期间是指法律规定或当事人依法确定的某种权利预定的存续期间，该期间届满，则权利当然消灭，故又称为权利预定存续期间，即预定期间。除斥期间是学理名词，而非法典名词，在民法及其他相关法律中，尚无除斥期间或预定期间的专门用语。

（2）除斥期间的作用。在不同的场合，除斥期间有着不同的作用。例如，在可撤销的民事行为中，享有撤销权的当事人应当在一定期间内行使撤销权，及时纠正意思表示的瑕疵，否则，除斥期间经过，撤销权即归消灭，可撤销的民事行为因而成为完全有效的民事行为。又如，在赠与合同订立后，赠与人在一定期间内享有撤销权，逾期不行使的，其撤销权即归于消灭。再如，在无权代理合同中，无权代理行为的相对人在被代理人对无权代理行为作出追认之前，可以催促被代理人在一定期限内作出是否追认的意思表示，而不是仅仅被动地等待追认。除斥期间的设定，完善了民法上关于时间期间的规定。

（3）除斥期间的适用对象。除斥期间的适用对象包括撤销权、解除权及某些特殊的民事权利等。

**（二）本案涉及基本法律原理**

1.物权的效力

根据物权的排他性和对物的支配性的本质属性而产生的特殊法律效力。是对物权人支配其物并排除他人干涉，以保证权利人享受其利益的状态得以维持而赋予物权的法律保障。主要表现为物权的支配效力、排他效力、优先效力、请求效力和追及效力。

（1）物权支配效力。物权效力的表现之一。物权人享有的可以对物权客体实践其意志的效力，即为占有、使用、收益和处分的支配行为的作用力。是物权最基础的效力。

（2）物权排他效力。物权效力的表现之一。一个特定物上不能有两个或两个以上内容或效力相排斥的物权同时存在，已经存在的物权，排斥不能相容物权的再行设立。是由物权的"一物一权"原则决定的基础效力。

（3）物权优先效力。物权效力的表现之一。具体表现为以下两点：第一，同一标的物上，已经设定了物权的，后设定的物权只能在不妨碍已发生的物权的前提下设立。因此，一般情形下，先设定的物权，具有优先于后设定物权的效力。如同一物上设有两个抵押权的，设立在先的抵押权优先。第二，物权有优先于债权的效力。在同一物上物权和债权并存时，物权优先于债权。具体表现如物权破除债权、优先受偿权和优先购买权。

（4）物上请求权。物上请求权亦称"物权请求权""物权的请求效力"，是物权效力的表现之一。当物权人对特定物的圆满支配状态受到妨害时，物权人享有排除他人侵占其权利客体，干涉、妨害其物权行使的权利，具体包括返还原物请求权、排除妨害请求权和预防危险请求权。

（5）物权追及效力。物权效力的表现之一。物权客体无论辗转落入何人之手，除法律另有规定外，物权人得追及物之所在行使物权，是物权的绝对权特征的表现。

2.除斥期间与诉讼时效

除斥期间和诉讼时效都是以一定事实状态的存在和一定期间的经过为条件而发生的一定的法律后果，都属于法律事件。其目的都在于督促权利人及时行使权利以维护社会经济秩序的稳定。但二者又存在诸多不同，主要区别有以下四点。

（1）立法精神不同。除斥期间制度的目的，是为维持已经存在的法律关系。而诉讼时效制度的目的，是维护与原法律关系相对立的新的社会关系。例如，甲出卖财产给乙，甲在诉讼时效期间未行使其主张价款的权利，因时效期间届满乙可以拒绝给付，以继续维持甲未行使其权利而形成的新秩序。

（2）适用客体不同。除斥期间的客体一般为形成权。但并非所有的形成权民法都设定除斥期间。有的形成权根本无行使期间的限制，如共有物分割权，其系形成权，共有人任何时候提出分割共有财产的要求，均受法律的保护。诉讼时效的客体为请求权，但也不是一切请求权均应适用诉讼时效。通常，债权请求权、物上请求权中财产返还请求权和恢复原状请求权应适用诉讼时效。而基于身份关系的请求权，以及物上请求权中的排除妨害请求权、预防危险请求权等则不应适用诉讼时效。

（3）期间性质不同。除斥期间规定权利存续的固定时间属不变期间，除法律有特殊规定者外，不能中止、中断和延长，且期间较短，以早日确定当事人间的关系为目的。诉讼时效为可变期间，可以适用中止、中断和延长的规定，且期间较长。

（4）期间计算不同。因为诉讼时效适用于请求权，而请求权的范围十分广泛且具有共同特征，因此，各国民法均在法律上作出了总括性的规定。而除斥期间是在不同的场合对不同的形成权设置的时间限制，因此缺乏共通的基础，立法只能针对具体情况分别规定除斥期间的起算点，这种起算时间往往存在差异。在法律未规定或当事人未约定除斥期间的起算点的情况下，学理认为，应自权利发生之日起算。

3. 抗辩与抗辩权

抗辩，是在民事活动中，针对一种民事请求权的行使，依据一定的事实和理由进行对抗，使该种民事请求权消灭或者延缓行使的行为。

抗辩权，是指权利人享有的对抗对方当事人请求权的民事权利。作用是阻止对方请求权的效力。当事人享有这种权利不是自始就有的，而是在一定的法律关系中，需要具备法律规定的构成要件，才能够产生。在行使抗辩权的时候，总是有一个民事请求权存在，相对于这个民事请求权，抗辩权与其相对抗，最终消灭该民事请求权或者延缓该民事请求权的行使。按照抗辩的划分，抗辩权分为消灭的抗辩权和延缓的抗辩权。

双务合同中的抗辩权，是对抗债权人请求履行权利的权利，通过行使双务合同的抗辩权，使该合同的履行受到拒绝，或者使该合同的履行中止，但都不能消灭这一合同债权人的请求权，只是使合同的履行活动得到延缓，暂时不予履行。因此，这种抗辩权是延缓的抗辩权，又称一时的抗辩权。

（三）释法说理

《最高人民法院关于审理建设工程施工合同纠纷案件适用法律问题的解释（二）》第二十二条规定："承包人行使建设工程价款优先受偿权的期限为六个月，自发包人应当给付建设工程价款之日起算。"根据《最高人民法院关于建设工程价款优先受偿权问题的批复》第一条规定，建设工程价款优先受偿权的效力优先于设立在建设工程上的抵押权和发包人其他债权人所享有的普通债权。人民法院依据发包人的其他债权人或抵押权人申请对建设工程采取强制执行行为，会对承包人的建设工程价款优先受偿权产生影响。此时，如承包人向执行法院主张其对建设工程享有建设工程价款优先受偿权的，属于行使建设工程价款优先受偿权的合法方式。某置业公司和某建设公司共同委托的造价机构某工程管理公司于 2014 年 11 月 3 日对案涉工程价款出具《审核报告》。2014 年 11 月 24 日，某建设公司收到通知，河南省某中级人民法院依据某置业公司其他债权人的申请将对案涉工程进行拍卖。2014 年 12 月 1 日，某建设公司第九建设公司向河南省某中级人民法院提交《关于某国际商务会展中心在建工程拍卖联系函》，请求依法确认对案涉建设工程的优先受偿权。2015 年 2 月 5 日，某建设公司对案涉工程停止施工。2015 年 8 月 4 日，某建设公司向某置业公司发送《关于主张某国际商务会展中心工程价款优先受偿权的工作联系单》，要求对案涉工程价款享有优先受偿权。2016 年 5 月 5 日，某建设公司第九建设公司又向河南省某中级人民法院提交《优先受偿权参与分配申请书》，依法确认并保障其对案涉建设工程价款享有的优先受偿权。因此，某置业公司关于某建设公司未在 6 个月除斥期间内以诉讼方式主张优先受偿权，其优先受偿权主张不应得到支持的上诉理由不能成立。

## 案例 4：饶某礼诉某物资供应站等房屋租赁合同纠纷案

### 一、案例简介

#### （一）关键词

民事、房屋租赁合同、合同效力、行政规章、公序良俗、危房。

## （二）裁判要点

违反行政规章一般不影响合同效力，但违反行政规章签订租赁合同，约定将经鉴定机构鉴定存在严重结构隐患，或将造成重大安全事故的应当尽快拆除的危房出租用于经营酒店，危及不特定公众人身及财产安全，属于损害社会公共利益、违背公序良俗的行为，应当依法认定租赁合同无效，按照合同双方的过错大小确定各自应当承担的法律责任。

## （三）相关法条

《中华人民共和国民法总则》第一百五十三条、《中华人民共和国合同法》第五十二条、第五十八条（注：现行有效的法律为《中华人民共和国民法典》第一百五十三条、第一百五十七条）。

## （四）基本案情

某假日酒店（以下简称某酒店）经营范围及方式为宾馆服务，经营者系饶某礼，组织形式为个人经营。某酒店于 2011 年 7 月 27 日以公开招标的方式获得租赁某办公大楼的权利，据悉，这栋大楼归某物资供应站所有，某酒店向物资供应站出具《承诺书》，承诺若是在此次公开招标中能够中标，必会严格按照某省建设工程安全质量监督管理局以及加固设计单位等部门出具的加固改造方案，对中标大楼进行科学、合理且安全的加固，经有关部门验收合格并出具具有法律效力的书面文件之后，再正式使用该栋大楼。同年 8 月 29 日，物资供应站与某酒店共同签订了《租赁合同》，合同中约定：原属于物资供应站所有的某办公大楼的 4120 平方米建筑，自 2011 年 9 月 1 日起至 2026 年 8 月 31 日出租给晶品酒店，经营用途为商务宾馆，租赁期限为十五年。除去违约赔偿责任、支付方式、其他费用标准与约定租金之外，双方还在合同中另有其他约定，具体内容如下：第一，经鉴定，该租赁物不符合商业房使用标准，需要承租方对租赁物进行加固，以达到使用标准。作为承租方的某酒店，在签订合同之前已经对该租赁物自身存在的瑕疵与问题有所了解，并且会承担本次加固工程的所有费用。第二，在加固工程中，物资供应站根据需要提供一定的协助即可，某酒店负责工程方案的报批、建设以及验收，其中验收部门应为某省建设工程安全质量监督管理局或同等资质的部门。第三，某酒店若在租赁物没有达到使用标准前，便擅自投入使用，应当承担全部法律责任。合同签订之后，双方按照合同约定，各自履行相应的义务，物资供应站依照合同约定将租赁房屋交付给承租方，而作为承租方的某酒店应向物资供应站支付 1000 万元的投标保证金，以及 20 万元的履约保证金。某酒店中标后，物资供应站退还了某酒店 800 万元的投标保证金。

2011 年 10 月 26 日，某加固技术公司与该酒店共同签订加固改造工程《协议书》，协议书中写该酒店以包工包料一次包干的方式，将租赁房屋发包给某加固技术公司进行加固改造，具体施工内容为主要承重墙、承重柱以及承重梁板结构的加固，加固工程中新增墙体的全部内粉刷，施工图纸中涉及的所有内容，热泵、电梯等。施工期限为 2011 年 10 月 26 日至 2012 年 1 月 26 日，工期为三个月。2012 年 1 月 3 日，在加固过程中出现了案涉建筑物大面积垮塌的情况。

某建设业安全生产监督管理站于 2007 年 6 月 18 日出具《房屋安全鉴定意见》，鉴定结果有以下三点：第一，该大楼主要结构受力构件设计与施工均不能满足现行国家设计和施工规范的要求，其强度不能满足上部结构承载力的要求，存在较严重的结构隐患。第二，该大楼未进行抗震设计，没有抗震构造措施，不符合《建筑抗震设计规范》（GB 50011—2001）的要求。遇有地震或其他意外情况发生，将造成重大安全事故。第三，根据《危险房屋鉴定标准》（GB 50292—1999），该大楼按房屋危险性等级划分，属 D 级危房，应予以拆除。针对上述鉴定结果，该建设业安全生产监督管理站提出了以下四点改进建议：第一，应立即对大楼进行减载，减少结构上的荷载。第二，对有问题的结构构件进行加固处理。第三，目前，应对大楼加强观察，并应采取措施，确保大楼安全过渡至拆除。如发现有异常现象，应立即撤出大楼的全部人员，并向有关部门报告。第四，建议尽快拆除全部结构。

饶某礼向一审法院提出诉请：一是解除其与物资供应站于 2011 年 8 月 29 日签订的《租赁合同》；二是物资供应站返还其保证金 220 万元；三是物资供应站赔偿其各项经济损失共计 281 万元；四是本案诉讼费用由物资供应站承担。

物资供应站向一审法院提出反诉诉请：一是判令饶某礼承担侵权责任，赔偿其 2463.5 万元；二是判令饶某礼承担全部诉讼费用。

再审中，饶某礼将其上述第一项诉讼请求变更为确认案涉《租赁合同》无效。物资供应站亦将其诉讼请求变更为饶某礼赔偿物资供应站损失 418.7 万元。

**（五）裁判结果**

江西省某中级人民法院于 2017 年 9 月 1 日作出（2013）洪民一初字第 2 号民事判决：

（1）解除饶某礼经营的某酒店与物资供应站 2011 年 8 月 29 日签订的《租赁合同》。

（2）物质供应站应返还饶某礼投标保证金 200 万元。

（3）饶某礼赔偿物资供应站 804.3 万元，抵扣本判决第二项物资供应站返还饶某礼的 200 万元保证金后，饶某礼还应于本判决生效后 15 日内给付物资供应站 604.3 万元。

（4）驳回饶某礼其他诉讼请求。

（5）驳回物资供应站其他诉讼请求。

一审判决后，饶某礼提出上诉。江西省高级人民法院于 2018 年 4 月 24 日作出（2018）赣民终 173 号民事判决：

（1）维持江西省某中级人民法院（2013）洪民一初字第 2 号民事判决第一项、第二项。

（2）撤销江西省某中级人民法院（2013）洪民一初字第 2 号民事判决第三项、第四项、第五项。

（3）物资供应站返还饶某礼履约保证金 20 万元。

（4）饶某礼赔偿物资供应站经济损失 182.4 万元。

（5）本判决第一项、第三项、第四项确定的金额相互抵扣后，物资供应站应返还饶某礼 375.7 万元，该款项限物资供应站于本判决生效后 10 日内支付。

（6）驳回饶某礼的其他诉讼请求。

（7）驳回物资供应站的其他诉讼请求。

饶某礼、物资供应站均不服二审判决，向最高人民法院申请再审。最高人民法院于 2018 年 9 月 27 日作出（2018）最高法民申 4268 号民事裁定，裁定提审本案。2019年12月19日，最高人民法院作出（2019）最高法民再97号民事判决：

（1）撤销江西省高级人民法院（2018）赣民终173号民事判决、江西省某中级人民法院（2013）洪民一初字第2号民事判决。

（2）确认饶某礼经营的某酒店与物资供应站签订的《租赁合同》无效。

（3）物资供应站自本判决发生法律效力之日起10日内向饶某礼返还保证金220万元。

（4）驳回饶某礼的其他诉讼请求。

（5）驳回物资供应站的诉讼请求。

## 二、案例解读

### （一）本案涉及基本法律知识

1.房屋租赁合同

（1）房屋租赁合同的概念。房屋租赁合同是指出租人和承租人在租赁房屋时签订的、用来明确双方权利、义务的协议。房屋租赁合同遵守一般的合同格式，合同内容应包含房屋租赁双方当事人的个人信息、所租赁房屋的情况以及租赁双方的权利义务等，具体包括房屋地址、居室间数、使用面积、房屋家具电器、层次布局、装饰设施、月租金额、租金缴纳日期和方法、租赁双方的权利义务等。

（2）房屋租赁合同的分类。根据不同的标准，可对房屋租赁合同做出不同的分类：①住宅用房租赁合同和生产经营用房租赁合同。根据房屋租赁合同目的和用途的不同，可分为住宅用房屋租赁合同和生产经营用房租赁合同。②公房租赁合同和私房租赁合同。根据租赁房屋所有权的性质不同，可将房屋租赁合同分为公房租赁合同和私房租赁合同。③定期租赁合同和不定期租赁合同。根据房屋租赁合同是否有租赁期限，可以分为定期房屋租赁合同与不定期房屋租赁合同。

（3）房屋租赁合同的内容。房屋租赁合同的内容由当事人双方约定，一般应当包括以下内容：

①房屋租赁当事人的姓名（名称）和住所。

②房屋的坐落、面积、结构、附属设施，家具和家电等室内设施状况。

③租金和押金数额、支付方式。

④租赁用途和房屋使用要求。

⑤房屋和室内设施的安全性能。

⑥租赁期限。

⑦房屋维修责任。

⑧物业服务、水、电、燃气等相关费用的缴纳。

⑨争议解决办法和违约责任。

⑩其他约定。承租双方应当在房屋租赁合同中约定房屋被征收或者拆迁时的处理办法。

2.无效合同

（1）无效合同的定义。无效合同，是指不符合法律规定，不受法律保护，所订立的条款，对当事人没有法律约束力的合同。

（2）无效合同的特征。

①具有违法性。所谓违法性，是指违反了法律和行政法规的强制性规定和社会公共利益。

②具有不履行性。不履行性是指当事人在订立无效合同后，不得依据合同实际履行，也不承担不履行合同的违约责任。

③无效合同自始无效。无效合同违反了法律的规定，国家不予承认和保护。一旦确认无效，将具有溯及力，使合同从订立之日起就不具有法律约束力，以后也不能转化为有效合同。

（3）合同无效的原因。

①无民事行为能力人与对方签订的合同。

②以虚假的意思表示隐藏的民事法律行为的效力。行为人与相对人以虚假的意思表示实施的民事法律行为无效。

③行为人与相对人恶意串通，损害他人合法权益的民事法律行为无效。恶意串通，是指合同当事人在订立合同过程中，为谋取不法利益合谋实施的违法行为。这种情况在建设工程领域中较为常见的是投标人串通投标或者招标人与投标人串通损害国家、集体或第三人利益的合同。投标人、招标人通

过这种方式订立的合同是无效的。

④违反法律、行政法规的强制性规定的民事法律行为无效。但是，该强制性规定不导致该民事法律行为无效的除外。违背公序良俗的民事法律行为无效。

（4）合同无效的法律后果。合同被确认无效后，尚未履行的，不得履行；正在履行的，应当立刻终止履行。无效合同的财产处理，应本着维护国家利益、社会公共利益和保护当事人合法权益相结合的原则，根据规定应予以处理，主要有以下三种方式。

①返还财产。合同被确认无效后，因该合同取得的财产，应当予以返还；不能返还的，应当折价补偿。建设工程合同如果无效往往无法返还财产，一般应当采用折价补偿的方法处理。

②赔偿损失。合同被确认无效后，有过错的一方应赔偿对方因此而受到的损失。如果双方都有过错，应当根据过错的大小各自承担相应的责任。

③收归国库或者返还第三人。双方恶意串通、损害国家利益或者第三人利益的，国家采取强制措施将双方所取得的财产收归国库或者返还第三人。

3. 效力性强制性规定

（1）效力性强制性规定的识别。效力性强制性规定的研究成果可以归纳为"法规目的说""法益衡量说"两大观点。

①法规目的说。刘凯湘在《刘凯湘解读合同法》一书中指出："即使是强制性规定的违反也并非一律导致法律行为无效。相反，应当只有少数强制性规定才能作为认定合同无效的依据，其判断标准在于此种强制性规定是否单纯以社会公共利益或公序良俗的保障为立法目的。"简而言之，基于维护公共利益和公序良俗的目的设立的强制性规定属于效力性强制性规定，如果违背将导致合同无效的法律后果；同理，并非基于维护公共利益和公序良俗的目的设立的强制性规定为非效力性强制性规定，违反该类规定不必然导致合同无效，该领域应充分尊重私法自治的基本理念，减少政府公权力即强制性规定的介入。

②法益衡量说。王利明学者认为，首先，法律明确规定一旦违背即产生行为无效后果的，为效力性强制性规定；其次，法律未明确规定一旦违背即产生行为无效后果，如果判定合同有效会损害公共利益的，亦为效力性强制

性规定；最后，法律未明确规定一旦违背即产生行为无效后果，即使判定合同有效也无损公共利益，而仅对合同主体利益产生影响的，即为非效力性强制性规定，违反之不影响合同的效力。① 依上述观点，要对效力性强制性规定进行准确的界定，应先审查所违反的法律有无明确规定违背即产生合同无效的法律后果，即通过对法益大小和取舍的权衡，最终确定该规定属于何种强制性规定，并据此判定合同的效力。

（2）效力性强制性规定的类型。

①规制主体资质型的效力性强制性规定。这种效力性强制性规定系对民事主体所欲从事的行为所必须具有的某种特定资质、权限进行规制的类型，主体必须有一定的资质方可实施特定的民事行为，否则将导致民事行为因违反强制性规定而使其效力受到法律的否定性评价。这一类强制性规定通常表现为只允许具有特定资质或权限的人实施某一特定行为，而禁止其他任何不具有相应资质或权限的人实施该行为，具体又可以分为特定资质型的效力性强制性规定和特定权限型的效力性强制性规定。特定权限型的效力性强制性规定主要表现为限制经营和特许经营的情形，该类型的强制性规定通常与公民的人身财产利益、交易的安全与稳定等较大的社会公共利益息息相关，因此法律有必要对民事主体从事该特殊类型的民事行为的权能范围做出一定的限制。特定资质型的效力性强制性规定，规制主体资质的目的不是要禁止行为本身，而是基于社会管理的目的，通过对民事主体的市场准入资格或者权限进行适当的限制，维护社会的整体秩序、公共安全和市场交易环境的稳定。

②规制内容行为型的效力性强制性规定。一般地，此类强制性规定主要都是基于社会公益或者公序良俗的原则和观念制定的，旨在对行为本身以及行为发生的时间、地点、方式、场合等外部情形进行规制。若是从根本上否定行为本身的发生，即无论何人于何时何地以何种方式所为均予以否定的，则该强制性规定即属于效力性强制性规定，如拐卖妇女儿童、雇凶杀人、买卖人体器官等。这类行为严重侵害了社会公益和公序良俗，法律对此类行为持零容忍的态度。

规制内容行为型的效力性强制性规定在我国私法领域当中的规定也是比

---

① 王利明.合同法新问题研究[M].北京：中国社会科学出版社，2011：340-341.

较多的，如最高人民法院《关于审理建设工程施工合同纠纷案件适用法律问题的解释》第一条第三项的规定，建设工程必须进行招标而未招标或者中标无效的，违反就将导致建设工程无效的法律后果。此时，该强制性规定即是对建设工程施工合同的缔约方式进行规制，其目的在于禁止建设工程施工合同的当事人以法律规定以外的形式签订合同。

③规制客体标的型的效力性强制性规定。该类型强制性规定针对的是法律行为的客体或标的，主要集中于刑事法律等公法之中，是一种通过规制来限制流通物、禁止流通物为交易客体的强制性规定，如以珍贵文物、珍稀动植物、枪支弹药、毒品为交易标的的买卖行为；也是一种规制以违法标的物为交易客体的强制性规定，如伪劣商品、假币、淫秽物品等。这一类规制客体标的型的强制性规定的出发点是为了维护社会整体的秩序与安全，维护国家、社会、集体的利益，概括地说，这类强制性规定的设置同样是基于公序良俗的考量。

4.管理性强制性规定

（1）管理性强制性规定的概念。管理性强制性规定指法律及行政法法规没有明确规定违反此类规范将导致合同无效或者不成立，而且违反此类规范后如果使合同继续有效也并不损害国家利益或者社会公共利益，而只是损害当事人的利益的规范。

（2）如何识别规范性强制性规定和管理性强制性规定。要准确判断强制性规范是效力性规范还是管理性规范，并不是一项简单的事情，需要综合分析进行判断。

一般来说，管理性强制性规定的侧重点在于禁止违反强制性规定的事实行为，以禁止其行为为立法目的；效力性强制性规定的侧重点则在于违反强制性规定的法律行为，以否认其法律效力为目的。因此，在对二者区分过程中，可以从法律、法规是否对效力有明确规定、是否涉及公共利益的侵害、是否针对一方当事人行为还是针对双方当事人的行为方式、是否存在例外情形的规定等方面进行判断。

法律、行政法规明确规定了违反该规定导致合同无效或虽法律、行政法规没有规定违反将导致合同无效，但违反该规定如使合同继续有效将损害国家利益和社会公共利益的，应为效力性强制性规定；法律、行政法规的强制性规定仅关系当事人利益的，该规定仅是为了行政管理或秩序管理需要的，一般为管理性强制性规定。

5.行政规章

（1）行政规章的概念。行政规章简称规章，在我国，专指特定国家行政机关依法制定的有关行政管理的规范性文件。规章不得与宪法、法律、行政法规的内容和精神相抵触，规章是低于行政法规效力等级的规范性文件。

（2）行政规章的特征有以下三点。

①行政规章具有行政性。从主体上说，它是由有关行政主体制定的，而不是由立法机关和司法机关制定的，更不是由企事业单位或社会团体制定的。从行为性质上说，有关行政主体是运用行政权并按行政程序来制定规章的，尽管这种制定程序借鉴了某些立法程序，虽然也称其为行政立法行为，但毕竟不是运用立法权或按立法程序来制定的，它在本质上仍属于行政行为。

②行政规章具有合法性。规章这一行政法的渊源，是由宪法和法律确认的；哪些行政主体可以制定行政规章，是由宪法和法律明文规定的；有关行政主体的行政规章制定权，是由宪法、法律、法规赋予或授予的；行政规章的制定程序和名称，也是由法规和规章规定的。因此，行政规章的存在有其合法性。

③行政规章的法律性。行政规章是有关行政主体依法代表国家制定和发布的，反映和体现了国家意志和公共利益。行政规章是由包括司法机关在内的国家机器保证实施的，具有国家强制力。行政规章可反复适用于不特定多数人，具有普遍性法律约束力。行政规章具有法所要求的规范体系和结构，具有较强的规范性。总之，行政规章属于法的范畴，是行政法的渊源之一。

（3）行政规章的种类。行政规章包括部门规章和地方政府规章。部门规章，是指国务院各部、各委员会、中国人民银行、审计署和具有行政管理职能的直属机构根据法律和国务院的行政法规、决定、命令，在本部门的职权范围内依照《规章制定程序条例》制定的规章。地方政府规章，是指省、自治区、直辖市和较大的市的人民政府根据法律、行政法规和本省、自治区、直辖市的地方性法规，依照《规章制定程序条例》制定的规章。

6.公序良俗原则

公共秩序和善良风俗原则，简称公序良俗原则，是指以一般道德为核心，民事主体在进行民事行为时，应当尊重公共秩序和善良风俗的原则。公共秩序是指政治、经济、文化等领域的基本秩序和根本理念，是与国家和社会整体利益相关的基础性原则、价值和秩序。比如，破坏社会公益秩序花钱换选票的协议、竞价价格串通的行为、恶意串通损害他人利益的行为，都是违反公序良俗的。善良风俗指全体社会成员所普遍认可、遵循的道德准则，如约定工作期间不能结婚或生育、代孕行为这些都与善良风俗相悖，违反了公序良俗原则。

**（二）本案涉及基本法律原理**

1.合同的成立与生效

合同成立是指双方当事人意思表示达成了一致；而合同生效是指合同成立后在法律上得到肯定性评价，产生了当事人意定的法律效力。合同成立是合同生效的前提。

根据《民法典》第五百零二条的规定，依法成立的合同，自成立时生效，但是法律另有规定或者当事人另有约定的除外。依照法律、行政法规的规定，合同应当办理批准等手续的，依照其规定。未办理批准等手续影响合同生效的，不影响合同中履行报批等义务条款以及相关条款的效力。应当办理申请批准等手续的当事人未履行义务的，对方可以请求其承担违反该义务的责任。

2.无效合同的法律效力

无效合同由于不具备合同的相关要素而没有法律效力。无效合同不受法律保护，也无须履行。但如果是因为当事人个人的原因而导致合同无效甚至是损害国家、社会的公共利益或者是他人利益时，需要承担法律责任。

3.民法基本原则

（1）平等原则。《民法典》第四条规定，民事主体在民事活动中的法律地位一律平等。平等原则，是指民事主体在从事民事活动时，相互之间在法律地位上都是平等的，任何一方不得将自己的意志强加给对方，他们的合法权益也受到法律的平等保护。平等原则是民法的前提和基础，是国家立法规范民事关系的逻辑起点。

（2）自愿原则。《民法典》第五条规定，民事主体从事民事活动，应当遵循自愿原则，按照自己的意思设立、变更、终止民事法律关系。自愿原则，也称意思自治原则，就是民事主体有权根据自己的意愿，自愿从事民事活动，按照自己的意思自主决定民事法律关系的内容及其设立、变更和终止，自觉承受相应的法律后果。

（3）公平原则。《民法典》第六条规定，民事主体从事民事活动，应当遵循公平原则，合理确定各方的权利和义务。公平原则，是指民事主体从事民事活动时要秉持公平理念，公平、平允、合理地确定各方的权利和义务，并依法承担相应的民事责任。

（4）诚信原则。《民法典》第七条规定，民事主体从事民事活动，应当遵循诚信原则，秉持诚实，恪守承诺。诚信原则，是指所有民事主体在从事任何民事活动，包括行使民事权利、承担民事责任时，都应该秉持诚实、善意，不诈不欺，言行一致，信守诺言。诚信原则作为民法最为重要的基本原则，被称为民法的"帝王条款"。

（5）公序良俗原则。《民法典》第八条规定，民事主体从事民事活动，不得违反法律，不得违背公序良俗。公序良俗原则，是指自然人、法人和非法人组织在从事民事活动时，不得违反各种法律的强制性规定，不得违背公共秩序和善良风俗。公序良俗是由"公共秩序"和"善良风俗"两个概念构成的，要求民事主体遵守社会公共秩序，遵循社会主体成员所普遍认可的道德准则。

（6）绿色原则。《民法典》第九条规定，民事主体从事民事活动，应当有利于节约资源、保护生态环境。绿色原则，是指民事主体从事民事活动应当有利于节约资源，保护生态环境。绿色原则体现了党的十八大以来的新发展理念，是具有重大意义的创举。

4.违反公序良俗行为的类型

我国学者梁慧星参考国外判例学说，在《市场经济与公序良俗原则》一文中将违反公序良俗行为的类型分为以下十种。

（1）危害国家公序型。比如，以从事犯罪或帮助犯罪行为为内容的合同。

（2）危害家庭关系型。比如，约定断绝亲子关系的协议。

（3）违反道德型。比如，开设妓院的合同、实践中以性行为为对价获得借款的情形。

（4）射幸行为型。比如，赌博、巨奖销售变相赌博等。

（5）违反人权和人格尊严行为型。比如，过分限制人身自由换取借款的情形。

（6）限制经济自由型。比如，利用互相借款扩大资金实力以分割市场、封锁市场的协议。

（7）违反公平竞争型。比如，拍卖或招标中的围标行为。

（8）违反消费者保护型。

（9）违反劳动者保护型。

（10）暴利行为型。

### （三）释法说理

最高人民法院认为：根据 2007 年 6 月 18 日江西省建设业安全生产监督管理站出具的《房屋安全鉴定意见》，在双方签订《租赁合同》之前，该合同项下的房屋存在以下安全隐患：一是主要结构受力构件设计与施工均不能满足现行国家设计和施工规范的要求，其强度不能满足上部结构承载力的要求，存在较严重的结构隐患；二是该房屋未进行抗震设计，没有抗震构造措施，不符合《建筑抗震设计规范》国家标准，遇有地震或其他意外情况发生，将造成重大安全事故。《房屋安全鉴定意见》同时就此前当地发生的地震对案涉房屋的结构造成了一定破坏、应引起业主及其上级部门足够重视等提出了警示。在上述认定基础上，江西省建设业安全生产监督管理站对案涉房屋的鉴定结果和建议是，案涉租赁房屋属于应尽快拆除全部结构的 D 级危房。据此，经有权鉴定机构鉴定，案涉房屋已被确定属于存在严重结构隐患、或将造成重大安全事故的应当尽快拆除的 D 级危房。根据中华人民共和国住房和城乡建设部《危险房屋鉴定标准》（2016 年 12 月 1 日实施）第 6.1 条规定，房屋危险性鉴定属 D 级危房的，系指承重结构已不能满足安全使用要求，房屋整体处于危险状态，构成整幢危房。尽管《危险房屋鉴定标准》第 7.0.5 条规定，对评定为局部危房或整幢危房的房屋可按下列方式进行处理：观察使用；处理使用；停止使用；整体拆除；按相关规定处理。但本案中，有权鉴定机构已经明确案涉房屋应予拆除，并建议尽快拆除该危房的全部结构。因此，案涉危房并不具有可在加固后继续使用的情形。《商品房屋租赁管理办法》第六条规定，不符合安全、防灾等工程建设强制性标准的房屋不得出租。《商品房屋租赁管理办法》虽在效力等级上属部门规章，但是，该办法第六条规定体现的是对社会公共安全的保护以及对公序良俗的维护。结合本案事实，在案涉房屋已被确定属于存在严重结构隐患、或将造成重大安全事故、应当尽快拆除的D级危房的情形下，双方当事人仍签订《租赁合同》，约定将该房屋出租用于经营可能危及不特定公众人身及财产安全的商务酒店，明显损害了社会公共利益、违背了公序良俗。从维护公共安全及确立正确的社会价值导向的角度出发，对本案情形下合同效力的认定应从严把握，司法不应支持、鼓励这种为追求经济利益而忽视公共安全的有违社会公共利益和公序良俗的行为。故依照《中华人民共和国民法总则》第一百五十三条第二款关于违背公序良俗的民事法律行为无效的规定，以及《中华人民共和国合同法》第五十二条第四项关于损害社会公共利益的合同无效的规定，确认《租赁合同》无效。关于案涉房屋倒塌后物资供应站支付给他人的补偿费用问题，因物资供应站应对《租赁合同》的无效承担主要责任，根据《中华人民共和国合同法》第五十八条"合同无效后，双方都有过错的，应当各自承担相应的责任"的规定，上述费用应由物资供应站自行承担。因饶某礼对于《租赁合同》无效亦有过错，故对饶某礼的损失依照《中华人民共和国合同法》第五十八条的规定，亦应由其自行承担。饶某礼向物资供应站支付的220万元保证金，因《租赁合同》系无效合同，物资供应站基于该合同取得的该款项依法应当退还给饶某礼。

## 案例 5：某燃料公司诉某物流公司买卖合同纠纷案

### 一、案例简介

#### （一）关键词

民事、买卖合同、代位权诉讼、未获清偿、另行起诉。

#### （二）裁判要点

代位权诉讼执行中，因相对人无可供执行的财产而被终结本次执行程序，债权人就未实际获得清偿的债权另行向债务人主张权利的，人民法院应予支持。

#### （三）相关法条

《最高人民法院关于适用〈中华人民共和国合同法〉若干问题的解释（一）》第二十条（注：现行有效的法律为《中华人民共和国民法典》第五百三十七条）

#### （四）基本案情

2012 年 1 月 20 日至 2013 年 5 月 29 日期间，某燃料公司（以下简称燃料公司）与某物流公司（以下简称物流公司）之间共签订采购合同 41 份，约定物流公司向燃料公司销售镍铁、镍矿、精煤、冶金焦等货物。双方在履行合同过程中采用滚动结算的方式支付货款，但是每次付款金额与每份合同约定的货款金额并不一一对应。自 2012 年 3 月 15 日至 2014 年 1 月 8 日，燃料公司共支付物流公司货款 1827867179.08 元，物流公司累计向燃料公司开具增值税发票总额为 1869151565.63 元。燃料公司主张百富公司累计供货货值为 1715683565.63 元，物流公司主张其已按照开具增值税发票数额足额供货。

2014 年 11 月 25 日，燃料公司作为原告，以某进出口公司（以下简称进出口公司）为被告，物流公司为第三人，向浙江省某中级人民法院提起债权人代位权诉讼。该院作出（2014）浙甬商初字第 74 号民事判决书，判决进出口公司向燃料公司支付款项 36369405.32 元。燃料公司于 2016 年 9 月 28 日就（2014）浙甬商初字第 74 号民事案件向浙江省某人民法院申请强制执行。该院于 2016 年 10 月 8 日依法向进出口公司发出执行通知书，但进出口公司逾期仍未履行义务，进出口公司尚应支付执行款 36369405.32 元及利息，承担诉讼费 209684 元、执行费 103769.41 元。经该院执行查明，进出口公司名下有机动车二辆，该院已经查封但实际未控制。燃料公司在限期内未能提供进出口公司可供执行的财产，也未向该院提出异议。该院于 2017 年 3 月 25 日作出（2016）浙 0225 执 3676 号执行裁定书，终结本次执行程序。

燃料公司以物流公司为被告，向山东省高级人民法院提起本案诉讼，请求判令物流公司向其返还本金及利息。

### （五）裁判结果

山东省高级人民法院于 2018 年 8 月 13 日作出（2018）鲁民初 10 号民事判决：

（1）某物流公司向某燃料公司返还货款 75814208.13 元。

（2）某物流公司向某燃料公司赔偿占用货款期间的利息损失（以 75814208.13 元为基数，自 2014 年 11 月 25 日起至某物流公司实际支付之日止，按照中国人民银行同期同类贷款基准利率计算）。

（3）驳回某燃料公司其他诉讼请求。

某燃料公司不服一审判决，提起上诉。最高人民法院于 2019 年 6 月 20 日作出（2019）最高法民终 6 号民事判决：

（1）撤销山东省高级人民法院（2018）鲁民初 10 号民事判决。

（2）某物流公司向某燃料公司返还货款 153468000 元。

（3）某物流公司向某燃料公司赔偿占用货款期间的利息损失（以 153468000 元为基数，自 2014 年 11 月 25 日起至某物流公司实际支付之日止，按照中国人民银行同期同类贷款基准利率计算）。

（4）驳回某燃料公司的其他诉讼请求。

## 二、案例解读

### （一）本案涉及基本法律知识

1. 买卖合同

（1）买卖合同的定义和性质。买卖合同是出卖人转移标的物的所有权于买受人，买受人支付价款的合同。其中，依约定应交付标的物并转移标的物所有权的一方称为出卖人，应支付价款的一方称为买受人。出卖人应当是买卖合同标的物的所有权人或具有其处分权的人。

买卖合同具有如下性质：

①买卖合同是双务合同。买卖合同的双方当事人在享有合同权利的同时，都承担着相应的合同义务。其中，出卖人负有交付标的物并转移其所有权于买受人的义务，买受人负有向出卖人支付价款的义务，因此，买卖合同是典型的双务合同。

②买卖合同是有偿合同。买卖合同中，出卖人负有交付标的物并转移其所有权于买受人的义务，与买受人负有支付价款的义务互为等价，因此，买卖合同是典型的有偿合同。

③买卖合同是诺成合同。除法律另有规定或当事人另有约定外，买卖合同自双方当事人意思表示一致之时起成立，并不以一方当事人标的物的交付或合同义务的履行为合同的成立要件，因此，买卖合同为诺成合同。

④买卖合同为不要式合同。除非法律或行政法规另有规定，买卖合同不需要采用特定的形式，因此，买卖合同为不要式合同。

（2）买卖合同的当事人。买卖合同的当事人是指买卖法律关系权利义务的承受人，包括出卖人和买受人。买受人是取得所有权并支付价金之人；出卖人是以自己的名义出卖标的物，将标的物所有权转移给买受人的人。能够以自己的名义出卖标的物的人，绝不仅限于对标的物享有所有权的人。在实务中，可以作为出卖人的有以下四种。

①标的物所有权人。所有权人对标的物享有占有、使用、收益、处分的权利，出卖财产是所有权的重要权能之一，所有权人是最常见的出卖人。

②经营、管理权人。经营、管理权人虽非财产的所有权人，但对财产享

有经营管理权，有权以自己的名义，以出卖的方式对财产实施处分。例如，全民所有制企业对国家授予的财产享有经营权、基于信托合同受托人对信托财产享有经营管理权等，尽管各种经营管理权产生的基础权利不同，但处分权是相同的，他们完全可以作为出卖人，以自己的名义出卖财产。

③留置权人。留置权人对留置的标的物不享有所有权，但依据法律的规定，留置权人与债务人不履行债务而得实现留置权时，有权变卖标的物，以价款优先实现自己的债权。留置权人以自己的名义而非所有权人的名义，即以出卖人的身份而非代理人的身份实施买卖行为的，是买卖合同的当事人。

④行纪人。行纪人接受委托人的委托出卖财产，但是，行纪人是以自己的名义而非委托人的名义与买受人签订买卖合同的。因此，就买卖合同本身而言，行纪人是当事人，即出卖人，而非代理人。

（3）买卖合同的类型。

①分期付款。分期付款买卖合同，是指买受人将其应付的总价款，在一定期限内分次向出卖人支付的买卖合同。其特点在于，合同成立之时，出卖人将标的物交付给买受人，价款则依合同约定分期支付。除法律另有规定或合同另有约定外，标的物的所有权自出卖人交付时起转移给买受人。买受人应按期履行支付价金的义务，若未按期付款，应承担违约责任。

根据法律规定，分期付款买卖的买受人未支付到期价款的金额达到全部价款的五分之一，出卖人可以要求买受人支付全部价款或者解除合同。出卖人解除合同的，可以向买受人要求支付该标的物的使用费。

②样品买卖。样品买卖，又称货样买卖，是指标的物品质依一定样品而定的买卖。当事人约定好样品买卖的，视为出卖人保证交付的货物与样品具有同样的品质，其意义是出卖人提供一种质量担保。样品买卖的当事人应当封存样品，并可对样品质量做出说明。出卖人交付的标的物应当与样品及其说明的质量相同。样品买卖的买受人不知道样品有隐蔽瑕疵的，即使出卖人交付的标的物与样品相同，买受人仍有权要求其交付符合同种物通常质量标准的标的物。

③试用买卖。试用买卖，又称试验买卖，是指合同成立时出卖人将标的物交付给买受人试用，买受人在试用期间内决定是否购买的买卖。此类买卖合同常见于新产品的买卖。一般认为，试用买卖合同属于附停止条件的买

卖合同，即在所附买卖条件成就前，出卖人应将标的物交付给买受人试验使用，最终是否同意购买取决于买受人的意愿。试用期间届满，买受人对是否购买标的物未作表示的，视为购买。

④拍卖。根据我国拍卖法，拍卖是指以公开竞价的形式，将特定物品或财产权利转让给最高应价者的买卖方式。具体地说，买卖公开进行，参加竞拍的人在拍卖现场根据拍卖师的叫价决定是否应价，当某人的应价经拍卖师三次叫价无人竞价时，拍卖师以落槌或以其他公开表示拍定的方式确认买卖成交。

⑤房屋买卖。房屋买卖合同是指出卖人将房屋所有权依约转给买受人所有，买受人支付价金的买卖合同。房屋买卖合同与一般买卖合同的不同之处在于房屋属于不动产，对于房屋买卖法律有如下三点特别规定：一是房屋买卖合同需要采用书面形式，买卖双方需将买卖房屋的位置、面积、价金等约定于书面。二是在城镇买卖房屋的所有权须经房屋登记机构登记后，才发生转移；如未登记，即使交付，也不发生权利转移效果。三是出卖共有房屋或出租房屋时，其他共有人或承租人享有同等条件下的优先购买权。

2.债权人代位权诉讼

我国法律规定债权人只能通过提起诉讼的方式行使代位权，债权人不可以通过其他的方式对次债务人行使代位权。债务人是以第三人的身份参与诉讼中的。因此，债权人代位权诉讼是债权人为原告，次债务人为被告，债务人为第三人的诉讼。2020 年 12 月最高人民法院公布《最高人民法院关于修改〈民事案件案由规定〉的决定》，在修改后的《民事案件案由规定》中明确规定"债权人代位权纠纷"为债权人代位权诉讼的民事案件案由。在债权人代位权诉讼中，原告与被告之间并不存在直接的利害关系，从理论上讲债权人没有直接对次债务人提起诉讼的权利。由于我国法律规定债权人只能通过诉讼的方式行使代位权，这就表明债权人拥有代位权是通过法律规定赋予的，如果法律没有规定当事人有代位权，债权人就不能直接对次债务人提起诉讼。

代位权诉讼的法律关系较一般民事诉讼法律关系更加复杂。在一般的债权法律关系中，仅存在双方当事人、一对法律关系，即债权人与债务人之间的法律关系。依据双方之间的债权债务关系，债权人作为原告以自己的名义向法院提起对被告债务人的民事诉讼，诉讼判决结果在双方当事人之间产生法律效果。债权人代位权诉讼的法律关系较为复杂，主要是因为其存在三方当事人、两对法律关系。

代位权诉讼的效力范围较一般诉讼效力范围更广。一般诉讼只在诉讼当事人之间产生效力，在与诉讼没有利害关系的当事人之间不产生效力。债权人代位权诉讼突破了传统民法债权自身的相对性，债权人代位行使债务人的部分权利，使得债权人可以直接向次债务人提起诉讼。

### （二）本案涉及基本法律原理

1. 请求权基础的寻找

请求权基础的寻找，是处理实例题的核心工作。在某种意义上，甚至可以说，实例解答，就在于寻找请求权基础。请求权基础是每一个学习法律的人必须彻底了解、确实掌握的基本概念及思考方法。

2. 买卖合同的效力

买卖合同效力主要体现在出卖人义务和买受人义务两方面，具体分析如下。

（1）出卖人义务。

①交付标的物，并转移标的物的所有权于买受人。该项义务是出卖人的主合同义务，它由两个方面的内容组成。

一是交付标的物。买卖合同中，出卖人应将买卖合同的标的物交付给买受人。交付标的物可分为现实交付、简易交付、占有改定以及拟制交付。

二是转移标的物的所有权于买受人。取得标的物的所有权是买受人的主要交易目的，因此，将标的物的所有权转移给买受人，是出卖人的主要义务。转移标的物所有权，是在交付标的物基础上，实现标的物所有权的转移，使买受人获得标的物的所有权。

②标的物的瑕疵担保义务。依据《民法典》第六百一十五条规定，出卖人应当按照约定的质量要求交付标的物。出卖人提供有关标的物质量说明的，交付标的物应当符合该说明的质量要求。这一义务被称为标的物的瑕疵担保义务。

③权利的瑕疵担保义务。依据《民法典》第六百一十二条规定，出卖人

就交付的标的物，负有保证第三人对该标的物不享有任何权利的义务，但是法律另有规定的除外。这一义务称为出卖人权利的瑕疵担保义务。

④出卖人交付有关单证和资料义务。出卖人应当按照约定或者交易习惯向买受人交付提取标的物单证以外的有关单证和资料。该项义务系属于出卖人在买卖合同中所负担的从合同义务，该义务辅助主合同义务，实现买受人的交易目的。交易实践中，与买卖合同标的物相关的其他单证和资料主要包括产品合格证、产品说明书、保修单、发票、检验单证、检疫单证、保险单、质量保证书、装箱单等。

（2）买受人义务。

①支付价款。支付价款是买受人的主要义务。买受人应当按照合同约定的数额、地点、时间支付价款。

②受领标的物。买受人有依照合同约定或者交易惯例受领标的物的义务。若出卖人不按合同约定条件交付标的物，如多交付、提前交付、交付的标的物有瑕疵等，买受人有权拒绝接受。

③及时检验出卖人交付的标的物。买受人收到标的物时，有及时检验义务。当事人约定检验期间的，买受人应当在约定期间内实行检验。没有约定检验期间的，买受人应当在收到标的物之后的合理期间内及时检验。

④暂时保管及应急处置拒绝受领的标的物。在特定情况下，买受人对于出卖人所支付的标的物，虽可做出拒绝接受的意思表示，但有暂时保管并应急处置拒绝受领的标的物的义务。该项义务属买受人应负担的附带义务。

3. 债的保全制度

依照传统民法的"合同相对性原则"，合同效力仅及于合同关系的当事人，债权人只能请求债务人为一定的给付。但近现代各国民事立法及判例对此已有所突破，债的效力扩及于第三人，债权具有了对外效力。债权保全制度就是债的对外效力的典型表现。债的保全制度，是法律为防止因债务人财产的不当减少使债权人的债权实现受到损害而设置的保全债务人的责任财产的法律制度。

债的关系成立后，债权人权利的实现主要是从债务人的财产中获得满足，即使不以财产交付为标的的债，也需要以债务人的财产为债务履行的最后保证。根据债的效力，债务人的所有财产在债的关系成立后就成为履行债务的一般担保，即责任财产，当债务人不履行债务时，此责任财产将成为强制执行的标的。当然，强制执行时，应当为被执行人及其所抚养的家属保留生活必需品以及生活必需费用，这意味着除维持债务人及其所抚养的家属的生活必需品外，债务人的一切财产均包括在责任财产之内。

债的保全制度包括债权人的代位权和撤销权两个方面的具体制度。债权人的代位权着眼于债务人的消极行为，当债务人有权利而不积极行使，以致影响债权人的权利实现时，法律允许债权人代债务人之位，以自己的名义向第三人请求履行债务；而撤销权则是着眼于债务人的积极行为，当债务人实施减少财产的行为从而损害债权人债权实现时，法律允许债权人诉请法院撤销债务人的行为。代位权是为保持债务人的责任财产而设，撤销权是为恢复债务人的责任财产而设。债的保全制度集积极保障与消极保障于一身，对债权不能实现起着预防作用，成为现代各国债法中不可或缺的制度。

债权保全制度、债的担保制度和债的责任制度从不同的角度，共同维护着债权人的利益。债的担保制度有保证、抵押、质押、定金、留置等方式，其虽然不受或者较少受债务人财产状况的影响，对债权人权利的实现有着重要的保障作用，但这些担保方式也存在弱点，如抵押权的设立须当事人特别订立书面合同，有的抵押关系还需办理登记；再如留置权的成立仅限于特定的保管合同、承揽合同、运输合同中，并且还须符合法定条件；而保证除须书面保证合同外，仍会存在责任财产减少而损害债权实现的情形，等等。就债法中的责任制度而言，虽然责任制度的存在，会给债务人带来无形的压力，促使债务人积极而适当地履行债务，否则就要以其全部财产承担债务违反的责任；但其更为现实的作用是在债务人不履行债务时，债权人可以要求债务人承担债务违反的法律责任，这往往是在发生了债务违反的情形后的补救措施，只能制裁债务人于债务违反之后，这也是责任制度的明显不足之处。因此，法律在担保制度和责任制度之外设立了债权保全制度，一方面为没有设立特别担保的债权人提供保障，另一方面也能够起到防患于未然的作用。可以说，债权保全制度与债的担保制度、债的责任制度相互配合，共同担负着保障债权人权利实现的任务。

（三）释法说理

最高人民法院认为：关于（2014）浙甬商初字第74号民事判决书涉及的36369405.32元债权问题。燃料公司有权就该笔款项另行向物流公司主张。

第一，《最高人民法院关于适用〈中华人民共和国合同法〉若干问题的解释（一）》第二十条规定，债权人向次债务人提起的代位权诉讼经人民法院审理后认定代位权成立的，由次债务人向债权人履行清偿义务，债权人与债务人、债务人与次债务人之间相应的债权债务关系即予消灭。根据该规定，认定债权人与债务人之间相应债权债务关系消灭的前提是次债务人已经向债权人实际履行相应清偿义务。本案所涉执行案件中，因并未执行到某进出口公司的财产，浙江省某人民法院已经作出终结本次执行的裁定，故在某进出口公司并未实际履行清偿义务的情况下，燃料公司与物流公司之间的债权债务关系并未消灭，燃料公司有权向物流公司另行主张。

第二，代位权诉讼属于债的保全制度，该制度是为防止债务人财产不当减少或者应当增加而未增加，给债权人实现债权造成障碍，而非要求债权人在债务人与次债务人之间择一选择作为履行义务的主体。如果要求债权人择一选择，无异于要求债权人在提起代位权诉讼前，需要对次债务人的偿债能力作充分调查，否则应当由其自行承担债务不得清偿的风险，这不仅加大了债权人提起代位权诉讼的经济成本，还会严重挫伤债权人提起代位权诉讼的积极性，与代位权诉讼制度的设立目的相悖。

第三，本案不违反"一事不再理"原则。根据《最高人民法院关于适用〈中华人民共和国民事诉讼法〉的解释》第二百四十七条规定，判断是否构成重复起诉的主要条件是当事人、诉讼标的、诉讼请求是否相同，或者后诉的诉讼请求是否实质上否定前诉裁判结果等。代位权诉讼与对债务人的诉讼并不相同，从当事人角度看，代位权诉讼以债权人为原告、次债务人为被告，而对债务人的诉讼则以债权人为原告、债务人为被告，两者被告身份不具有同一性。从诉讼标的及诉讼请求上看，代位权诉讼虽然要求次债务人直接向债权人履行清偿义务，但针对的是债务人与次债务人之间的债权债务，而对债务人的诉讼则是要求债务人向债权人履行清偿义务，针对的是债权人与债务人之间的债权债务，两者在标的范围、法律关系等方面亦不相同。从起诉要件上看，与对债务人诉讼不同的是，代位权诉讼不仅要求具备民事诉讼法规定的起诉条件，同时还应当具备《最高人民法院关于适用〈中华人民共和国合同法〉若干问题的解释（一）》第十一条规定的诉讼条件。基于上述不同，代位权诉讼与对债务人的诉讼并非同一事由，两者仅具有法律上的关联性，故燃料公司提起本案诉讼并不构成重复起诉。

## 案例6：某贸易公司诉某城建公司合同纠纷案

### 一、案例简介

#### （一）关键词

民事、合同纠纷、违约金调整、诚实信用原则。

#### （二）裁判要点

当事人双方就债务清偿达成和解协议，约定解除违约责任与财产保全措施。一方当事人依照约定申请人民法院将财产保全措施予以解除，另一方当事人未严格依照和解协议履行，违反诚实信用原则，并在和解协议违约金诉讼当中申请减少违约金的，不予支持。

#### （三）相关法条

《中华人民共和国合同法》第六条、第一百一十四条（注：现行有效的法律为《中华人民共和国民法典》第七条、第五百八十五条）。

#### （四）基本案情

某贸易公司（以下简称贸易公司）因与某城建公司（以下简称城建公司）之间存在买卖合同纠纷，于2016年3月向人民法院提起诉讼，2016年8月，人民法院针对此案作出（2016）京0106民初6385号民事判决，判决城建公司给付贸易公司货款5284648.68元及相应利息。城建公司对此判决表示不服，提起上诉，在此期间，案件双方再次进行沟通，签订了一份协议书，协议约定内容如下：

（1）双方约定于 2016 年 10 月 14 日前，由城建公司向贸易公司支付人民币 300 万元，并于 2016 年 12 月 31 日前，将剩余的本金 2284648.68 元、利息 462406.72 元以及诉讼费 25802 元（共计 2772857.4 元）支付完毕。如果城建公司未能依照协议于 2016 年 12 月 31 日前将全部款项足额支付完毕，或者未按照约定时间将首期给付款 300 万元支付完毕的，应当依照协议约定向贸易公司支付违约金 80 万元；若是城建公司未能按照约定时间于 2016 年 12 月 31 日前将全部款项足额支付完毕的，按照法律规定，贸易公司可以自 2017 年 1 月 1 日起随时依据（2016）京 0106 民初 6385 号民事判决向人民法院申请强制执行，贸易公司还有权向城建公司追索本协议约定的 80 万元违约金。

（2）贸易公司申请对他案中城建公司名下财产保全措施予以解除。二者就此达成协议后，城建公司向二审法院申请将上诉撤回，并按照双方协议约定于 2016 年 10 月 14 日向贸易公司给付 300 万元首期款项，同时依照双方协议约定，贸易公司申请对城建公司财产保全措施予以解除。此后城建公司未能依照协议约定如期支付剩余款项，贸易公司于 2017 年 1 月向人民法院申请执行（2016）京 0106 民初 6385 号民事判决书所确定的债权，并于 2017 年 6 月向法院起诉要求城建公司支付 80 万元违约金。

城建公司在一审中对贸易公司提出的给付请求提出异议，认为索要违约金数额过高，存在不合理现象。根据一审判决，城建公司应当向贸易公司给付的款项是 5284648.68 元及利息。贸易公司诉求城建公司因未严格依照和解协议所承担的违约金 80 万元的数额过高，此请求不合理。一审判决后，城建公司对此判决表示不服，提起上诉并声称：一审判决存在对城建公司违约行为上的错误认定，适用惩罚性违约金，未从多角度对贸易公司的损失情况展开调查，并对其全部诉讼请求予以支持，有失公平，请求适当减少违约金。

## （五）裁判结果

北京市某人民法院于 2017 年 6 月 30 日作出（2017）京 0106 民初

15563 号民事判决：某城建公司于判决生效之日起十日内支付某贸易公司违约金 80 万元。某城建公司不服一审判决，提起上诉。北京市某中级人民法院于 2017 年 10 月 31 日作出（2017）京 02 民终 8676 号民事判决：驳回上诉，维持原判。

## 二、案例解读

### （一）本案涉及基本法律知识

1. 合同纠纷

（1）合同纠纷的概念。

合同纠纷也称合同争议，是指合同当事人在签订、履行合同中，因变更或解除合同就有关事项发生的争议。这些争议包括针对合同是否成立、合同成立的时间、合同成立的地点、合同的效力、合同的履行、合同的变更和转让、合同权利义务的终止、违约责任的承担以及合同内容的解释等事项发生的不同意见。

合同纠纷发生的原因多种多样，可能是合同条款本身就含糊不清，也可能是合同条款本来比较清楚，但当事人对合同内容的理解有所不同。人们订立合同一般都是为了达到自己的目的或是实现自己的利益，合同当事人各自的出发点和立场存在差异，对问题的认识各有不同，出现合同纠纷也在所难免。出现合同纠纷并不可怕，重要的是寻找妥善的解决方式，避免出现因为合同纠纷导致合同双方当事人的经济关系和往来受到影响、社会秩序和经济秩序出现不稳定的不利情形。

（2）合同纠纷的主要种类。合同纠纷的主要种类分为以下三类。

①有效合同纠纷与无效合同纠纷。

a. 有效合同纠纷。有效合同纠纷是指在合同生效的前提下，合同当事人因履行合同而发生的争议，包括合同订立后合同当事人对合同内容的解释，合同的履行及违约责任，合同的变更、转让、解除、终止等所发生的一切争议，绝大多数合同纠纷为有效合同纠纷。

b. 无效合同纠纷。无效合同纠纷是指因合同的无效而引起的合同当事人之间的争议。例如，合同无效后，合同当事人就因该合同取得的财产的返还发生的纠纷，合同无效责任应由何方承担及承担多少之纠纷等。

②口头合同纠纷与书面合同纠纷。

a.口头合同纠纷。口头合同纠纷是指合同当事人因履行口头合同而发生的所有争议。口头合同虽然简便易行，但因为没有书面的证据，所以，一旦发生纠纷是不易解决的。口头合同多是即时清结的合同，一般来说，发生纠纷的情况较少。

b.书面合同纠纷。书面合同纠纷是指合同当事人因履行书面合同而发生的所有争议。现实生活中，绝大多数合同纠纷是书面合同纠纷。解决书面合同纠纷的依据是双方当事人签订的书面合同书或确认书，以及双方当事人协商一致的所有与合同有关的来往函件等。因此合同当事人应当注意保存所有的与合同有关的书面证据，以便在发生纠纷时可以举证。此外，有时在一项合同履行过程中，如果既有书面协议也有口头协议，且二者之间冲突，口头协议除非有证据证明，否则法律是不承认其效力的。

③有名合同纠纷与无名合同纠纷。

a.有名合同纠纷。第一，买卖合同纠纷，包括工矿产品购销合同纠纷，农副产品购销合同纠纷，国际货物买卖合同纠纷等。第二，供用电、气、水、热力等合同纠纷。第三，赠与合同纠纷。第四，借款合同纠纷，包括各类长短期限的民间或商业借款合同纠纷。第五，保证合同纠纷。第六，租赁合同纠纷。第七，融资租赁合同纠纷。第八，保理合同纠纷。第九，承揽合同纠纷。第十，建设工程合同纠纷，包括建设工程勘察合同纠纷、建设工程设计合同纠纷、建设工程施工合同纠纷等。第十一，运输合同纠纷。第十二，技术合同纠纷，包括技术开发合同纠纷、技术转让合同纠纷、技术许可合同纠纷、技术咨询合同纠纷、技术服务合同纠纷。第十三，保管合同纠纷。第十四，仓储合同纠纷。第十五，委托合同纠纷。第十六，物业服务合同纠纷。第十七，行纪合同纠纷。第十八，中介合同纠纷。第十九，合伙合同纠纷。

b.无名合同纠纷。第一，保险合同纠纷，包括财产保险合同纠纷、人寿保险合同纠纷等。第二，房地产合同纠纷，包括房地产买卖合同纠纷、房地产租赁合同纠纷等。第三，承包经营合同纠纷，如农村承包经营合同纠纷。第四，劳动合同纠纷，包括雇佣合同纠纷、集体劳动合同纠纷、涉外劳务合同纠纷等。第五，知识产权合同纠纷，包括专利合同纠纷、商标合同纠纷、著作权合同纠纷等。第六，其他合同纠纷，如培训合同、储蓄合同、影视合同、广告合同等引起的合同纠纷。

（3）解决合同纠纷的方式。

①协商。合同当事人在友好的基础上，通过相互协商解决纠纷，这是最佳的方式。

②调解。合同当事人如果不能协商一致，可以要求有关机构进行调解，如一方或双方是国有企业的，可以要求上级机关进行调解。上级机关应在平等的基础上分清是非进行调解，而不能进行行政干预。当事人还可以要求合同管理机关、仲裁机构、法庭等进行调解。

③仲裁。合同当事人协商不成、不愿调解的，可根据合同中规定的仲裁条款或双方在纠纷发生后达成的仲裁协议向仲裁机构申请仲裁。

④诉讼。如果合同中没有订立仲裁条款，事后也没有达成仲裁协议，合同当事人可以将合同纠纷起诉到法院，寻求司法解决。

2.违约金

所谓违约金，是指由当事人一方不履行合同时依法律规定或合同约定向对方支付的一定数额的金钱。违约金的法律特征主要有以下三点。

（1）违约金一般是由当事人协商确定的。在我国，尽管目前不少有关合同的行政法规对违约金的条件和数额进行了法律规定，但也广泛允许合同当事人约定违约金的条件和数额。即使在法律规定违约金标准的情况下，这种标准也只是一个幅度，同样允许当事人在此幅度内约定具体的比例。所以，从根本上讲，违约金是由当事人约定的。当事人约定违约金的权利是我国法律所确定的合同自由原则的具体体现。

（2）违约金的数额是预先确定的。一般情况下，当事人是在合同订立时就在合同中对违约金进行规定。合同成立后，在履行期限到来前，双方也可以就欠缺的违约金达成补充协议，作为合同的附件。当事人违约时，就要按照事先约定的违约金承担责任；如果当事人没有事先约定违约金，按照有关法律又不能确定的，违约方应当承担其他违约责任（如赔偿损失等）。

（3）违约金是一种违约后生效的补救方式。换言之，违约金在订立时并不能立即生效，只有一方违约以后，才能产生效力。

（二）本案涉及基本法律原理

1.民事法律行为

民事法律行为是民事主体通过意思表示设立、变更、终止民事法律关系的行为。

2.意思表示及其解释规则

（1）意思表示的概念和特征。意思表示是指向外部表明企图发生一定程度上法律效果的意思的行为。《民法典》第一百四十二条规定，有相对人的意思表示的解释，应当按照所使用的词句，结合相关条款、行为的性质和目的、习惯以及诚信原则，确定意思表示的含义。无相对人的意思表示的解释，不能完全拘泥于所使用的词句，而应当结合相关条款、行为的性质和目的、习惯以及诚信原则，确定行为人的真实意思。

3.违约责任的构成要件

（1）一般构成要件。一般构成要件是指违约当事人承担任何违约责任都必须具备的要件。

①违约行为。《民法典》第五百七十七条规定，当事人一方不履行合同义务或者履行合同义务不符合约定的，应当承担继续履行、采取补救措施或者赔偿损失等违约责任。这里的"不履行合同义务或者履行合同义务不符合约定"就是违约行为，所以违约责任的基本构成要件是有违约行为。

②不存在法定和约定的免责事由。仅有违约行为这一积极要件还不足以构成违约责任，违约责任的构成还需要具备另一消极要件，即不存在法定和约定的免责事由。《民法典》第五百九十条规定，当事人一方因不可抗力不能履行合同的，根据不可抗力的影响，部分或者全部免除责任，但是法律另有规定的除外。因不可抗力不能履行合同的，应当及时通知对方，以减轻可能给对方造成的损失，并应当在合理期限内提供证明。当事人迟延履行后发生不可抗力的，不能免除其违约责任。这里的"不可抗力"就是法定的免责事由。除法定的免责事由外，当事人如果约定有免责事由，那么免责事由发生时，当事人也可以不承担违约责任；当然，当事人免责的前提条件是当事人约定免责事由的条款本身是有效的。

（2）特殊构成要件。除一般构成要件外，与违约责任的各种具体形式相适应，每种责任方式都有自己的构成要件，相互之间并不等同。例如，违约金责任的构成要件是违约行为、过错；实际履行的构成要件是违约行为、过错、当事人一方请求违约方继续履行、违约方能够继续履行；赔偿损失的构成要件是违约行为、当事人一方有损失、违约行为与损害结果之间具有因果关系、过错。

## （三）释法说理

法院生效裁判认为：在诉讼期间，城建公司与贸易公司双方签订了协议书，该协议书均系双方当事人的真实意思表示，与法律法规强制性规定不相违背，具有同等的法律效力，双方应当诚信履行。本案涉及诉讼中双方签订的和解协议中有关违约金数额调整的问题。本案中，城建公司与贸易公司双方签订协议书，共同约定若是在 2016 年 10 月 14 日前，城建公司未能如期向贸易公司支付 300 万元人民币，或是在 2016 年 12 月 31 日前，未能如期向贸易公司支付剩余的本金 2284648.68 元、利息 462406.72 元及诉讼费25802 元（共计 2772857.4 元），那么贸易公司为了维护自身合法权益，有权向人民法院申请执行原一审判决，并要求城建公司依照和解协议支付违约金 80 万元。城建公司未能依照协议约定在 2016 年 12 月 31 日前将剩余款项2772857.4 元予以支付，贸易公司的损失主要为尚未得到清偿的 2772857.4元。在诉讼期间，贸易公司与城建重工公司双方达成和解协议，前者依照和解协议约定申请对后者公司账户冻结予以解除，后者撤回上诉。而城建公司作为和解协议签订的一方，自愿与贸易公司进行和解，并同意协议中约定的相关内容，包括承诺如果未能如期履行约定自愿支付高额违约金的内容，然而城建公司在账户冻结得以解除后，未能依照约定履行后续款项的给付义务，具有主观恶意，违背诚实信用。一审法院判令城建公司依照协议约定向贸易公司支付违约金 80 万元，并无不合理之处。

# 案例7：苏某甲诉李某田等法定继承纠纷案

## 一、案例简介

### （一）关键词

民法典、继承法、遗嘱继承、代位继承。

### （二）裁判要点

对于遗产的法定继承顺序，民法典规定如下。第一顺序：配偶、子女、父母；第二顺序：兄弟姐妹、祖父母、外祖父母。因此，舅、姨、姑、叔等亲属，并不属于法定继承人。他们要继承遗产，可以通过遗嘱继承等方式实现。

### （三）相关法条

《民法典》第一千一百二十八条。

### （四）基本案情

被继承人苏某泉死亡时间为2018年3月，其父母、妻子均先于其死亡，且他生前未生育和收养子女。苏某乙是苏某泉的姐姐，死亡时间亦早于他，且苏某泉无其他兄弟姊妹。苏某泉之姐苏某乙有一养女苏某甲。苏某泉之堂姐育有一子李某田，李某田有一子李某禾。苏某泉生前未立遗赠扶养协议，也未立遗嘱。上海市徐汇区华泾路某弄某号某室房屋的登记权利人为苏某泉、李某禾，共同共有。李某田保管苏某泉的钻戒1枚及梅花牌手表1块。苏某甲起诉请求，依法继承系争房屋中属于被继承人苏某泉的钻戒1枚、梅花牌手表1块和产权份额。

（五）裁判结果

生效裁判认为，当事人一致确认苏某泉生前未立遗赠扶养协议，也未立遗嘱，故被继承人苏某泉的遗产应按照法律规定手续由其继承人继承办理。苏某甲系苏某泉姐姐苏某乙的养子女，在苏某泉的遗产无人受遗赠、无人继承且苏某乙先于苏某泉死亡的情况下，根据《最高人民法院关于适用〈中华人民共和国民法典〉时间效力的若干规定》（以下简称《时间效力规定》）第十四条，适用民法典第一千一百二十八条第二款和第三款的规定，苏某甲有权作为苏某泉的法定继承人继承苏某泉的遗产。另外，苏某泉与李某田长期共同居住，李某田负责处理了苏某泉生病在护理院期间的事宜，李某田代为支付了其间各项费用，李某田还操办了苏某泉的丧葬事宜，与苏某甲相比，李某田对苏某泉尽的扶养义务比例更大，故李某田作为继承人以外扶养被继承人较多的人，可以适当分得被继承人的遗产且可多于苏某甲。对于苏某泉名下系争房屋的产权份额、钻戒1枚和梅花牌手表1块，法院根据便于执行和有利于生产生活的原则，判归李某田所有并由李某田给付苏某甲房屋折算价款人民币60万元。

## 二、案例解读

（一）本案涉及基本法律知识

1. 继承概述

（1）继承的概念。继承是指将死者生前的财产和其他合法财产权益转归有权取得财产的人所有的法律制度。在继承关系中，遗产指死者遗留的个人合法财产，被继承人指遗留遗产的死亡自然人，继承人指按照被继承人的合法遗嘱或相关法律规定承接被继承人遗产的人，继承权指继承人按照被继承人所立的合法有效遗嘱或法律的直接规定享有继承被继承人遗产的权利。

（2）继承的取得和丧失。继承开始后，按照法定继承办理；有遗嘱的，按照遗嘱继承或者遗赠办理；有遗赠扶养协议的，按照协议办理。继承开始后，继承人放弃继承的，应当在遗产处理前，以书面形式作出放弃继承的表示；没有表示的，视为接受继承。

继承人有下列行为之一的，丧失继承权：

①故意杀害被继承人。

②为争夺遗产而杀害其他继承人。

③遗弃被继承人，或者虐待被继承人情节严重。

④伪造、篡改、隐匿或者销毁遗嘱，情节严重。

⑤以欺诈、胁迫手段迫使或者妨碍被继承人设立、变更或者撤回遗嘱，情节严重。继承人有第三项至第五项行为，确有悔改表现，被继承人表示宽恕或者事后在遗嘱中将其列为继承人的，该继承人不丧失继承权。

2.继承的类型

（1）法定继承。第一顺序：配偶、子女、父母。对公婆或岳父母尽了主要赡养义务的丧偶儿媳与丧偶女婿，作为第一顺序继承人。第二顺序：兄弟姐妹、祖父母、外祖父母。继承开始后，由第一顺序继承人继承，第二顺序继承人不继承。没有第一顺序继承人继承的，由第二顺序继承人继承。

（2）遗嘱继承。遗嘱有以下六种形式：公证遗嘱、自书遗嘱、代书遗嘱、打印遗嘱、录音录像遗嘱、口头遗嘱。

（3）代位继承。代位继承，又称间接继承，是指在法定继承中，被继承人的子女先于被继承人死亡的，被继承人的子女的晚辈直系血亲代替其父母的继承顺序继承被继承人的遗产的法律制度。本案的继承类型就属于代位继承。

（4）转继承。转继承，又称再继承、连续继承，它是指继承人在继承开始后、遗产分割前死亡，其应继承的遗产转由他的合法继承人来继承的制度。

（5）遗赠。遗赠，就是指公民通过设立遗嘱，将其个人所拥有的财产的一部分或者全部，待其死亡后无偿赠送给国家、集体组织、社会团体或者法定继承人以外的人的行为。

**（二）本案涉及基本法律原理**

1.遗嘱继承

遗嘱继承是法定继承的对称，是指继承人按照被继承人合法有效的遗嘱继承遗嘱人遗产的法律制度。由于继承人、遗产的分配等都取决于遗嘱人的意思，因而又被称为"指定继承"。在我国，生前立有遗嘱的被继承人称为遗嘱人或立遗嘱人，依照遗嘱的指定享有遗产继承权的法定继承人称为遗嘱继承人。一般而言，遗嘱继承符合两个方面的条件才可以被适用。

（1）法律行为方面的条件。立遗嘱本质上是一项民事法律行为，法律行为的有效要件同样适用于遗嘱，即只有遗嘱合法有效，才能发生遗嘱继承。这首先需要被继承人在生前对自己的合法遗产立下了处分遗嘱，这份遗嘱必须是合法有效的，这样，遗嘱继承才能产生相应的法律效力。

（2）法律的强制性规定条件。

①被继承人死亡。如同法定继承一样，所有的继承都只有在被继承人死亡之后，才能发生。发生在生前的对自己财产的处理，是馈赠而非遗嘱。我国古代存在分家析产的现象，那是家庭共有财产的分割，虽然家长在分割时具有一定的话语权，但不完全等同于家长的意愿。继承从被继承人死亡时开始。被继承人死亡包括自然死亡和宣告死亡。也就是说自然死亡和宣告死亡，都发生继承，也就可以发生遗嘱继承。

②没有遗赠扶养协议。遗嘱继承的法律效力高于法定继承，但是不能对抗遗赠扶养协议中的约定。因此，当被继承人在生前与扶养人订有遗赠扶养协议的，即使有遗嘱，也不能先按照遗嘱来进行遗产分割，而是要先执行遗赠扶养协议。只有在遗赠扶养协议执行之后，仍然有遗产待分割时，才能按照遗嘱进行。

③遗嘱继承人未放弃继承的。如果遗嘱继承人放弃按照遗嘱继承，则通过法定继承来进行遗产分割，遗嘱就不再适用。

④遗嘱继承人未丧失继承权的。如果遗嘱继承人属于法定的丧失继承权的，那么其失去继承权，遗嘱继承权也同时丧失。因此，只有在遗嘱继承人未丧失继承权时，才可以适用遗嘱继承。

⑤遗嘱继承人未先于遗嘱人死亡的。与法定继承发生代位继承不一样，遗嘱继承并不发生代位继承，因此当遗嘱继承人先于被继承人死亡时，遗嘱继承不适用。因此，要适用遗嘱继承，须遗嘱继承人未先于遗嘱人死亡。当然，在同时死亡或死亡时间不能确定时，法律上推定的死亡顺序依然适用于遗嘱继承人与遗嘱人。

2.代位继承制度

（1）代位继承的定义。代位继承是指继承人先于被继承人死亡时，由继承人的直系晚辈血亲代替先亡的直系尊血亲继承被继承人遗产的一种法定继承制度。先于被继承人死亡的继承人称为被代位继承人或本位继承人，代替被代位继承人取得遗产的直系卑血亲称为代位继承人。

（2）代位继承的内容。代位继承共有两种形式：一是被继承人的子女的直系晚辈血亲的代位继承，二是被继承人的兄弟姐妹的子女的代位继承。在代位继承中，承继应继份的被继承人子女或者兄弟姐妹的直系晚辈血亲为代位继承人。应继份，是指各个继承人应该取得的被继承人遗产的份额。

（3）适用代位继承需要符合的条件。适用代位继承必须符合以下条件。第一，被代位人须先于被继承人死亡。第二，先死亡的被代位人必须是被继承人的子女、被继承人的兄弟姐妹。第三，代位继承人有两类：被代位人是被继承人的子女的，代位继承人须为直系晚辈血亲；被代位人是被继承人的兄弟姐妹的，代位继承人须为兄弟姐妹的子女。第四，被代位人生前必须享有继承权。第五，代位继承只适用于法定继承，在遗嘱继承中不适用。

3.遗产分配原则

（1）一般情况下，同一顺序继承人继承遗产的份额，应当均等。即各继承人在对被继承人所尽扶养义务和各自经济状况、劳动能力大致相同的情况下，对遗产应进行大体均等的分配。

（2）特殊情况下可以不均等分配遗产。

①在生活方面缺乏劳动能力且存在特殊困难的继承人，应给予适当照顾。

②与被继承人共同生活或者对被继承人尽了主要扶养义务的继承人，可在遗产分配时适当多分。

③有扶养条件和扶养能力，却没有履行相应的扶养义务的，在遗产分配过程中，应少分或不分。然而，继承人有扶养能力和扶养条件，愿意尽扶养义务，但被继承人因有固定收入和劳动能力，明确表示不要求其扶养的，分配遗产时，一般不应因此而影响其继承份额。

④遗嘱人未保留缺乏劳动能力又没有生活来源的继承人的遗产份额，遗产处理时，应当为该继承人留下必要的遗产，所剩余的部分，才可参照遗嘱确定的分配原则处理。

⑤经继承人协商同意的，也可以不均等分配。继承人应当本着互谅互让、和睦团结的精神，协商处理继承问题。

### （三）释法说理

本案是适用民法典关于侄甥代位继承制度的典型案例。侄甥代位继承系民法典新设立的制度，与我国民间传统相符合，为财产流转在血缘家族内部提供了可靠保障，同时减少了遗产无人继承问题的发生。这一制度主张引导人们重视亲情亲属，有利于减少家族矛盾，促进亲属关系的发展，维护社会和谐稳定。本案中，审理法院还依据遗产的酌给制度，即可将遗产适当分配给继承人以外的对被继承人扶养较多的人，体现了义务权利相一致的原则，弘扬了积极妥善赡养老人的传统美德，充分体现了社会主义核心价值观的要求。

# 案例8：某科技公司诉李某毅、某设备公司专利权权属纠纷案

## 一、案例简介

### （一）关键词

民事、专利权权属、职务发明创造、有关的发明创造。

### （二）裁判要点

判断是否属于专利法实施细则第十二条第一款第三项规定的与在原单位承担的本职工作或者原单位分配的任务"有关的发明创造"时，应注重维护原单位、离职员工以及离职员工新任职单位之间的利益平衡，综合考虑以下因素作出认定：一是离职员工在原单位承担的本职工作或原单位分配的任务的具体内容；二是涉案专利的具体情况及其与本职工作或原单位分配的任务的相互关系；三是原单位是否开展了与涉案专利有关的技术研发活动，或者有关的技术是否具有其他合法来源；四是涉案专利（申请）的权利人、发明人能否对专利技术的研发过程或者来源做出合理解释。

### （三）相关法条

《中华人民共和国专利法》第六条；《中华人民共和国专利法实施细则》第十二条。

### （四）基本案情

某科技公司（以下简称科技公司）是一家高科技公司，该公司主要从事医院静脉配液系列机器人产品及配液中心相关配套设备的研发、制造、销售和售后服务工作。科技公司于 2010 年 2 月至 2016 年 7 月期间申请了多项涉及配药装置和自动配药设备的专利。其中，该公司在 2012 年 9 月 4 日申请了一项主要用于自动配置注射科药液的专利——102847473A 号专利（以下简称 473 专利）。

2012 年 9 月 24 日，李某毅在卫邦公司的生产、制造部门入职，并与该公司签订了《深圳市劳动合同》及《员工保密合同》，双方约定，该公司生产制造部门总监一职由李某毅担任，其主要职务为负责研发"输液配药机器人"相关产品。李某毅在任职期间，曾多次凭借部门经理的身份签署多项文件，包括研发部门采购申请表、加盖"受控文件"标识的技术图纸等，这些技术图纸系有关自动配药装置的设计图，其内容涉及"蠕动泵输液针""沙窝复合针装配""装配体""蠕动泵上盖连接板实验""左夹爪""右夹爪""机械手夹爪 1""机械手夹爪 2"等。此外，通过科技公司提供的工作邮件证实，在李某毅就职期间，曾通过工作邮件接收研发测试情况汇报，安排相关测试工作并提出了一系列研发测试要求。同时，通过邮件内容了解到，李某毅曾数次参与研发方案的会议讨论。

2013 年 4 月 17 日，李某毅与科技公司解除劳动关系。2013 年 7 月 12 日，李某毅向国家知识产权局申请了专利号为 201310293690.X 的发明专利，该专利名称为"静脉用药自动配制设备和摆动型转盘式配药装置"（以下简称涉案专利），李某毅为该涉案专利唯一的发明人。涉案专利技术方案的主要内容是采用机器人完成静脉注射用药配制过程的配药装置。李某毅于 2016 年 2 月 5 日将涉案专利权转移至其控股的某设备公司（以下简称设备公司）。李某毅在入职科技公司前，并无从事与医疗器械、设备相关的行业从业经验或学历证明。

2016 年 12 月 8 日，科技公司向一审法院提起诉讼，请求：第一，确认涉案专利的发明专利权归科技公司所有；第二，判令李某毅、设备公司共同承担科技公司为维权所支付的合理开支 30000 元，并共同承担诉讼费。

**（五）裁判结果**

广东省某中级人民法院于 2018 年 6 月 8 日作出（2016）粤 03 民初 2829 号民事判决：

（1）确认科技公司为涉案专利的专利权人。

（2）李某毅、设备公司共同向卫邦公司支付合理支出 3 万元。

一审宣判后，李某毅、远程公司不服，向广东省高级人民法院提起上诉。广东省高级人民法院于 2019 年 1 月 28 日作出（2018）粤民终 2262 号民事判决：驳回上诉，维持原判。李某毅、设备公司不服，向最高人民法院申请再审。最高人民法院于 2019 年 12 月 30 日作出（2019）最高法民申 6342 号民事裁定，驳回李某毅和设备公司的再审申请。

## 二、案例解读

**（一）本案涉及基本法律知识**

1.专利权

（1）专利权的概念。专利一词有多重含义，既可以指专利权，又可以指专利制度，在特定语言环境下，还可以指代专利文献或专利技术，其中最主要的含义是专利权。专利权，是由国务院专利行政部门依照法律规定，根据法定程序赋予专利权人的一种专有权利。

（2）专利权的主要特征。

①具有独占性。所谓独占性亦称垄断性或专有性。专利权是由政府主管部门根据发明人或申请人的申请，认为其发明创造符合专利法规定的条件，而授予申请人或其合法受让人的一种专有权。它专属权利人所有，专利权人对其权利的客体（即发明创造）享有占有、使用、收益和处分的权利。

②具有时间性。所谓专利权的时间性，即指专利权具有一定的时间限

制，也就是法律规定的保护期限。各国的专利法对于专利权的有效保护期均有各自的规定，而且计算保护期限的起始时间也各不相同。我国《专利法》第四十二条规定："发明专利权的期限为 20 年，实用新型专利权的期限为 10 年，外观设计专利权的期限为 15 年，均自申请日起计算。"

③具有地域性。所谓地域性，就是对专利权的空间限制。它是指一个国家或一个地区所授予和保护的专利权仅在该国或地区的范围内有效，对其他国家和地区不发生法律效力，其专利权是不被确认与保护的。如果专利权人希望在其他国家享有专利权，那么，必须依照其他国家的法律另行提出专利申请。除加入国际条约及双边协定另有规定之外，任何国家都不承认其他国家或者国际性知识产权机构所授予的专利权。

（3）专利权的客体。专利权的客体就是专利法保护的对象，也就是依照专利法授予专利权的发明创造。《中华人民共和国专利法》第二条规定："本法所称的发明创造是指发明、实用新型和外观设计。"因此，专利权的客体应该是发明、实用新型、外观设计三种专利。

发明，是指对产品、方法或者其改进所提出的新的技术方案。

实用新型，是指对产品的形状、构造或者其结合所提出的适于实用的新的技术方案。

外观设计，是指对产品的整体或者局部的形状、图案或者其结合以及色彩与形状、图案的结合所作出的富有美感并适于工业应用的新设计。

（4）专利权的主体。专利权的主体即专利权人，包括原始取得专利权的专利权人和继受取得专利权的专利权人。与专利权人相关的主体还包括发明人或设计人、专利申请人。

发明人或设计人，是指对发明创造或外观设计的实质性特点作出创造性贡献的人。发明人，是指发明的完成人。设计人，是指实用新型或外观设计的完成人。发明人或者设计人有权在专利文件中写明自己是发明人或者设计人。

2.职务发明创造

（1）职务发明创造的含义。执行本单位的任务或者主要是利用本单位的物质技术条件所完成的发明创造为职务发明创造。

（2）职务发明创造的特征。在职务发明创造中，完成发明创造的是作为雇员劳动者的自然人，其对发明创造享有署名权这一身份权益，而专利申请权与专利权归单位所有。

（3）职务发明创造常见类型。一类是执行本单位任务所完成的发明创造。包括下列三种情况：发明人在本职工作中完成的发明创造；履行本单位交付的与本职工作有关的任务时所完成的发明创造；退职、退休或者调动工作后1年内做出的、与其在原单位承担的本职工作或者单位分配的任务有关的发明创造。

另一类是主要利用本单位的物质条件（包括资金、设备、零部件、原材料或者不向外公开的技术资料等）完成的发明创造。但如果仅仅是少量利用了本单位的物质技术条件，且这种物质条件的利用，对发明创造的完成无关紧要，则不能因此认定是职务发明创造。

3. 专利权归属

职务发明创造申请专利的权利属于该单位，申请被批准后，该单位为专利权人。该单位可以依法处置其职务发明创造申请专利的权利和专利权，促进相关发明创造的实施和运用。非职务发明创造，申请专利的权利属于发明人或者设计人；申请被批准后，该发明人或者设计人为专利权人。利用本单位的物质技术条件所完成的发明创造，单位与发明人或者设计人订有合同，对申请专利的权利和专利权的归属作出约定的，从其约定。

两个以上单位或者个人合作完成的发明创造、一个单位或者个人接受其他单位或者个人委托所完成的发明创造，除另有协议的以外，申请专利的权利属于完成或者共同完成的单位或者个人；申请被批准后，申请的单位或者个人为专利权人。

两个以上的申请人分别就同样的发明创造申请专利的，专利权授予最先申请的人。

**（二）本案涉及基本法律原理**

1. 知识产权的类型

（1）专利。专利按类型划分一般有三种：一是发明专利，审查严格、含金量高，发明分为产品发明（如机器、仪器、设备和用具等）和方法发明（制造方法）两大类。二是实用新型专利，实用新型是指对产品的形状、构造或者其结合所提出的适于实用的新的技术方案，低成本、研制周期短。三是外观设计专利，即视觉的新事物，是企业的无形资产。

（2）著作权。著作权指文学、艺术、科学作品的作者对其作品享有的权利（包括财产权、人身权）。版权是知识产权的一种类型，它由自然科学、社会科学以及文学、音乐、戏剧、绘画、雕塑、摄影、图片和电影摄影等方面的作品组成。

（3）集成电路布图设计。集成电路布图设计是指集成电路中至少有一个是有源元件的两个以上元件和部分或者全部互连线路的三维配置，或者为制造集成电路而准备的上述三维配置。集成电路布图设计实质上是一种图形设计，但它并非工业品外观设计，不能适用专利法保护。

（4）商标。商标是用来区别一个经营者的品牌或服务和其他经营者的商品或服务的标记。我国商标法规定，经商标局核准注册的商标，包括商品商标、服务商标和集体商标、证明商标，商标注册人享有商标专用权，受法律保护，如果是驰名商标，将会获得跨类别的商标专用权法律保护。

2. 职务发明创造是否适用约定优先

在《中华人民共和国专利法》修订之前，通常认为职务发明创造专利权应该归单位所有，不适用于约定优先的规定。只有在"利用本单位的物质技术条件所完成的发明创造"这种特殊情况下，协议约定权属才可能被认可。

然而，《中华人民共和国专利法（2020年修正）》对职务发明的条款进行了修改，新增了"该单位可以依法处置其职务发明创造申请专利的权利和专利权，促进相关发明创造的实施和运用"的内容。这意味着，单位与员工可以通过协议来约定权属，从而达到激励发明人创新热情、平衡单位和员工利益的目的。

这一变化也体现在其他相关法规中。例如，2020年5月实施的《赋予科研人员职务科技成果所有权或长期使用权试点实施方案》以及2021年1月实施的《最高人民法院关于审理技术合同纠纷案件适用法律若干问题的解释》中，均涉及职务发明创造的权属约定问题。

3. 离职员工敏感期外的发明创造如何界定

虽然将发明创造的敏感期限定为1年是常见做法，但在实践中，即便已经超过1年，其仍然有被认定为职务发明创造的风险。这一点尤其在商业秘密案件中尤为显著。例如，如果某个单位的商业秘密泄露并被申请为专利，即便超过1年敏感期，其专利权属的争议仍然可能存在。

因此，在对职务发明创造的权属进行约定时，应当综合考虑多种因素，如敏感期、商业秘密保护等，以尽可能减少权属争议的发生。同时，在实践中，也需要严格遵循《中华人民共和国专利法》等相关法规的规定，以保障职务发明创造的合法权益。

### （三）释法说理

最高人民法院认为：本案的争议焦点为涉案专利是否属于李某毅在科技公司工作期间的职务发明创造。

专利法第六条规定："执行本单位的任务或者主要是利用本单位的物质技术条件所完成的发明创造为职务发明创造。职务发明创造申请专利的权利属于该单位。"专利法实施细则第十二条第一款第三项进一步规定："退休、调离原单位后或者劳动、人事关系终止后1年内作出的，与其在原单位承担的本职工作或者原单位分配的任务有关的发明创造属于职务发明创造。"

发明创造是一种发生了复杂智力活动的劳动，必须在研发人员与一定的技术、资金等资源的支持和投入下才能实现，需要承担一定的风险。当需要认定的职务发明创造涉及离职员工时，应在维护原单位对确属职务发明创造的科学技术成果享有的合法权利的同时，支持和鼓励创新驱动发展，不宜将专利法实施细则的第十二条第一款第三项规定的"有关的发明创造"作过于宽泛的解释，导致在没有竞业限制协议等合同约定或者法律明确规定的情况下，不适当地限制研发人员的正常流动或者限制研发人员在新的单位合法开展和参与新的技术研发活动。因此，在判断涉案发明创造是否属于专利法实施细则第十二条第一款第三项规定的"有关的发明创造"时，应注重维护原单位、离职员工以及离职员工新任职单位之间的利益平衡，综合考虑以下因素：一是离职员工在原单位承担的本职工作或原单位分配的任务的具体内容，包括工作职责、权限，能够接触、控制、获取的与涉案专利有关的技术信息等。二是涉案专利的具体情况，包括其技术领域，解决的技术问题，发明目的和技术效果，权利要求限定的保护范围，涉案专利相对于现有技术的"实质性特点"等，以及涉案专利与本职工作或原单位分配任务的相互关系。三是原单位是否开展了与涉案专利有关的技术研发活动，或者是否对有关技术具有合法的来源。四是涉案专利（申请）的权利人、发明人能否对于涉案专利的研发过程或者技术来源做出合理解释，相关因素包括涉案专利技术方案的复杂程度，需要的研发投入，以及权利人、发明人是否具有相应的知识、经验、技能或物质技术条件，是否有证据证明其开展了有关研发活动等。

结合本案一、二审法院查明的有关事实以及再审申请人提交的有关证据，围绕前述四个方面的因素，就本案争议焦点认定如下：

首先，关于李某毅任职于科技公司期间承担的本职工作或分配任务的具体内容。第一，任职于科技公司期间，李某毅担任生产制造总监一职，直接从事该公司配药装置与配药设备的研发管理等工作。在再审申请书中，李某毅也认可其从事该公司"研发管理工作"的事实。第二，任职于科技公司期间，李某毅曾多次凭借部门经理的身份与名义，在多份加盖了"受控文件"标识且与涉案专利技术密切相关的技术图纸的审核栏处和研发部门采购申请表上签字。第三，李某毅在科技公司任职期间，曾多次参与公司内部与用药自动配药设备和配药装置技术研发有关的会议或讨论，还通过电子邮件接收研发测试情况汇报，安排测试工作，并对研发测试提出相应要求。综上，基于李某毅在科技公司任职期间承担的本职工作或分配的任务，其有充分的机会直接接触、控制、获取科技公司内部与用药自动配制设备和配药装置技术研发密切相关的技术信息，且这些信息并非本领域普通的知识、经验或技能。因此，李某毅在科技公司承担的本职工作或分配的任务与涉案专利技术密切相关。对于李某毅有关其仅仅是进行研发管理，没有参与科技公司有关静脉配药装置的研发工作，科技公司的相关证据都不是真正涉及研发的必要文件等相关申请再审理由，本院均不予支持。

其次，关于涉案专利的具体情况及其与李某毅的本职工作或分配任务的相互关系。第一，涉案专利涉及"静脉用药自动配制设备和摆动型转盘式配药装置"，其针对的技术问题是"药剂师双手的劳动强度很大，只能进行短时间的工作；由于各药剂师技能不同、配药地点也不能强制固定，造成所配制的药剂药性不稳定；化疗药剂对药剂师健康危害较大"。实现的技术效果是"本发明采用机器人完成静脉注射用药的整个配制过程，采用机电一体化来控制配制的药剂量准确，提高了药剂配制质量；医务人员仅需要将预先的药瓶装入转盘工作盘和母液架，最后将配制好的母液瓶取下，极大地减少了医务人员双手的劳动强度；对人体有害的用药配制（比如化疗用药），由于药剂师可以不直接接触药瓶，采用隔离工具对药瓶进行装夹和取出，可以很大程度地减少化疗药液对人体的健康损害"。在涉案专利授权公告中，主要包括底座、转盘工作台、若干个用于固定药瓶的药瓶夹、具座、转盘座、转盘传动机构和转盘电机、近后侧的转盘工作台两边分别设有背光源和视觉传感器、机器人、夹具体、输液泵、输液管、针具固定座、针具夹头、前后摆动板、升降机构等部件。第二，科技公司于 2012 年 9 月 4 日申请的 473 专利的名称为"自动化配药系统的配药方法和自动化配药系统"，其针对的技术问题是"医院中配制药物的方式均通过医护人员手工操作。……操作时医护人员工作强度高，而且有的药物具有毒性，对医护人员的安全有着较大的威胁"。发明目的是"在于克服上述现有技术的不足，提供一种自动化配药系统的配药方法和自动化配药系统，其可实现自动配药，医护人员无须手动配制药液，大大降低了医护人员的劳动强度，有利于保障医护人员的健康安全"。实现的技术效果是"提供一种自动化配药系统的配药方法和自动化配药系统，其可快速完成多组药液的配制，提高了配药的效率，大大降低了医护人员的劳动强度，有利于保障医护人员的健康安全"。473 专利的说明书中，还公开了"药液输入摇匀装置""卡夹部件""输液软管装填移载及药液分配装置""用于折断安瓿瓶的断瓶装置""母液瓶夹持装置""母液瓶""可一次容纳多个药瓶的输入转盘"等部件的具体结构和附图。将涉案专利与科技公司的 473 专利相比，二者解决的技术问题、发明目的、技术效果基本一致，二者技术方案高度关联。二审法院结合涉案专利的审查意见、引证专利检索，认定 473 专利属于可单独影响涉案专利权利要求的新颖性或创造性的文件，并无不当。第三，在科技公司提供的与李某毅的本职工作有关的图纸中，涉及"输入模块新盖""沙窝复合针装配""蠕动泵输液针""蠕动泵上盖连接板实验""装配体""左夹爪""右夹爪""机械手夹爪 1""机械手夹爪 2"等与涉案专利密切相关的部件，相关图纸上均加盖"受控文件"章，在"审核"栏处均有李某毅的签字。第四，在李某毅与科技公司有关工作人员的往来电子邮件中，讨论的内容直接涉及转盘抱爪、母液上料方案、安瓿瓶掰断测试等与涉案专利技术方案密切相关的研发活动。综上，涉案专利与李某毅在科技公司承担的本职工作或分配的任务密切相关。

再次，科技公司在静脉用药自动配制设备领域的技术研发是持续进行的。

科技公司成立于 2002 年，经营范围包括医院静脉配液系列机器人产品及配液中心相关配套设备的研发、制造、销售及售后服务。其在 2010 年 2 月至 2016 年 7 月期间先后申请了 60 余项涉及医疗设备、方法及系统的专利，其中 44 项专利是在李某毅入职科技公司前申请，且有多项专利涉及自动配药装置。因此，对于李某毅主张科技公司在其入职前已经完成了静脉配药装置研发工作，涉案专利不属于职务发明创造的相关申请再审理由，本院不予支持。

最后，关于李某毅、科技公司能否对涉案专利的研发过程或者技术来源做出合理解释。根据涉案专利说明书，涉案专利涉及"静脉用药自动配制设备和摆动型转盘式配药装置"，共有 13 页附图，约 60 个部件，技术方案复杂，研发难度大。李某毅作为涉案专利唯一的发明人，在离职科技公司后不到 3 个月即以个人名义单独申请涉案专利，且不能对技术研发过程或者技术来源做出合理说明，不符合常理。而且，根据二审法院的认定，以及李某毅一审提交的专利搜索网页打印件及自制专利状况汇总表，李某毅作为发明人，最早于 2013 年 7 月 12 日申请了涉案专利以及 201320416724.5 号"静脉用药自动配制设备和采用视觉传感器的配药装置"实用新型专利，而在此之前，本案证据不能证明李某毅具有能够独立研发涉案专利技术方案的知识水平和能力。

综上，综合考虑本案相关事实及李某毅、设备公司再审中提交的有关证据，一、二审法院认定涉案专利属于李某毅在科技公司工作期间的职务发明创造并无不当。李某毅、设备公司的申请再审理由均不能成立。

# 第二章　刑法案例与实务

## 案例1：张某某、金某危险驾驶案

### 一、案例简介

#### （一）关键词

刑事、危险驾驶罪、追逐竞驶、情节恶劣。

#### （二）裁判要点

机动车驾驶人员出于竞技、追求刺激、斗气或者其他动机，在道路上曲折穿行、快速追赶行驶的，属于《中华人民共和国刑法》第一百三十三条之一规定的"追逐竞驶"。

追逐竞驶虽未造成人员伤亡或财产损失，但综合考虑超过限速、闯红灯、强行超车、抗拒交通执法等严重违反道路交通安全法的行为，足以威胁他人生命、财产安全的，属于危险驾驶罪中"情节恶劣"的情形。

#### （三）相关法条

《中华人民共和国刑法》第一百三十三条之一。

#### （四）基本案情

2012年2月3日20时20分许，被告人张某某、金某相约驾驶摩托车出去享受大功率摩托车的刺激感，约定"陆家浜路、河南南路路口是目的地，谁先到谁就等谁"。随后，由张某某驾驶无牌的大功率二轮摩托车（经过改装），金某驾驶套牌的大功率二轮摩托车（经过改装），从上海市浦东新区乐园路99号车行出发，行至杨高路、巨峰路路口掉头沿杨高路由北向南行驶，经南浦大桥到陆家浜路下桥，后沿河南南路经复兴东路隧道、张杨路回到张某某住所。全程28.5千米，沿途经过多个公交站点、居民小区、学校和大型超市。在行驶途中，二被告人驾车在密集车流中反复并线、曲折穿插、多次闯红灯、大幅度超速行驶。当行驶至陆家浜路、河南南路路口时，张某某、金某遇执勤民警检查，遂驾车沿河南南路经复兴东路隧道、张杨路逃离。其中，在杨高南路浦建路立交（限速60千米/小时）张某某行驶速度115千米/小时、金某行驶速度98千米/小时；在南浦大桥桥面（限速60千米/小时）张某某行驶速度108千米/小时、金某行驶速度108千米/小时；在南浦大桥陆家浜路引桥下匝道（限速40千米/小时）张某某行驶速度大于59千米/小时、金某行驶速度大于68千米/小时；在复兴东路隧道（限速60千米/小时）张某某行驶速度102千米/小时、金某行驶速度99千米/小时。

2012年2月5日21时许，被告人张某某被抓获到案后，如实供述上述事实，并向公安机关提供被告人金某的手机号码。金某接公安机关电话通知后于2月6日21时许主动投案，并如实供述上述事实。

### （五）裁判结果

上海市人民法院于2013年1月21日作出（2012）浦刑初字第4245号刑事判决：被告人张某某犯危险驾驶罪，判处拘役四个月，缓刑四个月，并处罚金人民币四千元；被告人金某犯危险驾驶罪，判处拘役三个月，缓刑三个月，并处罚金人民币三千元。宣判后，二被告人均未上诉，判决已发生法律效力。

## 二、案例解读

### （一）本案涉及基本法律知识

#### 1.危险驾驶罪

危险驾驶罪是指在道路上驾驶机动车追逐竞驶，情节恶劣的；醉酒驾驶机动车的；从事校车业务或者旅客运输，严重超过额定乘员载客或者严重超过规定时速行驶的；违反危险化学品安全管理规定运输危险化学品，危害公共安全的行为。

危险驾驶罪主要有以下构成要件：一是主体要件。犯罪主体为一般主体，凡已满十六周岁且具有刑事责任能力的自然人均可以成为本罪主体。实践中主要是机动车驾驶员。二是客体要件。此罪侵犯的客体为公共安全，即危险驾驶的行为危及了公共安全，给公共安全带来了潜在的危险，即对不特定且多数人的生命、身体或者财产的危险。所谓的"不特定"，是指犯罪行为可能侵犯的对象和可能造成的结果事先无法确定；所谓"多数人"，则难以用具体数字表述。当然，司法实践中，对于危及公共安全的判断要依据行为发生的时空条件进行判断。如果醉驾或追逐竞驶的行为根本不可能危及公共安全，那么即使有醉驾或追逐竞驶的行为，也不构成此罪。如果行为仅侵犯了特定的少数人的生命、健康或者财产的安全，也不构成此罪。

#### 2.追逐竞驶

追逐竞驶，一般指行为人出于竞技、追求刺激或者其他目的，二人以上分别驾驶机动车在公共通行道路、城市道路或者其他道路上竞相行驶，严重影响公共秩序和道路交通安全的驾驶行为。

### （二）本案涉及基本法律原理

#### 1.危害公共安全罪概述

危害公共安全罪是一个概括性的罪名。行为人故意或者过失实施危害或者足以危害不特定多数人的生命、健康或者重大公私财产安全的行为就是危害公共安全的犯罪行为。这类犯罪具有以下几个特征：

（1）这类罪侵犯的客体是公共安全，即不特定多数人的生命、健康或者重大公私财产安全。行为人的犯罪行为侵犯的对象不特定是危害公共安全的一个重要特征。如果行为人的犯罪目标是指向特定的人身和财产，则不构成危害公共安全罪，而构成侵犯公民人身权利罪或侵犯财产罪，应根据其他相应的罪名定罪量刑。

（2）这类犯罪的客观方面表现为行为人实施了危害公共安全的行为。危害公共安全行为的表现形式是多种多样的。从行为方式看，既可以是作为，也可以是不作为，实践中危害公共安全的犯罪多以作为的方式实施。从危害后果看，这些行为包括两种情况，一是已经造成严重后果；二是虽未造成严重后果，但足以危及多人的生命、健康和重大公私财产安全。但有一点是共同的，即这类犯罪中的过失犯罪都必须造成严重后果，否则不构成犯罪。对危害公共安全的故意犯罪，只要行为人的行为足以危害公共安全即可构成犯罪。

（3）这类犯罪的主体多数是一般主体，少数是特殊主体。并且有些犯罪由于社会危害性较大，刑法对这些犯罪主体的刑事责任年龄做了专门的规定，如已满十四周岁不满十六周岁的人犯放火罪、爆炸罪、投毒罪的，应当负刑事责任。

（4）这类犯罪的主观方面既有故意，也有过失。本罪的具体形式主要有二种。一是故意犯罪，如劫持航空器罪等；二是过失犯罪，如交通运输事故罪、铁路运营安全事故罪等。

2. 危险驾驶罪的认定

（1）罪与非罪。在罪与非罪的问题上，需要注意追逐竞驶行为必须达到"情节恶劣"，没有达到情节恶劣的程度，就不能入罪。至于何为情节恶劣，既要在总体上把握危害公共安全的标准，又要根据具体情况区别对待。至于"醉驾"，已有明确标准，未达到"醉驾"标准的，作为行政违法行为处罚。

（2）本罪与交通肇事罪的界限。危险驾驶罪在主观方面是故意犯罪，而交通肇事罪是过失，交通肇事罪的客观方面是行为人违反交通运输管理法规，因而发生重大交通事故；危险驾驶罪的客观方面是行为人在道路上追逐竞驶，情节恶劣或者醉酒驾驶的行为。交通肇事罪以发生重大事故、严重后果为入罪条件，而危险驾驶罪是以行为客观上具有公共危险为入罪标准。

（3）本罪与以危险方法危害公共安全罪的界限。同为故意犯罪，而以危险方法危害公共安全罪是以发生严重后果为入罪条件，属于具体危险犯；本罪不以发生严重后果为入罪条件，属于抽象危险犯。以危险方法危害公共安全罪中的"危险方法"，是指除放火、爆炸、投放危险物质、决水以外的足以危害公共安全的方法。而足以危害公共安全的方法是指那些与放火、爆炸、投放危险物质、决水公共危险性相当的方法。危险驾驶行为具有的危险性小于这些"危险方法"的危险性。

3. 刑法中"追逐竞驶，情节恶劣"的认定

根据我国刑法第一百三十三条之一的规定，在道路上驾驶机动车追逐竞驶，情节恶劣的，构成危险驾驶罪。因此，追逐竞驶行为必须达到"情节恶劣"，才能构成刑事犯罪。追逐竞驶型危险驾驶罪通常包括以下情形。

（1）饮酒后在道路上驾驶机动车追逐竞驶的。行为人为了寻求刺激，饮酒后在道路上驾驶机动车追逐竞驶，具有较一般追逐竞驶行为更大的社会危害性，对不特定多数人的生命健康和财产安全具有更为严重的危害，应当认定为"情节恶劣"。

（2）无驾驶资格在道路上驾驶机动车追逐竞驶的。无机动车驾驶资格的人在道路上驾驶机动车追逐竞驶的，社会危害更大，应当认定为"情节恶劣"。无驾驶资格包括：未取得机动车驾驶资格的；被吊销机动车驾驶资格，一定时间内不得驾驶机动车的；驾驶准驾车型以外的机动车的，如持有摩托车驾驶资格的人驾驶汽车。

（3）在道路上驾驶非法改装的机动车追逐竞驶的。部分人为了提高车辆的动力，追求更大的惊险刺激，往往擅自对机动车进行改装。在道路上驾驶非法改装的机动车追逐竞驶的，往往会达到很高的时速，发出巨大的噪声，故对其他的交通参与人的危险更大，也严重影响了公众的正常生活，社会危害性更为明显，应当认定为"情节恶劣"。

（4）以超过规定时速50%的速度驾驶机动车追逐竞驶的。在追逐竞驶的过程中，行为人为了追求刺激，往往超过规定时速行驶。严重超速的追逐竞驶行为较之一般的追逐竞驶行为，对道路公共安全的危险更为具体，应当认定为"情节恶劣"。

（5）在车流量大、行人多的道路上追逐竞驶的。由于城市里面的道路路况较好，成了机动车追逐竞驶的主要场所。在车流量大的道路上追逐竞驶，对公共交通安全的危害大，应当认定为"情节恶劣"。

（6）多人或者多次追逐竞驶的。追逐竞驶既可能是一对一的形式，也可能是多人分别驾驶机动车在道路上互相追逐，竞相行驶。多人追逐竞驶行为的情节更为恶劣，而多次追逐竞驶的行为也具有更大的社会危害性，故应当认定为"情节恶劣"。

（7）追逐竞驶引起交通严重堵塞或者公众恐慌的。追逐竞驶构成的犯罪属于情节犯，不以发生人员伤亡、财产损失等具体后果为要件，但是其引发的其他后果也可以是判断"情节恶劣"的标准之一，在车流量大和行人较多的闹市区追逐竞驶，引发交通严重堵塞或其他交通参与者恐慌的，应当认定为"情节恶劣"。

（8）使用伪造、变造或者其他机动车号牌，或者故意遮挡、污损、不按规定安装机动车号牌的。有的行为人为了逃避道路交通安全部门的查处，故意使用伪造、变造或者其他机动车号牌，或者故意遮挡、污损、不按规定安装机动车号牌，意图逃脱责任，此种情形的社会危害性大，应当认定为"情节恶劣"。

（9）因追逐驾驶或者飙车受过行政处罚，又在道路上追逐竞驶的。行为人因为追逐竞驶或者飙车被查处，并受过行政处罚后，仍不遵守道路安全交通法规，又在道路上追逐竞驶的，主观恶性较大，应当认定为"情节恶劣"。

（10）其他应当认定为情节恶劣的情形。司法实践的情形较为复杂，难以一一列举。例如，行为人将追逐竞驶作为赌博手段的；行为人因追逐驾驶发生道路交通事故但尚未构成交通肇事罪的；驾驶营运车辆追逐竞驶的，这些情形都可以认定为"情节恶劣"。

### （三）释法说理

法院生效裁判认为：根据《中华人民共和国刑法》第一百三十三条之一第一款规定，"在道路上驾驶机动车追逐竞驶，情节恶劣的"构成危险驾驶罪。刑法规定的"追逐竞驶"，一般指行为人出于竞技、追求刺激、斗气或者其他动机，二人或二人以上分别驾驶机动车，违反道路交通安全规定，在道路上快速追赶行驶的行为。本案中，从主观驾驶心态上看，二被告人张某某、金某到案后先后供述"心里面想找点享乐和刺激""在道路上穿插、超车、得到心理满足"；在面临红灯时，"刹车不舒服、逢车必超""前方有车就变道曲折行驶再超越"。二被告人上述供述与相关视听资料相互印证，可以反映出其追求刺激、炫耀驾驶技能的竞技心理。从客观行为上看，二被告人驾驶超标大功率的改装摩托车，为追求速度，多次随意变道、闯红灯、大幅超速等严重违章。从行驶路线看，二被告人共同自浦东新区乐园路 99 号出发，至陆家浜路、河南南路路口接人，约定了竞相行驶的起点和终点。综上，可以认定二被告人的行为属于危险驾驶罪中的"追逐竞驶"。

对于本案被告人的行为是否被认定为"情节恶劣"，应从被告人追逐竞驶行为的具体表现、危害程度及造成的危害后果等方面，对其对不特定多人生命财产安全、道路交通秩序等造成的威胁程度进行综合分析和判断。本案中，虽然二被告人的追逐竞驶行为未造成人员的生命财产损失，但从以下情形分析，可认定其行为属于危险驾驶罪中的"情节恶劣"：第一，以驾驶车辆为切入点，二被告人驾驶的系套牌和无牌的改装大功率摩托车；第二，从行驶速度可以看出，二被告人一直以很快的速度在道路中驾驶，多处路段超速达 50% 以上；第三，在驾驶方式方面，二被告人在驾驶过程中发生了多次闯红灯驾驶、穿插前车、反复并线；第四，根据二被告人对待执法的态度，其在民警盘查时并未接受盘查，而是选择了驾车逃离；第五，观察其行驶路段可以看出，二被告人沿途经过多处交通流量极大的地方，包括居民小区、公共交通站点、大型超市、学校等路段，行驶距离较长，其二人在躲避民警盘查的紧张心态与高速驾驶的刺激心态下，极易引发重大恶性交通事故，造成严重的公共危害。上述行为，对公共交通安全具有很大威胁，极易对他人的生命财产安全造成不可挽回的危害，故认定二被告人追逐竞驶的行为属于危险驾驶罪中的"情节恶劣"。

由于被告人张某某到案后对所犯罪行做出了如实供述，可依法对其进行从轻处罚。被告人金某投案自首，同样可依法从轻处罚。鉴于二被告人均通过庭审对自身行为具有的社会危害性和违法性有了深刻的认识，多次表示认罪悔罪并保证不再实施危险驾驶行为，同时其行为未造成他人人身安全与财产安全遭受损害的后果，故依据法律作出如上判决。

# 案例 2：张某杰等非法控制计算机信息系统案

## 一、案例简介

### （一）关键词

刑事、非法控制计算机信息系统罪、破坏计算机信息系统罪、采用其他技术手段、修改增加数据、木马程序。

### （二）裁判要点

通过植入木马程序的方式，非法获取网站服务器的控制权限，进而通过修改、增加计算机信息系统数据，向相关计算机信息系统上传网页链接代码的，应当认定为刑法第二百八十五条第二款"采用其他技术手段"非法控制计算机信息系统的行为。

通过修改、增加计算机信息系统数据，对该计算机信息系统实施非法控制，但未造成系统功能实质性破坏或者不能正常运行的，不应当认定为破坏计算机信息系统罪，符合刑法第二百八十五条第二款规定的，应当认定为非法控制计算机信息系统罪。

### （三）相关法条

《中华人民共和国刑法》第二百八十五条第一款、第二款。

### （四）基本案情

自 2017 年 7 月开始，被告人张某杰、彭某珑、祝某、姜某豪经事先共谋，为赚取赌博网站广告费用，相互配合，对存在防护漏洞的目标服务器进行检索、筛查后，向目标服务器植入木马程序（后门程序）进行控制，再使用"菜刀"等软件链接该木马程序，获取目标服务器后台浏览、增加、删除、修改等操作权限，将添加了赌博关键字并设置自动跳转功能的静态网页，上传至目标服务器，提高赌博网站广告被搜索引擎命中概率。截至 2017 年 9 月底，被告人张某杰、彭某珑、祝某、姜某豪链接被植入木马程序的目标服务器共计 113 台，其中部分网站服务器还被植入了含有赌博关键词的广告网页。后公安机关将被告人张某杰、彭某珑、祝某、姜某豪抓获到案。公诉机关以破坏计算机信息系统罪对四人提起公诉。被告人张某杰、彭某珑、祝某、姜某豪及其辩护人在庭审中均对指控的主要事实予以承认；被告人张某杰、彭玲珑、祝东、姜宇豪及其辩护人提出，各被告人的行为仅是对目标服务器的侵入或非法控制，非破坏，应定性为非法侵入计算机信息系统罪或非法控制计算机信息系统罪，不构成破坏计算机信息系统罪。

**（五）裁判结果**

江苏省某人民法院于 2019 年 7 月 29 日作出（2018）苏 0106 刑初 487 号刑事判决：

（1）被告人张某杰犯非法控制计算机信息系统罪，判处有期徒刑四年，罚金人民币五万元。

（2）被告人彭某珑犯非法控制计算机信息系统罪，判处有期徒刑三年九个月，罚金人民币五万元。

（3）被告人祝某犯非法控制计算机信息系统罪，判处有期徒刑三年六个月，罚金人民币四万元。

（4）被告人姜某豪犯非法控制计算机信息系统罪，判处有期徒刑二年三个月，罚金人民币二万元。一审宣判后，被告人姜某豪以一审量刑过重为由提出上诉，其辩护人请求对被告人姜某豪宣告缓刑。江苏省南京市中级人民法院于 2019 年 9 月 16 日作出（2019）苏 01 刑终 768 号裁定：驳回上诉，维持原判。

## 二、案例解读

### （一）本案涉及基本法律知识

#### 1.非法控制计算机信息系统罪

刑法第二百八十五条第二款对非法控制计算机信息系统罪做出了规定。所谓非法控制计算机信息系统罪，即违反国家规定，侵入国家事务、国防建设、尖端科学技术领域以外的计算机信息系统，或者采用其他技术手段对该计算机信息系统实施非法控制，情节严重的行为。最高人民法院、最高人民检察院《关于办理危害计算机信息系统安全刑事案件应用法律若干问题的解释》第1条对非法控制计算机信息系统罪认定为"情节严重""情节特别严重"的内容进行了明确规定。

#### 2.破坏计算机信息系统罪

刑法第二百八十六条规定：违反国家规定，对计算机信息系统功能进行删除、修改、增加、干扰，造成计算机信息系统不能正常运行，后果严重的，处五年以下有期徒刑或者拘役；后果特别严重的，处五年以上有期徒刑。违反国家规定，对计算机信息系统中存储、处理或者传输的数据和应用程序进行删除、修改、增加的操作，后果严重的，依照前款的规定处罚。故意制作、传播计算机病毒等破坏性程序，影响计算机系统正常运行，后果严重的，依照第一款的规定处罚。单位犯前三款罪的，对单位判处罚金，并对其直接负责的主管人员和其他直接责任人员，依照第一款的规定处罚。

### （二）本案涉及基本法律原理

#### 1.非法控制计算机信息系统罪中"非法控制"行为的认定

"非法控制"是指利用非法手段控制他人计算机信息系统，使其接受行为人的指令和操纵，被害方部分或全部失去系统权限，行为人非法获得部分或全部权限。这些行为侵犯了网络参与者的自主权，可能构成"非法控制"。其行为特征包括：控制的强度不需要完全，控制的效果不需要排他，控制的外观不需要公然，控制的方式不需要强制。

从罪名协调的角度来看，非法控制计算机信息系统罪与非法侵入计算机信息系统罪在法益保护和责任程度上大致相当。虽然非法侵入罪保护的是国家事务等专门领域计算机信息系统的不可侵犯性，但非法控制计算机信息系统罪同样保护普通网络参与者的自主权。因此，为了保护普通网络参与者的权益，"非法控制"的认定标准不能过于严格。

非法控制计算机信息系统罪和破坏计算机信息系统两罪之间的区别在于控制行为的法益侵害性一般低于破坏行为。因此，非法控制计算机信息系统罪不适用于具有正当化事由的控制行为。这些限制和要求提高了非法控制计算机信息系统罪的入罪门槛，同时保证了其适用范围的合理性和公正性。

2.破坏计算机信息系统罪中"破坏"行为的认定

破坏计算机信息系统罪认定的关键在于造成计算机信息系统不能正常运行。该罪规定了"影响计算机信息系统正常运行"，这要求破坏行为必须对计算机信息系统造成严重的损害，达到了瘫痪的程度。因此，认定功能型破坏必须具有侵入性、本体性和毁坏性。

与非法获取计算机信息系统数据罪相比，破坏数据导致数据灭失的行为无疑更加严重，因此破坏计算机信息系统罪的刑罚配置也更为严厉。为了更准确地认定破坏行为，应从行为对象和行为方式两方面予以限定。破坏行为的对象应当是计算机信息系统中的数据或应用程序，而行为方式则包括删除、修改、损坏、破解等。这样的限定能够更好地保护计算机信息系统的完整性和稳定性，防止非法分子通过破坏行为对信息系统造成损失和破坏。

3."非法控制"与"破坏"的想象竞合

区分"非法控制"和"破坏"的关键在于，行为人是否通过破坏计算机信息系统中重要数据或核心程序来实现对计算机信息系统的非法控制结果，以及非法控制行为是否导致计算机信息系统不能正常运行或损毁数据或应用程序的法益结果。如果两个方面都得到否定的答案，则该行为只能被认定为侵害网络参与者自主权的"非法控制"，而不属于"破坏"。

在"非法控制"和"破坏"之间的关系方面，理论上存在法条竞合说和想象竞合说之争。法条竞合说认为，"非法控制"行为一定会引起他人系统不能正常运行的结果，该行为可以被功能型破坏中的"干扰"所包含，因此"非法控制"也可以作为"破坏"的特别类型。想象竞合说则认为，"破坏"可能是"非法控制"的行为方式，而"非法控制"也可能达到"破坏"的后果，两者可能在同一事实中交叉并存。但是，"非法控制"和"破坏"之间不存在包容关系，不满足法益同一性和不法包容性的条件，因此不能成立法条竞合。

区分"非法控制"与"破坏"的关键在于根据不同保护法益的指导，把握其行为特征和后果形态。"非法控制"行为的后果是侵害了网络参与者的自主权，功能型破坏的后果则是造成计算机信息系统不能正常运行。功能型破坏主要包括数据型破坏和应用程序型破坏。数据型破坏的后果是损毁重要数据的真实性、完整性和可用性，应用程序型破坏的后果是引起计算机信息系统全面崩溃或关键功能丧失的抽象危险。这些行为类型具有各自的成立界限。同时，某一行为也可能既侵害了网络参与者的自主权，又损害了计算机信息系统正常运行或数据、应用程序的真实性、完整性、可用性，构成"非法控制"与"破坏"计算机信息系统的想象竞合。

4.破坏计算机信息系统罪"后果严重"的认定

破坏计算机信息系统功能、数据或者应用程序，具有下列情形之一的，应当认定为刑法第二百八十六条第一款和第二款规定的"后果严重"：一是造成十台以上计算机信息系统的主要软件或者硬件不能正常运行的。二是对二十台以上计算机信息系统中存储、处理或者传输的数据进行删除、修改、增加操作的。三是违法所得五千元以上或者造成经济损失一万元以上的。四是造成为一百台以上计算机信息系统提供域名解析、身份认证、计费等基础服务或者为一万以上用户提供服务的计算机信息系统不能正常运行累计一小时以上的。五是造成其他严重后果的。

**（三）释法说理**

法院生效裁判认为，被告人张某杰、彭某珑、祝某、姜某豪共同违反国家规定，对我国境内计算机信息系统实施非法控制，情节特别严重，其行为均已构成非法控制计算机信息系统罪，且系共同犯罪。在本案审理过程中，南京市鼓楼区人民检察院指控上述被告人实施侵犯计算机信息系统犯罪的证据充分、确实，事实清楚，但其所指控的破坏计算机系统罪罪名不当。据调查结果表示，上述被告人虽以增加、修改目标服务器的数据的方式实施了侵犯行为，但该信息系统的功能并未受到实质性破坏，仍可以正常运行，且该信息系统中有价值的数据没有被删改或增加，其行为不属于破坏计算机信息系统犯罪中的对计算机信息系统中存储、处理或者传输的数据进行删除、修改、增加的行为，应认定为非法控制计算机信息系统罪。部分被告人及辩护人提出相同定性的辩解、辩护意见，予以采纳。关于上诉人姜某豪提出"量刑过重"的上诉理由及辩护人提出宣告缓刑的辩护意见，经查，该上诉人及其他被告人链接被植入木马程序的目标服务器共计 113 台，属于情节特别严重。一审法院依据本案的犯罪事实和上诉人的犯罪情节，对上诉人减轻处罚，量刑适当且与其他被告人的刑期均衡。综合上诉人犯罪行为的性质、所造成的后果及其社会危害性，不宜对上诉人适用缓刑。故对上诉理由及辩护意见，不予采纳。

# 案例 3：郭某升、郭某锋、孙某标假冒注册商标案

## 一、案例简介

### （一）关键词

刑事、假冒注册商标罪、非法经营数额、网络销售、刷信誉。

### （二）裁判要点

假冒注册商标犯罪的非法经营数额、违法所得数额，应当综合被告人供述、证人证言、被害人陈述、网络销售电子数据、被告人银行账户往来记录、送货单、快递公司电脑系统记录、被告人等所做记账等证据认定。被告人辩解称网络销售记录存在刷信誉的不真实交易，但无证据证实的，对其辩解不予采纳。

### （三）相关法条

《中华人民共和国刑法》第二百一十三条。

（四）基本案情

公诉机关指控：2013 年 11 月底至 2014 年 6 月期间，被告人郭某升为谋取非法利益，伙同被告人孙某标、郭某锋在未经某投资公司授权许可的情况下，从他人处批发假冒某品牌手机裸机及配件进行组装，利用其在某购物网网上开设的"某品牌数码专柜"网店进行"正品行货"宣传，并以明显低于市场价格公开对外销售，共计销售假冒的某品牌手机 20000 余部，销售金额 2000 余万元，非法获利 200 余万元，应当以假冒注册商标罪追究其刑事责任。被告人郭某升在共同犯罪中起主要作用，系主犯。被告人郭某锋、孙某标在共同犯罪中起辅助作用，系从犯，应当从轻处罚。

被告人郭某升、孙某标、郭某锋及其辩护人对其未经"某品牌"商标注册人授权许可，组装假冒的某品牌手机，并通过某购物网网店进行销售的犯罪事实无异议，但对非法经营额、非法获利提出异议，辩解称其淘宝网店存在请人刷信誉的行为，真实交易量只有 10000 多部。

法院经审理查明："某品牌"是某电子株式会社在中国注册的商标，该商标有效期至 2021 年 7 月 27 日；某投资公司是某电子株式会社在中国投资设立，并经某电子株式会社特别授权负责某电子株式会社名下商标、专利、著作权等知识产权管理和法律事务的公司。2013 年 11 月，被告人郭某升通过网络中介购买店主为"汪某"、账号为 play2011-1985 的某购物网站店铺，并改名为"三星数码专柜"，在未经某投资公司授权许可的情况下，从某数码城、某手机市场批发假冒的某品牌的某型号手机裸机及配件进行组装，并通过"某品牌数码专柜"在淘宝网上以"正品行货"进行宣传、销售。被告人郭某锋负责该网店的客服工作及客服人员的管理，被告人孙某标负责假冒的某品牌下的某型号手机裸机及配件的进货、包装及联系快递公司发货。至 2014 年 6 月，该网店共计组装、销售假冒某品牌下的某型号手机 20000 余部，非法经营额 2000 余万元，非法获利 200 余万元。

（五）裁判结果

江苏省某中级人民法院于 2015 年 9 月 8 日作出（2015）宿中知刑初字第 0004 号刑事判决，以被告人郭某升犯假冒注册商标罪，判处有期徒刑五年，并处罚金人民币 160 万元；被告人孙某标犯假冒注册商标罪，判处有期徒刑三年，缓刑五年，并处罚金人民币 20 万元。被告人郭某锋犯假冒注册商标罪，判处有期徒刑三年，缓刑四年，并处罚金人民币 20 万元。宣判后，三被告人均没有提出上诉，该判决已经生效。

## 二、案例解读

### （一）本案涉及基本法律知识

1. 假冒注册商标罪

（1）假冒注册商标罪的概念。假冒注册商标罪是指未经注册商标所有人许可，在同一种商品上、服务上使用与其注册商标相同的商标的行为。

（2）认定假冒注册商标罪的构成要件。假冒注册商标罪的构成要件一般包括以下几点：

①主体。假冒注册商标罪的主体为一般主体，即任何企业事业单位或者个人假冒他人注册商标，情节达到犯罪标准的即构成本罪。②客体。假冒注册商标罪侵犯的客体为他人合法的注册商标专用权，以及国家商标管理秩序。③主观方面。假冒注册商标罪在主观方面表现为故意，且以营利为目的。④客观方面。假冒注册商标罪在客观方面表现为未经注册商标所有人许可，在同一种商品上使用与其注册商标相同的商标，情节严重的行为。

（3）假冒注册商标罪如何量刑。对假冒注册商标罪进行量刑一般有以下几种情况：

①未经注册商标所有人许可，在同一种商品上使用与其注册商标相同的商标，具有下列情形之一的，属于刑法第二百一十三条规定的"情节严重"，应当以假冒注册商标罪判处三年以下有期徒刑或者拘役，并处或者单处罚金：非法经营数额在五万元以上或者违法所得数额在三万元以上的；假冒两种以上注册商标，非法经营数额在三万元以上或者违法所得数额在二万元以上的；其他情节严重的情形。

②具有下列情形之一的，属于刑法第二百一十三条规定的"情节特别严重"，应当以假冒注册商标罪判处三年以上七年以下有期徒刑，并处罚金：非法经营数额在二十五万元以上或者违法所得数额在十五万元以上的；假冒

两种以上注册商标，非法经营数额在十五万元以上或者违法所得数额在十万元以上的；其他情节特别严重的情形。

③刑法第二百一十三条规定的假冒注册商标犯罪，又销售明知是他人的假冒注册商标的商品，构成犯罪的，应当实行数罪并罚。

2.非法经营罪

（1）非法经营罪的概念。违反国家规定，有下列非法经营行为之一，扰乱市场秩序，情节严重的，处五年以下有期徒刑或者拘役，并处或者单处违法所得一倍以上五倍以下罚金；情节特别严重的，处五年以上有期徒刑，并处违法所得一倍以上五倍以下罚金或者没收财产：

①未经许可经营法律、行政法规规定的专营、专卖物品或者其他限制买卖的物品的。

②买卖进出口许可证、进出口原产地证明以及其他法律、行政法规规定的经营许可证或者批准文件的。

③未经国家有关主管部门批准非法经营证券、期货、保险业务的，或者非法从事资金支付结算业务的。

④其他严重扰乱市场秩序的非法经营行为。

（2）非法经营罪的量刑标准。违法经营罪情节严重的，处五年以下有期徒刑或者拘役，并处或者单处违法所得一倍以上五倍以下罚金；情节特别严重的，处五年以上有期徒刑，并处违法所得一倍以上五倍以下罚金或者没收财产。

（3）非法经营罪行界定。对于刑法未明确规定的某种具有一定危害性的行为，若以非法经营罪论处，必须符合以下几个条件：

①该行为是一种经营行为。虽然"经营"一词在语言学上并不特指经济营业活动，而是指"筹划并管理""泛指计划和组织"等，但是，作为"破坏社会主义市场经济秩序罪"中规定的非法经营行为，其"经营"一词理应是经济领域中的营业活动，即应理解为是一种以营利为目的的经济活动，包括从事工业、商业、服务业、交通运输业等经营活动。强调此"经营"行为以营利为目的是必要的，这是非法经营罪作为一种经济犯罪所应具备的一个基本特征。如果某种所谓经营活动不是以营利为目的，而是为了公益或者慈善目的，则即便该行为的某些方面不符合有关法规，也应将其排除于本罪之外。

②该经营行为非法。所谓"非法"，是指该经营行为违反国家立法机关制定的法律和决定及国务院制定的行政法规、规定的行政措施、发布的决定和命令。通常是指违反国家法律、法规的禁止性或者限制性规范。如果国家法律、法规等未对某种经营行为予以禁止或者限制的，该经营行为不得被认定为非法经营行为。例如，在国家立法机关和国务院未对IP电话的民间经营行为做出明文禁止或者限制之前，民间经营IP电话的行为就不宜认定为非法经营行为。国务院所属部门或者地方政府未经国务院批准或者授权而颁发的某种行政规章或其他文件中超过国家法律、法规内容的有关规定，一般不能成为认定非法经营行为的法律依据。

③该非法经营行为严重扰乱市场秩序。以市场秩序作为本罪侵犯的客体，这一方面表明非法经营罪是一种扰乱市场秩序的犯罪，另一方面，个罪客体与类罪客体的重叠，也印证了该罪之规定是"扰乱市场秩序罪"这一节的"兜底"条款。此所谓"市场秩序"包括市场准入秩序、市场竞争秩序和市场交易秩序。这三种秩序都可能成为非法经营罪侵害的客体。

（4）非法经营数额认定。非法经营的数额认定标准是：

①个人非法经营数额在5万元以上，或者违法所得数额在1万元以上。

②单位非法经营数额在50万元以上，或者违法所得数额在10万元以上的。

③虽未达到上述数额标准，但两年内因同种非法经营行为受过二次以上行政处罚，又进行同种非法经营行为等其他情节严重的情形。

### （二）本案涉及基本法律原理

1.假冒注册商标罪与生产、销售伪劣商品罪的区别

假冒注册商标罪是指未经注册商标所有人许可，在同一种商品上使用与其注册商标相同的商标，情节严重的行为。生产、销售伪劣商品罪是指生产者、销售者违反国家有关产品质量、安全监督管理的法律、法规，生产、销售伪劣商品，破坏社会主义市场经济秩序，情节严重的行为。

在司法实践中，销售假冒注册商标的商品罪与销售伪劣产品罪是容易混淆的两罪名。它们有一些相似之处，如在客观上都表现为销售行为，主观上都是故意，都以"明知"为主观方面的核心要素，并且一般都有营利的目的。但是，二者还是存在根本的区别。

（1）侵犯客体不同。前者侵犯的客体是他人的注册商标专用权和国家的商标管理制度。后者侵犯的客体是国家对产品质量的监督管理制度、市场管理制度和广大用户、消费者的合法权益。可见，两个罪打击的侧重点不同，前者打击侵犯商标专用权问题，后者打击产品质量问题。

（2）犯罪对象不同。假冒注册商标罪的犯罪对象是假冒他人已经注册的商品，该商品的质量可能是合格的，但是其质量与真正注册商标的商品质量有无差异，即使假冒注册商标的商品质量优于真正注册商标的商品，也不影响本罪的成立。而销售伪劣产品罪的犯罪对象是伪劣产品，伪劣产品的根本特点就是其质量不符合有关产品质量法的要求。

然而，实践中比较复杂的问题是，行为人生产、销售的商品既是伪劣商品，又是假冒商标的商品，这种情况应该如何处理？在刑法理论上，存在两种不同的观点。第一种观点认为这种情况属于法条竞合关系，第二种观点认为这是一行为触犯数罪名的想象竞合犯。笔者认为第二种观点正确。因为生产、销售伪劣商品的犯罪构成中，作为犯罪对象的伪劣商品未必是假冒商标的商品，所以就没有必然的构成要件的重合或交叉，不属于法条竞合。这种情况完全符合想象竞合犯的特征，即行为人只实施了一个行为，该行为在形式上同时符合数个犯罪构成，是观念上的数罪，而不是实质上的数罪。对于想象竞合犯，应择一重罪从重处罚。

2. 主犯和从犯的认定

（1）什么是主犯。《刑法》第二十六条规定，组织、领导犯罪集团进行犯罪活动的或者在共同犯罪中起主要作用的，是主犯。三人以上为共同实施犯罪而组成的较为固定的犯罪组织，是犯罪集团。对组织、领导犯罪集团的首要分子，按照集团所犯的全部罪行处罚。对于第三款规定以外的主犯，应当按照其所参与的或者组织、指挥的全部犯罪处罚。

（2）什么是从犯。我国《刑法》第二十七条规定，在共同犯罪中起次要或者辅助作用的，是从犯。

（3）如何认定主犯。有下列三种情况之一的犯罪分子，可认定为主犯：

①组织、领导犯罪集团进行犯罪活动的犯罪分子，即犯罪集团的首要分子。这种主犯只存在于犯罪集团之中，是犯罪集团中起组织、策划、指挥作用的犯罪分子。

②聚众犯罪中起组织、策划、指挥作用的犯罪分子，即聚众犯罪中的首要分子。这种主犯实际上只存在于聚众犯罪之中，并且起了组织、策划、指挥作用。"聚众犯罪"是指纠集多人共同实施一项犯罪活动。如聚众斗殴，聚众哄抢公私财物的犯罪等。聚众犯罪与犯罪集团不同，它是因进行一项犯罪将众人聚集起来的，而不具有较固定的犯罪组织和成员。

③在犯罪集团或者在其他共同犯罪中起主要作用的犯罪分子。这主要包括两种情况：一是在犯罪集团中虽然不是组织、领导者，但出谋划策，犯罪活动特别积极，罪恶严重或者对发生危害结果起重要作用的犯罪分子。二是在其他共同犯罪中起重要作用，直接造成严重的危害后果，或者情节特别严重的犯罪分子。

（4）如何认定从犯。有下列两种情况之一的犯罪分子，可认定为从犯：
①在共同犯罪中起次要作用的犯罪分子。
②在共同犯罪中起辅助作用的犯罪分子。

## （三）释法说理

法院生效裁判认为，被告人郭某升、郭某锋、孙某标在未经"SAMSUNG"商标注册人授权许可的情况下，购进假冒"某品牌"注册商标的手机机头及配件，组装假冒"某品牌"注册商标的手机，并通过网店对外以"正品行货"销售，属于未经注册商标所有人许可在同一种商品上使用与其相同的商标的行为，非法经营数额达2000余万元，非法获利200余万元，属情节特别严重，其行为构成假冒注册商标罪。被告人郭某升、郭某锋、孙某标虽然辩解称其网店售销记录存在刷信誉的情况，对公诉机关指控的非法经营数额、非法获利提出异议，但三被告人在公安机关的多次供述，以及公安机关查获的送货单、某第三方支付平台向被告人郭某锋银行账户付款记录、郭某锋银行账户对外付款记录、"某品牌数码专柜"购物平台记录、快递公司电脑系统记录、公安机关现场扣押的笔记等证据之间能够互相印证，综合公诉机关提供的证据，可以认定公诉机关关于三被告人共计销售假冒的某品牌的某型号手机20000余部，销售金额2000余万元，非法获利200余万元的指控能够成立，三被告人关于销售记录存在刷信誉行为的辩解无证据予以证实，不予采信。被告人郭某升、郭某锋、孙某标，系共同犯罪，被告人郭某升起主要作用，是主犯；被告人郭某锋、孙某标在共同犯罪中起辅助作用，是从犯，依法可以从轻处罚。故依法作出上述判决。

# 案例4：秦某学滥伐林木刑事附带民事公益诉讼案

## 一、案例简介

### （一）关键词

刑事、滥伐林木罪、生态修复、补植复绿、专家意见、保证金。

### （二）裁判要点

人民法院确定被告人森林生态环境修复义务时，可以参考专家意见及林业规划设计单位、自然保护区主管部门等出具的专业意见，明确履行修复义务的树种、树龄、地点、数量、存活率及完成时间等具体要求。

被告人自愿缴纳保证金作为履行生态环境修复义务担保的，人民法院可以将该情形作为从轻量刑情节。

### （三）相关法条

《中华人民共和国民法典》第一百七十九条（本案适用的是自2010年7月1日起实施的《中华人民共和国侵权责任法》第十五条）。

《中华人民共和国森林法》第五十六条、第五十七条、第七十六条（本案适用的是2009年8月27日修正的《中华人民共和国森林法》第三十二条、第三十九条）。

### （四）基本案情

湖南省某人民检察院指控被告人秦某学犯滥伐林木罪向某人民法院提起公诉，在诉讼过程中，某人民检察院以社会公共利益受到损害为由，又向某人民法院提起附带民事公益诉讼。

某人民检察院认为，应当以滥伐林木罪追究被告人秦某学刑事责任。同时，被告人行为严重破坏了生态环境，致使社会公共利益遭受到损害，根据侵权责任法的相关规定，应当补植复绿，向公众赔礼道歉。被告人秦某学对公诉机关的指控无异议。但辩称，其是林木的实际经营者和所有权人，且积极交纳补植复绿的保证金，请求从轻判处。

某人民法院经审理查明，湖南省某县以1958年成立的某国营林场为核心，于1998年成立某县级自然保护区。后该保护区于2005年评定为某省级自然保护区，并完成了公益林区划界定；又于2013年评定为某国家级自然保护区。其间，被告人秦某学于1998年承包了位于该自然保护区核心区内"某地"（地名）的山林，次年起开始有计划地植造杉木林，该林地位于公益林范围内，属于公益林地。2016年9月至2017年1月，秦某学在没有办理《林木采伐许可证》情况下，违反森林法，擅自采伐其承包该林地上的杉木林并销售，所采伐区域位于该保护区核心区域内面积为117.5亩，核心区外面积为15.46亩。经鉴定，秦某学共砍伐林木1010株，林木蓄积为153.3675立方米。后某林业勘测规划设计队出具补植补造作业设计说明证明，该受损公益林补植复绿的人工苗等费用为人民币66025元。

人民法院审理期间，某林业勘测规划设计队及某林业局、某国家级自然保护区又对该受损公益林补植复绿提出了具体建议和专业要求。秦某学预交补植复绿保证金66025元，保证履行补植复绿义务。

### （五）裁判结果

湖南省某人民法院于2018年8月3日作出（2018）湘3125刑初5号刑事附带民事判决，认定被告人秦某学犯滥伐林木罪，判处有期徒刑三年，缓刑四年，并处罚金人民币1万元，并于判决生效后两年内在某国家级自然保护区内"某地"处栽植一年生杉树苗5050株，存活率达到90%以上。宣判后，没有上诉、抗诉，一审判决已发生法律效力。被告人依照判决，在原砍伐林地等处栽植一年生杉树苗5050株，且存活率达到100%。

## 二、案例解读

### （一）本案涉及基本法律知识

1. 滥伐林木罪

（1）滥伐林木罪的概念及处罚。滥伐林木罪，是指违反森林法规定，未经林业行政主管部门及法律规定的其他主管部门批准并核发采伐许可证，或者虽持有采伐许可证，但违背采伐许可证所规定的地点、数量、树种、方式等任意采伐本单位所有或管理的，以及本人自留山上的森林或者其他林木，数量较大的行为。刑法第三百四十五条第二款规定，违反森林法的规定，滥伐森林或者其他林木，数量较大的，处三年以下有期徒刑、拘役或者管制，并处或者单处罚金。数量巨大的，处三年以上七年以下有期徒刑，并处罚金。该条第四款规定，盗伐、滥伐国家级自然保护区的森林或者其他林木的，从重处罚。

（2）滥伐林木罪的认定。我国刑法对滥伐林木罪的认定标准作出了明确的规定。认定标准：第一，犯罪性质。滥伐是指，行为人已经获得主管部门的同意，但是没有根据采伐证规定的，任意采伐的行为。第二，采伐的是归本单位所有或管理的，以及本人所有的林木。如果行为人明知林木的权属不清，在争议没解决前，就擅自砍伐林木，并且情节严重的。要先确定林木的归权属，再根据具体的情况追究刑事责任。如果林木权属难以确定的，那就按滥伐林木罪进行处罚。

2. 民事公益诉讼

（1）民事公益诉讼的概念与特征。民事公益诉讼是指法律规定的机关和有关组织可以根据法律法规的授权，为保护社会公共利益，对违反法律侵害社会公共利益的行为，向人民法院提起诉讼，由法院按照民事诉讼程序依法审判并追究违法者法律责任的诉讼。相较于民事诉讼而言，民事公益诉讼有如下的特征：

①民事公益诉讼的直接目的是维护社会公共利益，但公益诉讼仅仅是对国家机关执法能力不足的补充与协助，而非取代国家机关进行执法活动。换言之，民事公益诉讼的建立可以更方便、更有力地保护社会公共利益。一般

民事诉讼的目的则是维护个人、法人或者其他组织的合法权益。

②民事公益诉讼的原告一般是与民事诉讼标的无直接利害关系的特定的国家机关或组织。换言之，不直接遭受侵害也能作为诉讼主体提起诉讼。而一般民事诉讼的原告必须是因民事权利义务关系与他人发生争执或者权益受到侵害的公民、法人或其他组织。

③民事公益诉讼的诉讼标的是受到侵害或者有受侵害危险的社会公共利益。而一般民事诉讼的诉讼标的是当事人之间争议的私益。

（2）民事公益诉讼原告。可以作为民事公益诉讼原告的一般有以下几种：

①人民检察院可以提起公益诉讼。人民检察院在履行职责中发现破坏生态环境和资源保护、食品药品安全领域侵害众多消费者合法权益等损害社会公共利益的行为，在没有法律规定的机关和有关组织或者法律规定的机关和有关组织提起诉讼的情况下，可以向人民法院提起诉讼。法律规定的机关或者组织提起诉讼的，人民检察院可以支持起诉。

②依法授权的社会组织也有担当公益诉讼主体的资格。社会组织具有专业性、公益性以及中立性等多个特征表现，在公益诉讼方面其具有一定的资源优势。在实际环境公益诉讼活动中，民事公益诉讼的主要力量已逐渐转移到社会团体上。现如今，社会组织不仅要不断提高其公信力和专业性，还应积极拓展更多有条件、有资格的社会组织参与到公益诉讼中，促进民事公益诉讼的良好健康开展。

（3）民事公益诉讼受理条件。民事公益诉讼应当适用起诉与受理条件的一般规定，同时也应满足受理民事公益诉讼案件的特殊条件，即应当具备法律规定的损害社会公共利益行为的条件。公益诉讼不同于私益诉讼之处，在于前者保护的对象为涉及公共利益的事项。社会公共利益一般是指不确定多数人的利益，具体包括扩散性利益和集合性利益两种类型。扩散性利益指事先没有任何关系而只是基于特定的事实原因才产生联系的人共同拥有的一种超越个人的不可分的利益。集合性利益也是超越个人并且是不可分的公共利益，但它属于相互间既有的特定法律关系的集合体，成员的既有联系比扩散性利益要更加稳定。

### （二）本案涉及基本法律原理

#### 1. 滥伐林木罪的构成要件

滥伐林木罪即违反森林法的规定，滥伐森林或者其他林木，数量较大的行为。其行为对象与盗伐林木罪的行为对象范围基本相同。但是，滥伐属于自己所有的林木的，也可能成立本罪，因为属于个人所有的林木，也是国家森林资源的一部分，虽然不能成为盗伐林木罪的对象，却可以成为滥伐林木罪的对象。但是，滥伐自己所有的枯死、病死林木的，不得以犯罪论处。根据《森林案件解释》的规定，下列行为属于滥伐林木：

（1）未经林业行政主管部门及法律规定的其他主管部门批准并核发林木采伐许可证，或者虽持有林木采伐许可证，但违反林木采伐许可证规定的时间、数量、树种或者方式，任意采伐本单位所有或者本人所有的森林或者其他林木的。

（2）超过林木采伐许可证规定的数量采伐他人所有的森林或者其他林木的。

违反森林法的规定，在林木采伐许可证规定的地点以外，采伐本单位或者本人所有的森林或者其他林木的，除农村居民采伐自留地和房前屋后个人所有的零星林木以外，属于上述第（1）项"未经林业行政主管部门及法律规定的其他主管部门批准并核发林木采伐许可证"规定的情形，数量较大的，以滥伐林木罪定罪处罚。林木权属争议一方在林木权属确权之前，擅自砍伐森林或者其他林木，数量较大的，以滥伐林木罪论处。滥伐林木"数量较大"，以 10 ～ 20 立方米或者幼树 500 ～ 1000 株为起点。对于 1 年内多次滥伐少量林木未经处罚的，累计其滥伐林木的数量，构成犯罪的，应当依法定罪量刑。

#### 2. 滥伐林木罪中"林木"是否应认定为违法所得

《刑法》第六十四条是刑事裁判涉财产部分的基本依据，该条规定，犯罪分子违法所得的一切财物，应当予以追缴或者责令退赔；对被害人的合法财产，应当及时返还；违禁品和供犯罪所用的本人财物，应当予以没收。没收的财物和罚金，一律上缴国库，不得挪用和自行处理。根据该条文及文义解释"刑法用语可能具有的含义"的定义，刑事裁判中应当予以追缴、没收的涉案财物可划为三大类：

（1）因违法犯罪所获取的财物，比如因诈骗所获钱财、盗窃所获赃物等。

（2）法律明文禁止持有的违禁品，比如毒品、枪支等。

（3）在犯罪中所需要的犯罪工具，比如滥伐林木中使用的电锯、非法捕捞中使用的电捕工具。

第（1）类应当追缴、没收的涉案财物实际就是违法所得的范畴：因违法犯罪所获取的财物。通俗点说，违法所得就是行为人通过实施违法犯罪行为而获取了非本人所有或暂时脱离个人控制范围的财物。

就财产形态而言，滥伐的林木只是在物理形态上由生长的林木变成了木材或者转变成了变卖款，其作为财产的形态虽然发生了变化，但仍然属于行为人的财产。法律格言"任何人不因不法行为获利"指行为人通过违法犯罪直接取得的财产或孳息不具有合法性，而对行为人尚未实施违法犯罪行为即已依法取得的财物，不能界定为违法所得。同时就规范层面而言，刑法也未否定滥伐的林木的财产权属关系，这一点从森林法的规定也能得到印证，该法第七十六条对滥伐林木的行为规定了补种、罚款的处罚措施，第七十八条对收购、加工、运输明知是盗伐、滥伐等非法来源的林木的，没收违法收购、加工、运输的林木或者变卖所得，但是未对滥伐林木的行为人作出没收滥伐林木或变卖款的规定。反之，从受害人层面，滥伐的林木及其变卖款并未侵犯国家、集体或他人的财产权，行为人不能成为自己滥伐行为的受害人。

综上，滥伐的林木及其变卖款不宜认定为刑法规定的应追缴或者责令退赔的违法所得。

3.滥伐林木罪与盗伐林木罪的区分

滥伐林木罪与盗伐林木罪的区别主要表现在以下三个方面：

（1）犯罪对象不同。两者的犯罪对象虽都是森林和其他林木，但在具体内容上却有分别。在滥伐林木罪中，行为人滥伐的对象是具有所有权或者采伐权的森林和其他林木；而盗伐林木罪中，行为人盗伐的对象则是既无所有权也无采伐权的森林和其他林木。

（2）犯罪客观方面不同。滥伐林木罪与盗伐林木罪在客观上存有实质性的区别。滥伐林木行为以违反森林法规为前提，客观行为包括有采伐许可证而不按照其规定要求的采伐行为，以及无证任意采伐具有所有权的林木或其他林木的行为；而盗伐林木行为则纯属是无采伐许可证的采伐行为，行为人是在林木所有人、看管人或主管机关不知情的情况下，私自秘密采伐不具有所有权的森林或其他林木，因此，盗伐林木行为本身具有非法占有林木的性质。

（3）犯罪主观方面不同。滥伐林木罪与盗伐林木罪的主观罪过形式上虽都属故意，但两罪的故意内容存有差别。滥伐林木罪主观上既可以是直接故意，也可以是间接故意，即行为人虽然不希望造成森林损害结果的发生，但是又不设法防止，而采取听之任之、漠不关心的态度。然而，无论滥伐林木罪主观罪过是直接故意还是间接故意，其主观内容都不包含非法占有林木的目的，而盗伐林木罪只能是直接故意，而且，行为人主观上具有非法占有林木的目的。

### （三）释法说理

法院生效裁判认为：被告人秦某学违反森林法规定，未经林业主管部门许可，无证滥伐某国家级自然保护区核心区内的公益林，数量巨大，构成滥伐林木罪。辩护人提出的被告人系初犯、认罪，积极缴纳补植补绿的保证金66025元到法院的执行账户，有悔罪表现，应当从轻判处的辩护意见，予以采信。某国家级自然保护区位于中国十七个生物多样性关键地区之一的某山区及某流域，是某高原、某盆地至某山区、某丘陵之间动植物资源自然流动通道的重要节点，是某流域某支流某江的重要水源涵养区，其森林资源具有保持水土、维护生物多样性等多方面重要作用。被告人所承包、栽植并管理的树木，已经成为某国家级自然保护区森林资源的不可分割的有机组成部分。被告人无证滥伐该树木且数量巨大，其行为严重破坏了某国家级自然保护区生态环境，危及生物多样性保护，使社会公共利益遭受严重损害，性质上属于一种侵权行为。附带民事公益诉讼不是传统意义上的民事诉讼，公益诉讼起诉人也不是一般意义上的受害人。公益诉讼起诉人要求被告人承担恢复原状法律责任的诉讼请求，于法有据，予以支持。根据某林业勘测规划设计队出具的"某地"补植补造作业设计说明及某自然保护区管理局、某林业局等部门专家提供的专业资料和建议，参照森林法第三十九条第二款规定，对公益诉讼起诉人提出的被告人应补种树木的诉讼请求，应认为有科学、合理的根据和法律依据，予以支持。辩护人提出被告人作为林地承包者的经营权利也应当依法保护的意见，有其合理之处，在具体确定被告人法律责任时予以考虑。遂作出上述判决。

# 案例5：于某故意伤害案

## 一、案例简介

### （一）关键词

刑事、故意伤害罪、非法限制人身自由、正当防卫、防卫过当。

### （二）裁判要点

对正在进行的非法限制他人人身自由的行为，应当认定为刑法第二十条第一款规定的"不法侵害"，可以进行正当防卫。

对非法限制他人人身自由并伴有侮辱、轻微殴打的行为，不应当认定为刑法第二十条第三款规定的"严重危及人身安全的暴力犯罪"。

判断防卫是否过当，应当综合考虑不法侵害的性质、手段、强度、危害程度，以及防卫行为的性质、时机、手段、强度、所处环境和损害后果等情节。对非法限制他人人身自由并伴有侮辱、轻微殴打，且并不十分紧迫的不法侵害，进行防卫致人死亡重伤的，应当认定为刑法第二十条第二款规定的"明显超过必要限度造成重大损害"。

防卫过当案件，如系因被害人实施严重贬损他人人格尊严或者亵渎人伦的不法侵害引发的，量刑时对此应予充分考虑，以确保司法裁判既经得起法律检验，也符合社会公平正义观念。

### （三）相关法条

《中华人民共和国刑法》第二十条。

**（四）基本案情**

被告人于某的母亲苏某在某工业园区经营某工贸公司（以下简称工贸公司），于某系该公司员工。2014 年 7 月 28 日，苏某及其丈夫于某 1 向吴某、赵某 1 借款 100 万元，双方口头约定月息 10%。至 2015 年 10 月 20 日，苏某共计还款 154 万元。其间，吴某、赵某 1 因苏某还款不及时，曾指使被害人郭某 1 等人采取在源大公司车棚内驻扎、在办公楼前支锅做饭等方式催债。2015 年 11 月 1 日，苏某、于某 1 再向吴某、赵某 1 借款 35 万元。其中 10 万元，双方口头约定月息 10%；另外 25 万元，通过签订房屋买卖合同，用于某 1 名下的一套住房作为抵押，双方约定如逾期还款，则将该住房过户给赵某 1。2015 年 11 月 2 日至 2016 年 1 月 6 日，苏某共计向赵某 1 还款 29.8 万元。吴某、赵某 1 认为该 29.8 万元属于偿还第一笔 100 万元借款的利息，而苏某夫妇认为是用于偿还第二笔借款。吴某、赵某 1 多次催促苏某夫妇继续还款或办理住房过户手续，但苏某夫妇未再还款，也未办理住房过户。

2016 年 4 月 1 日，赵某 1 与被害人杜某 2、郭某 1 等人将于某 1 上述住房的门锁更换并强行入住，苏某报警。赵某 1 出示房屋买卖合同，民警调解后离去。同月 13 日上午，吴某、赵某 1 与杜某 2、郭某 1、杜某 7 等人将上述住房内的物品搬出，苏某报警。民警处警时，吴某称系房屋买卖纠纷，民警告知双方协商或通过诉讼解决。民警离开后，吴某责骂苏某，并将苏某头部按入坐便器接近水面位置。当日下午，赵某 1 等人将上述住房内物品搬至源大公司门口。其间，苏某、于某 1 多次拨打市长热线求助。当晚，于某 1 通过他人调解，与吴某达成口头协议，约定次日将住房过户给赵某 1，此后再付 30 万元，借款本金及利息即全部结清。

4 月 14 日，于某 1、苏某未去办理住房过户手续。当日 16 时许，赵某 1 纠集郭某 2、郭某 1、苗某、张某 3 到源大公司讨债。为找到于某 1、苏某，郭某 1 报警称源大公司私刻财务章。民警到达源大公司后，苏某与赵某 1 等人因还款纠纷发生争吵。民警告知双方协商解决或到法院起诉后离开。李某 3 接赵某 1 电话后，伙同么某、张某 2 和被害人严某、程某到达源大公司。赵某 1 等人先后在办公楼前呼喊，在财务室内、餐厅外盯守，在办公楼门厅外烧烤、饮酒，催促苏某还款。其间，赵某 1、苗某离开。20 时许，杜某 2、杜某 7 赶到工贸公司，与李某 3 等人一起饮酒。20 时 48 分，苏某按郭某 1

要求到办公楼一楼接待室，于某及公司员工张某1、马某陪同。21时53分，杜某2等人进入接待室讨债，将苏某、于某的手机收走放在办公桌上。杜某2用污秽言语辱骂苏某、于某及其家人，将烟头弹到苏某胸前衣服上，将裤子褪至大腿处裸露下体，朝坐在沙发上的苏某等人左右转动身体。在马某、李某3劝阻下，杜某2穿好裤子，又脱下于某的鞋让苏某闻，被苏某打掉。杜某2还用手拍打于某面颊，其他讨债人员实施了揪抓于某头发或按压于某肩部不准其起身等行为。22时07分，公司员工刘某打电话报警。22时17分，民警朱某带领辅警宋某、郭某3到达工贸公司接待室了解情况，苏某和于某指认杜某2殴打于某，杜某2等人否认并称系讨债。22时22分，朱某警告双方不能打架，然后带领辅警到院内寻找报警人，并给值班民警徐某打电话通报警情。于某、苏某想随民警离开接待室，杜某2等人阻拦，并强迫于某坐下，于某拒绝。杜某2等人卡于某颈部，将于某推拉至接待室东南角。于某持刃长15.3厘米的单刃尖刀，警告杜某2等人不要靠近。杜某2出言挑衅并逼近于某，于某遂捅刺杜某2腹部一刀，又捅刺围逼在其身边的程某胸部、严某腹部、郭某1背部各一刀。22时26分，辅警闻声返回接待室。经辅警连续责令，于某交出尖刀。杜某2等四人受伤后，被杜某7等人驾车送至某人民医院救治。次日2时18分，杜某2经抢救无效，因腹部损伤造成肝固有动脉裂伤及肝右叶创伤导致失血性休克死亡。严某、郭某1的损伤均构成重伤二级，程某的损伤构成轻伤二级。

### （五）裁判结果

山东省某中级人民法院于2017年2月17日作出（2016）鲁15刑初33号刑事附带民事判决，认定被告人于某犯故意伤害罪，判处无期徒刑，剥夺政治权利终身，并赔偿附带民事原告人经济损失。

宣判后，被告人于某及部分原审附带民事诉讼原告人不服，分别提出上诉。山东省高级人民法院经审理于2017年6月23日作出（2017）鲁刑终151号刑事附带民事判决：驳回附带民事上诉，维持原判附带民事部分；撤销原判刑事部分，以故意伤害罪改判于某有期徒刑五年。

## 二、案例解读

### （一）本案涉及基本法律知识

**1.故意伤害**

故意伤害罪指非法损害他人身体健康的行为。本罪以他人身体健康的权利为侵犯客体。其中的身体，指代具有生命之人的整体，包括其器官、内脏、躯体、牙齿、四肢、五官等。他人的身体健康指的是他人器官的正常机能活动或有完整的人体组织。从客观上看，故意伤害罪指对他人身体健康造成非法伤害的行为，主要表现为两个方面：一方面，破坏他人人体组织的完整性，如咬掉鼻子、砍掉肢体等；另一方面指破坏他人器官正常机能的行为，如致他人失聪、失明、导致神经机能失常等。伤害行为存在作为和不作为之分，其中不作为应以承担并履行防止他人身体健康遭到破坏的义务为前提。从主体上看，本罪对应一般主体，在主观方面存在故意性。故意意味着明知自身的行为会对他人身体健康造成破坏的结果，仍放任或希望发生这种结果。

**2.正当防卫**

根据我国刑法第二十条规定，正当防卫是指为了使国家、公共利益，本人或者他人的人身、财产和其他权利免受正在进行的不法侵害，采取的制止不法侵害而对不法侵害人造成未明显超过必要限度损害的行为。

正当防卫是法律赋予公民的一项权利，当国家、公共利益和公民个人合法权益受到正在进行的不法侵害时，采用正当防卫以及时制止不法侵害，可以使国家、公共利益和公民个人合法权益得到及时有效的保护。同时，正当防卫制度也有利于有效震慑犯罪分子，使其不敢轻举妄动，减少犯罪行为。

**3.非法限制人身自由**

限制人身自由是指采用拘留、禁闭或者其他强制手段，剥夺或者限制他人按照自己意志支配自己身体活动的自由的行为。

限制人身自由既可以是非法的（非法拘禁），也可以是合法的（被法院判处有期徒刑），但都具有强制性的。强制性主要表现在：

（1）不顾及他人意志，强行使他人处于被管束之中。

（2）使用强制性手段，如实施捆绑、关押、禁闭等。侵犯人身自由权除表现为侵犯贞操权、婚姻自主权、知情权外，主要表现为：①非法限制公民行动，非法拘禁自然人。②利用被害人的羞耻、恐怖心理，妨碍其行动。③妨碍公路通行，妨碍对于私路有相邻权、地役权的权利人通行。侵犯人身自由权可以不作为方式构成。

### （二）本案涉及基本法律原理

1.正当防卫的构成要件

（1）起因条件：必须存在着具有社会危害性和侵害紧迫性的不法侵害行为。不法侵害的范围包括违法行为和犯罪行为，但正当防卫的对象应限于具有暴力性、破坏性、紧迫性的不法侵害行为。一般认为，对下列行为不能或不宜进行防卫：①合法行为，包括依照法令的行为、执行命令的行为、正当业务行为等。②正当防卫行为。③紧急避险行为。④意外事件。⑤防卫过当、避险过当。⑥过失犯罪和不作为犯罪。

同时，不法侵害必须是现实存在的。如果不存在不法侵害，但行为人误以为存在着不法侵害而进行防卫的，属于假想防卫。假想防卫是一种认识错误，不成立故意犯罪，如果行为人有过失的，成立过失犯罪；无过失的，就属于意外事件。

（2）时间条件：不法侵害正在进行，即不法侵害行为已经开始，但尚未结束。不法侵害已经开始，是指不法侵害人已经着手实施不法侵害行为，已经对法律保护的权益构成了现实的威胁。不法侵害的结束，通常应当以不法侵害对合法权益所形成的现实危害是否排除为标准。在实践中，下列情形一般应视为不法侵害已经终止：一是不法侵害已经完结；二是不法侵害人自动中止侵害；三是不法侵害人已经被制服；四是不法侵害人已经丧失继续侵害的能力。如果在不法侵害尚未开始或已经终止后对侵害人进行的"防卫"，属于事前防卫或事后防卫。事前防卫或者事后防卫构成犯罪的，应当负刑事责任。

（3）主观条件：具有正当防卫意图。防卫人主观上必须出于正当防卫的目的，即为了使国家、公共利益、本人或者他人的人身、财产和其他权利免受不法侵害。因此，下列三种行为不是正当防卫：①防卫挑拨，即行为人出于侵害的目的，以故意挑衅、引诱等方法促使对方进行不法侵害，而后借口防卫加害对方的行为。②相互的非法侵害行为，即双方都出于侵害对方的非法意图而发生的相互侵害行为。③为保护非法利益而实行的防卫，如"黑吃黑"。

（4）对象条件：针对不法侵害者本人。对不法侵害者的打击通常是针对其人身权，但当不法侵害人使用自己的财产作为犯罪工具或者手段时，如果能够通过毁损其财产达到制止不法侵害的目的，也可以针对其财产进行正当防卫。

2. 偶然防卫的性质认定

（1）性质界分之理论分解。①行为无价值论。行为无价值理论源于威尔泽尔提出的"人的不法理论"，并从此发展演变而来的。行为无价值论是以法律所规定的行为方法为判断违法性的标准，而违法性则与行为人主观上的故意或者过失相关。行为无价值理论内部有一元的行为无价值论与二元的行为无价值论两个分支。一元行为无价值理论判断违法性时仅将行为人主观意识控制下实行的行为考虑在内。而二元行为无价值论对违法性进行判断时，支持将行为无价值论和结果无价值结合起来考虑，无疑更为合理。行为无价值论者认为行为是所有犯罪活动进行的必要因素，犯罪活动必须通过行为实现，因而行为人的目的便成为判断行为违法性的重要条件之一。②结果无价值论。结果无价值理论认为，违法性的实质即将违法性的判断归结为行为对法益的侵害结果，注重对社会造成的不利影响。结果无价值理论对事实的评价首先从事件的结果开始，判断结果的好或坏之后，再由此往回追溯事件发生的具体情形，直接评价该结果，如果结果是所谓好的，结果无价值论者就不再追究。具体案例中，这使得对犯罪的调查更加现实主义。因此，结果无价值论是基于法益侵害说的。

（2）偶然防卫不构成正当防卫。各国立法里，普遍地将正当防卫建立在"防卫意思的必要说"之上。我国通常认为偶然防卫缺乏防卫意图，非正当防卫。理由为：首先，我国刑法第二十条明确规定了正当防卫的主观条件。其次，刑法的行为是主、客观要素的统一，防卫行为也不例外，行为人的防卫意识是不容忽视的，是正当防卫的必备要件。笔者认为，因为偶然防卫缺乏防卫意思，故其不是正当防卫，不能阻却行为的违法性，应视为犯罪的成立。

### 3. 故意伤害罪结果加重犯的构成要件

在评判犯罪是否成立时，分析犯罪构成要件是唯一标准。结果加重犯是一种具有实质意义的一罪。从犯罪构成上看，相较于行为人发生的基本犯罪，结果加重犯的特征与之不同。首先，笔者在此明确这一基本前提：对犯罪构成要件进行评判时，一个犯罪构成只与一种犯罪主观方面相对应，要么为过失，要么为故意，这一前提对于情节加重犯、结果加重犯、数额加重犯等均适用。由于就犯罪构成要件是否与刑法分则规定相符这一内容作出评判属于定罪环节的工作内容，结果加重犯是基于基本罪形成了加重结果，其定罪以基本罪为基础，但需要依据特殊的规则进行量刑。从主观方面来看，行为人可能处于过失，也可能处于故意导致加重结果，在实际审理过程中，法律会以行为人的情感态度为依据对其加重结果进行价值判断，这并不意味着结果加重犯以过失或者故意的犯罪主观反映为其犯罪构成要件，对于加重结果，行为人表现出的情感态度不完全依附于基本犯罪。在主观方面，应通过基本犯罪来认定结果加重犯。例如在故意伤害致人死亡的案件中，对于行为人有没有构成故意伤害罪，不能将行为人表现出的对死亡结果的情感作为认定依据，而是必须将故意伤害罪的主观构成要件作为标准进行严格认定。因行为人自身的故意伤害行为导致他人受到轻伤及以上而后果为死亡时，心态必然是过失的，但不能将两个犯罪主观都归结于故意伤害罪（包括致人死亡的后果）上。虽然结果为致人死亡的故意伤害罪中不存在伤害结果，只存在死亡结果，但是在故意伤害罪的认定上，必须要严格按照主观方面的标准进行评判。需要注意的是，结果加重犯只有一个犯罪构成要件认定的危害行为，这种行为可以是一种自然意义上的单一行为，也可以是一种复合行为，即同时有其他类型的行为伴随发生，但是行为人实施的行为始终唯一，且造成了加重结果，只是导致了更大的风险，或者说更严重的后果。在法律中，这种创设风险的行为是禁止的，因此应由行为人承担后果相对更严重的刑事责任。而基本犯罪是否成立，能直接影响加重犯的认定结果。例如，行为人扇他人耳光导致他人死亡时，扇耳光不具备直接导致人死亡的高度危险性，甚至不属于刑法认定范畴内的故意伤害行为，因此，由扇耳光致使他人死亡的行为不能构成结果加重犯。

### 4.非法拘禁罪的构成要件

（1）客体要件。非法拘禁罪主要以他人的身体自由权为侵犯客体。身体自由权指身体的动静举止不受非法干预为内容的人格权，是公民可在法律允许的范围内，任由自己的思想意志控制支配自己身体发生行动的一种自由权利，这种权利能保证公民正常生活、生产、学习和工作。如果公民没有身体自由，就没有了从事任何正常活动的可能。对于公民的这一权利，我国宪法第三十七条文规定，中华人民共和国公民的人身自由不受侵犯。任何公民，非经人民检察院批准或者决定或者人民法院决定，并由公安机关执行，不受逮捕，禁止非法拘禁和以其他方法非法剥夺或者限制公民的人身自由。因此，非法拘禁是一种严重剥夺公民身体自由的行为。

任何依法享有人身权利的自然人都可能成为非法拘禁罪的侵害对象。作为一种基础的人格权利，身体自由权是民事权利体系中人身权的必要成分，公民民事权利能力是其享有民事权利的基础。只要自然人具备民事权利能力，就能依法享受民事权利，其中就包括公民的身体自由权。民事权利能力是民事主体进行各种民事活动的必须权利，是法律赋予的权利，民事主体在享受这一权利的同时，还需要承担相应的义务与职责，这项法律自自然人出生起获得，死亡后结束，每个自然人均平等享有这一权利。因此，一切自然人都可能成为非法拘禁罪的侵害对象，包括犯错误的人、无辜公民、犯罪嫌疑人以及有一般违法行为的人。有一种观点认为，非法拘禁罪中的"他人"，指的是只按照自身思想意志对自身活动能力进行支配的人，包括凭借潜意识支配活动能力的人，如严重精神病患者、婴儿。

（2）客观要件。从客观角度上看，非法拘禁罪表现为对他人身体自由权利的非法剥夺。这里的"他人"包括守法公民、犯罪嫌疑人、有一般违法行为的人或者犯错误的人，没有限制。行为的特征主要为以各种方法对他人的身体自由进行了非法剥夺或者非法拘禁他人，但凡与这一特征符合的均应以非法剥夺人身自由罪论处，符合这一特征的行为包括监禁、绑架、非法逮捕、扣押、拘留、"隔离审查"、办封闭式"学习班"等。总的来看，非法剥夺人身自由的行为主要有两种：一种是将人的身体直接拘束起来，以捆绑等方式使人失去身体自由权的行为；另一类是一种间接的拘束形式，即将其监禁在某一场所中，使其难以离开或无法逃出去，以此剥夺人身自由。剥夺人身自由的方法有很多。例如，拿走洗澡妇女的换洗衣物，使其因羞耻心不能走出浴室的这一行为，就是剥夺人身自由。此外，无论拘禁人的方式是基于胁迫、暴力，还是基于欺诈，都不会对非法拘禁罪的成立造成影响。

非法剥夺人身自由的行为通常具有持续性，会在一定时间区间内持续进行，导致他人失去一定时间长度的身体自由，这种行为通常不具备间断性。非法拘禁罪的成立不受时间持续长短的影响，但拘禁时间长短会影响量刑。瞬间性、时间过短的剥夺人身自由的行为，很难被认定为非法拘禁罪。

剥夺人身自由的行为本质上是非法行为。按照法律规定，司法机关应对处理案件中有重大嫌疑的人和存在犯罪事实的人采取逮捕、拘留等强制措施，这种强制措施的行为虽限制了人身自由，但由于其性质特殊，不成立非法拘禁罪。但发现被捕个体不应拘捕时，应及时释放，借故继续羁押，不予释放的，则属于非法剥夺人身自由。对于犯罪后及时被发现的、正在实行犯罪行为的、通缉在案的、正受追捕的、越狱逃跑的人，群众依法将之扭送至司法机关的，不认定为非法剥夺人身自由，而是一种权利。需要注意的是，依法对精神障碍者进行收容处理的行为，也不属于非法剥夺人身自由行列。

（3）主体要件。处理这类案件时，应对其中出于报复、陷害等各种卑鄙动机的人员和直接责任者依法追究刑事责任。对其他人员原则上区别对待，依法惩处但通常不追究刑事责任。

（4）主观要件。非法拘禁罪具有故意的主观表现，目的为剥夺他人人身自由权。一般来说，聚集二人以上为"聚众"。"公共场所""当众"，参见刑法第二百三十六条第三款第三项的解释。

非法拘禁罪的动机不包括过失。非法拘禁他人有复杂多样的动机，有的因行为人不具备健全的法制观念，没有形成非法拘禁属于违法行为的意识；有的是处理事件不调查研究，以武断的不当态度和逼供的不当方式作出的行为；有的出于报复泄愤的心理对他人打击迫害；有的是以势压人、滥用职权；还有的是耍威风、闹特权；更有的是另有所图、居心不良。无论出于哪种动机，只要是故意限制他人人身自由，对他人实施非法拘禁行为的，非法拘禁罪就成立。如果行为人发生非法剥夺他人人身自由权的目的是便利实施其他犯罪行为，且二者相比其他犯罪行为的处罚更重的，则应以其他罪论处。

### （三）释法说理

法院生效裁判指出：被告人于某出于制止正在进行的不法侵害的目的持刀对杜某等四人发生了捅刺行为，其行为具有防卫性质；其防卫行为造成一人轻伤、一人死亡以及二人重伤的严重后果，损害程度明显超过了防卫应有的必要限度，因而故意伤害罪成立，被告人应依法担负刑事责任。鉴于被告人于某于归案后对其主要罪行作出了如实供述，且其行为本质属于防卫过当，加之被害方还作出了使用恶劣手段对于某之母进行侮辱等严重过错情节，应依法减轻对被告人于某的处罚。原判认定被告人于某犯故意伤害罪成立，审判程序合法，但由于对事实的认定不全面，部分刑事判项对法律的应用不准确，存在量刑过重，遂依法对原判结果作出更改，处以被告人于某五年有期徒刑的处罚。

本案在适用法律方面主要存在两个争议焦点：一是当事人于某所发生的捅刺行为，从性质上看是否具有防卫性，其行为是否属于防卫过当或特殊防卫；二是如何对于某进行定罪处罚。

1.关于于某的捅刺行为性质

《中华人民共和国刑法》（以下简称《刑法》）第二十条第一款规定："为了使国家、公共利益、本人或者他人的人身、财产和其他权利免受正在进行的不法侵害，而采取的制止不法侵害的行为，对不法侵害人造成损害的，属于正当防卫，不负刑事责任。"

由此可见，必须同时具备以下五项条件才能被认定为正当防卫：一是存在不法侵害现实的防卫起因。不法侵害指的是违背法律的损害与侵袭，从形式上看，它包括一般违法行为与犯罪行为；从内容上看，它包括对人身权利的侵害、对财产安全的侵害和对其他权利的侵害。二是正在进行的不法侵害的防卫时间。正在进行指已经开始发生且未结束的不法行为，对于已经结束或者尚未开始的不法侵害进行的防卫属于防卫不适时。三是防卫对象，即针对不法侵害者本人。正当防卫的对象只能是不法侵害人本人，不能对不法侵害人之外的人实施防卫行为。在共同实施不法侵害的场合，共同侵害具有整体性，可对每一个共同侵害人进行正当防卫。四是防卫意图，应基于制止不法侵害的目的发生防卫行为，要求当事人有防卫意志和防卫认识。五是防卫限度，正当防卫行为应限制发生在必要限度内，不造成重大损害。以上就是正当防卫行为的主观、客观及限度成立条件。主观与客观条件属于定性条件，能明确防卫行为的"正当"性质，是认定正当防卫的基本前提，与这些条件不符的则不能认定为正当防卫；限度条件属于认定正当防卫时的定量条件，用于判断是否在正当防卫中"当"的合理限度之内，与该条件不符但仍具备防卫性质的，属于防卫过当，而非正当防卫。防卫过当行为与正当防卫的相同之处在于二者均以制止不法侵害为行为目的，且都满足防卫的前提条件，但防卫过当行为在制止不法侵害的过程中，对防卫行为控制不当，强度明显超出正当防卫应有和必要的限度，导致本不应产生的重大损伤，使带有防卫初衷的行为转变成对社会治安有害的违法犯罪行为。根据我国刑法规定与本案证据和认定事实，当事人于某采取的防卫措施，即捅刺行为虽满足防卫的前提条件，但由于超过必要限度，被认定为防卫过当。

首先，被告人于某在本次案件中发生的捅刺行为，从本质上看具有防卫性。案发当时，被告人于某及其母亲苏某受到杜某等人持续性的非法拘禁，并伴有侮辱人格和对于某推搡、拍打等行为；民警到达现场后，于某及苏某想要跟随民警走出接待室时，但受到杜某等人的阻止，并再次受到杜某等人的围堵、推拉等，甚至在于某持刀警告时仍对其进行逼近和言语挑衅，持续实施且正在进行正当防卫客观上要求的不法侵害行为；于某在人身安全正受现实威胁、自由遭到违法侵害的事实情况下持刀发生捅刺行为，且行为对象为收到警告后仍向其围逼靠近的人。由此，可认定于某是出于阻止其本人及其母亲的人身权利受到正在发生的不法侵害的意愿，才采取的捅刺行为，在主观与客观两方面均满足正当防卫条件，具有防卫性质。

其次，被告人于某在本次案件中的捅刺行为不被归为特殊防卫的范畴。《刑法》第二十条第三款规定："对正在进行行凶、杀人、抢劫、强奸、绑架以及其他严重危及人身安全的暴力犯罪，采取防卫行为，造成不法侵害人伤亡的，不属于防卫过当，不负刑事责任。"根据这一法律规定，特殊防卫以存在严重危及本人或他人人身安全的暴力犯罪为适用的前提条件。而审理本案过程中发现，虽然于某母子受到了杜某2等人对其实施的轻微殴打、侮辱、非法拘禁等人身侵害行为，但这些行为不属于严重危及人身安全的暴力犯罪。第一，由杜某2等人施加在于某母子身上的侮辱、非法拘禁等不法侵害行为，虽然对于某母子的人格尊严、人身自由等合法权益造成了侵犯，但其不法侵害行为的性质没有达到对人身安全造成严重危及的程度；第二，杜某2等人对于某母子实施了推拉、按肩膀等殴打及强制行为，虽然直接造成于某母子的身体健康权、人身安全权等被侵害，但这种不法侵害行为仅能被归为轻微的暴力侵犯，没有侵害于某母子的生命权，且没有发生对于某母子的身体健康权造成严重侵害的情形，因此不属于对人身安全造成严重威胁的暴力犯罪。第三，于某1、苏某系主动经他人担保、协调，向吴某借贷，并就吴某提到的10%的月息表现为自愿接受的态度。不存在吴某强迫于某1、苏某借贷和高息借贷的事实，不符合司法解释的抢劫罪（以借贷为名采取胁迫、暴力手段获取他人财物的行为）的规定。由此，杜某2等人向于某母子实施的多种不法侵害行为，只与实施一般防卫行为的前提条件相符，但不符合实施特殊防卫的前提条件，故于某的捅刺行为不被认定为特殊防卫。

最后，被告人于某的捅刺行为在本次案件中属于防卫过当。《刑法》第二十条第二款规定："正当防卫明显超过必要限度造成重大损害的，应当负刑事责任，但是应当减轻或者免除处罚。"可见，防卫过当是在具备正当防卫客观和主观前提条件下，防卫反击明显超越必要限度，并造成致人重伤或死亡的过当结果。对防卫行为与"必要限度"之间的关系判断，应从防卫行为的手段、时机、强度、损害后果、性质、所处环境等与不法侵害行为的强度、手段、性质、危害程度作出综合判定。本案中，杜某2一方虽占据了人数优势，但仅出于催讨债务与施加压力的意图向苏某夫妇催讨债务，且未携带和使用任何器械；在民警朱某等进入接待室之前，于某母子被杜某2等人实施了侮辱、揪抓头发、拍打面颊、非法拘禁等行为，而杜某2等人的目的仍是逼迫其尽快还款；民警进入接待室时，双方之间没有发生激烈的肢体冲突和对峙，在收到不能打架的警示后，杜某2一方没有发生打架行为；民警走出接待室寻找报警人时，当事双方均能透过接待室玻璃清晰看到园内闪烁着警灯的警车，知道民警未离开；杜某2等人仍在于某持刀警告不要逼近时向于某围逼且对其进行言语挑衅，但未向其实施强烈的攻击行为。就此认定，于某遭受到的不法侵害并不严重和紧迫，但其持刃长15.3厘米的单刃尖刀对杜某2方的4人连续捅刺，造成杜某方一人轻伤、一人死亡以及二人重伤的严重后果，且其中一人系从背后被捅伤，故于某的防卫行为已明显超过正当防卫的正当限度且造成了严重损害，被认定为防卫过当。

2. 关于定罪量刑

首先，关于定罪。被告人于某在本案中连续对对方四人实施了捅刺行为，这四名捅刺对象均为当时围逼他的人，于某没有捅刺与其相距较远的其他不法侵害人，被捅刺的不法侵害人均各只受到一次捅刺，没有被连续捅刺。可见，被告人于某出于离开接待室和制止不法侵害行为的目的实施了捅刺，本案所收集的证据不能证实于某有放任和追求人死亡的故意心理，因此于某的行为不构成故意杀人罪。但在本案中，于某为了追求和实现防卫效果，他在致多人伤亡后，对致多人伤亡的过当结果的发生采取听之任之的态度，构成了防卫过当情形下的故意伤害罪。所以，于某的行为被认定构成故意伤害罪，这样的认定是严格司法的要求，同时与人民群众对正义公平的观念相符。

其次，关于量刑。《刑法》第二十条第二款规定："正当防卫明显超过必要限度造成重大损害的，应当负刑事责任，但是应当减轻或者免除处罚。"综合考虑本案防卫权益的性质、防卫方法、防卫强度、防卫起因、损害后果、过当程度、所处环境等情节，对于某应当减轻处罚。

被害方对引发本案具有严重过错。本案案发前，吴某、赵某1指使杜某2等人实施过侮辱苏某、干扰工贸公司生产经营等逼债行为，苏某多次报警，吴某等人的不法逼债行为并未收敛。案发当日，杜某2等人对于某、苏某实施非法限制人身自由、侮辱及对于某间有推搡、拍打、卡颈部等行为，于某及其母亲苏某连日来多次遭受催逼、骚扰、侮辱，导致于某实施防卫行为时难免带有恐惧、愤怒等因素。尤其是杜某2裸露下体侮辱苏某对引发本案有重大过错。案发当日，杜某2当着于某之面公然以裸露下体的方式侮辱其母亲苏某。虽然距于某实施防卫行为已间隔约二十分钟，但于某捅刺杜某2等人时难免带有报复杜某2辱母的情绪，故杜某2裸露下体侮辱苏某的行为是引发本案的重要因素，在刑罚裁量上应当作为对于某有利的情节重点考虑。

杜某2的辱母行为严重违法、亵渎人伦，应当受到惩罚和谴责，但于某在民警尚在现场调查，警车仍在现场闪烁警灯的情形下，为离开接待室摆脱围堵而持刀连续捅刺四人，致一人死亡、二人重伤、一人轻伤，且其中一重伤者系于某从背部捅刺，损害后果严重，且除杜某2以外，其他三人并未实施侮辱于某母亲的行为，其防卫行为造成损害远远大于其保护的合法权益，防卫明显过当。于某及其母亲的人身自由和人格尊严应当受到法律保护，但于某的防卫行为明显超过必要限度并造成多人伤亡严重后果，超出法律所容许的限度，依法也应当承担刑事责任。

根据我国刑法规定，故意伤害致人死亡的，处十年以上有期徒刑、无期徒刑或者死刑；防卫过当的，应当减轻或者免除处罚。如上所述，于某的防卫行为明显超过必要限度造成重大伤亡后果，减轻处罚依法应当在三至十年有期徒刑的法定刑幅度内量刑。鉴于于某归案后如实供述主要罪行，且被害方有以恶劣手段侮辱于某之母的严重过错等可以从轻处罚情节，综合考虑于某犯罪的事实、性质、情节和危害后果，遂判处于某有期徒刑五年。

# 案例 6：董某某、宋某某抢劫案

## 一、案例简介

### （一）关键词

刑事、未成年人犯罪、抢劫罪、缓刑、禁止令。

### （二）裁判要点

对判处管制或者宣告缓刑的未成年被告人，可以根据其犯罪的具体情况以及禁止事项与所犯罪行的关联程度，对其适用"禁止令"。对于未成年人因上网诱发犯罪的，可以禁止其在一定期限内进入网吧等特定场所。

### （三）相关法条

《中华人民共和国刑法》第七十二条第二款。

### （四）基本案情

2010 年 7 月 27 日 11 时许，被告人董某某、宋某某伙同王某（作案时未达到刑事责任年龄）在平顶山市红旗街社区健身器材处，持刀对被害人张某和王某某实施抢劫，将张某的5元现金及手机一部抢走，后将所抢手机卖掉，赃款用于上网。

### （五）裁判结果

河南省平顶山市新华区人民法院于2011年5月10日依法作出（2011）新刑未初字第29号刑事判决，认定被告人董某某、宋某某犯抢劫罪，分别判处有期徒刑二年六个月，缓刑三年，并处罚金人民币1000元。缓刑考验期从判决确定之日起计算。禁止被告人董某某、宋某某在36个月内进入网吧、游戏机房等娱乐场所。如违反上述"禁止令"，情节严重的，将对其撤销缓刑，执行原判刑罚（禁止令期限从判决生效之日起计算）。

## 二、案例解读

### （一）本案涉及基本法律知识

1. 抢劫罪

抢劫罪，是指以非法占有为目的，以暴力或者当场实施暴力相威胁，或以其他手段使被害人不能反抗、不知反抗的方法，迫使其当场交出财物或夺走其财物的行为。

2. 未成年人犯罪

在我国，法律意义上的未成年人是指已满14周岁不满18周岁者。处在这个年龄阶段上的人实施了危害社会，应受刑罚处罚的行为，即属于未成年人犯罪。根据《刑法》第十七条规定，我国未成年人刑事责任年龄有以下几种情况：一是已满十六周岁的人犯罪，应当负刑事责任。二是已满十四周岁不满十六周岁的人，犯故意杀人，故意伤害致人重伤或者死亡、强奸、抢劫、贩卖毒品、放火、爆炸、投放危险物质罪的，应当负刑事责任。三是已满十二周岁不满十四周岁的人，犯故意杀人、故意伤害罪，致人死亡或者以特别残忍手段致人重伤造成严重残疾，情节恶劣，经最高人民检察院核准追诉的，应当负刑事责任。对依照前三款规定追究刑事责任的不满十八周岁的人，应当从轻或者减轻处罚。因不满十六周岁不予刑事处罚的，责令其父母或者其他监护人加以管教；在必要的时候，也可以由政府收容教养。

### 3.禁止令

禁止令，是一种法律学术语。一是指法庭下达的禁止当事人实施某种行为的指令，如禁止当事人与另一方当事人联系、禁止其出入家庭住所、禁止其将子女带离本地。禁止令通常在家庭暴力等类型的案件中下达，主要用来确保受害人的人身安全，同时，禁止令也可用来禁止邻居间的恶劣纠纷。二是由法官签发的令状，主要是禁止被告一定的行为，禁令救济的具体体现。广义的禁止令包括执行命令和禁止命令。在传统救济中，主要的救济是损害赔偿，因此禁止令只具有附属性质，但对侵犯知识产权行为，即是最重要和最有效的救济措施，历来为各国法律所重视。

从颁发时间的先后来看，禁令可分为在诉讼前颁发的临时禁止令、在诉讼后和判决前颁发的中间或初步或暂时禁令以及判决时颁发的最终或永久禁令；从被告在颁发前是否被告知，又可分为单方禁令和双方禁令。TRIPS 协议第 44 条就是针对侵权行为规定的禁止措施，主要指最终禁令。

### （二）本案涉及基本法律原理

#### 1.未成年人犯罪的矫正与预防

（1）加强家庭教育，建立和谐亲子关系。作为父母，必须对家庭结构的稳固性予以重视，要尊重老人，爱护儿童，给自己的子女树立一个好的榜样，是家庭关系更加稳定。要对父母以及子女的关系进行改善。父母和孩子之间要互相尊重，多沟通和交流，从而打造良好的家庭氛围，打造良好的家庭关系。除此之外，还要对家庭管理进行加强。对于家庭的教育与管理，父母要用科学的手段，采取科学的措施。对于子女的教育，父母则要使用民主的教育手段，拿捏好严厉和慈爱的尺寸，从而使亲子关系更加和谐。

（2）在学校开展法制、道德和心理教育。要在教学计划中，加入相关的法制教育，在实际的法制教育过程中，要引入未成年人犯罪的案例，带领学生用心去了解相关的法律知识。从根本上对学生的思想加强引导，从而防止未成年人犯罪。除此之外，还要对未成年人加强德育，引导其树立正确的三观，使其自觉从思想上规范自己的行为，从而形成好的德行。还要对未成年人加强心理以及生理上的健康教育。想要实现这一目标，学校首先要开设一些相关的教育课程；其次，要多组织一些相关的心理辅导活动，为更多的未成年人提供心理辅导和指导，使其对自身有一个正确的认识，并正确认识所生存的环境以及整个世界，从而克服心理以及生理上的一些障碍，解答他们的困惑，帮助他们走出困境。

（3）强化社会治安综合治理，对未成年人学习及生活的环境进行净化。要努力整治和改善未成年人所在学校附近的环境，为学生们打造一个与社会不良影响因素相隔绝的"隔离带"。青少年的自制力比较差，而且容易对新奇事物产生好奇心甚至是迷恋，因此，像游戏厅、网吧等娱乐场所要加强管制，多建立一些青少年文化中心、教育基地等场所，防止青少年误入歧途，有更多的机会去了解和参与对自身成长有益的户外活动。另外，还要对社区管理进行加强。扩宽社区服务的范畴，将帮教、管教都纳入其服务范畴中，对青少年在社区中的生活多加关注，并提供相应的帮助，还要注意对闲散的青少年加以安置。有些未成年人可能受到过刑事处罚，对于这样的孩子，相关部门同样要公平对待他们，不能戴有色眼镜去看待，也要对其提供相应的帮助和鼓励，从而使其重新树立获得生活的勇气和希望，并更好地融入社会，为自己的人生负责，为整个国家和社会的发展贡献自己的力量。

2.抢劫罪的构成要件

（1）客体要件。在抢劫罪中，公民的人身权利以及财物的所有权是被侵害的客体，这属于复杂客体。国家、集体以及个人的公私财物以及人身安全是被侵犯的对象。不过对于抢劫罪中的罪犯而言，抢劫财物才是其最终的目的，对于其人身权利的侵犯仅仅是想要实现自己目的的手段。因此，抢劫罪也被归到了侵犯财产罪，成了其中的一部分。

（2）客观要件。抢劫罪在客观方面表现为行为人对公私财物的所有者、保管者或者守护者当场使用暴力、胁迫或者其他对人身实施强制的方法，立即抢走财物或者迫使被害人立即交出财物的行为。这样通过强制性的手段对被侵害对象的身体进行侵害的犯罪是抢劫罪最根本的标志，抢劫罪和盗窃罪、敲诈勒索罪、诈骗罪等最大的区别也在于此。抢劫罪的暴力指的是通过对被侵害对象的身体进行打击或者胁迫来防止其进行反抗，以实现劫取其钱财的行为。劫取其钱财的当场就是暴力的实施地点。如果通过暴力手段没能当场获得被害人钱财，抑或是随后又出于其他目的对被害人造成伤害的都不算是抢劫中的暴力，所构成的犯罪也要根据其他犯罪条例进行判定和处罚。当然，假如开始所实施的抢劫钱财的行为已经构成抢劫罪，那么随后又实施的犯罪行为就要和抢劫罪对犯罪人员进行并罚。假如犯罪人员是出于获取被害人钱财而实施的犯罪，即便是在犯罪过程中对被害人的身体造成了伤害，也不能以抢劫罪处置。假如犯罪人员直接去抢夺他人的钱包使其摔倒，直接抢夺他人耳环造成其耳朵受伤等，就会因为暴力行为而构成抢夺罪，如果情节严重，或者是导致被害人受重伤甚至是死亡，那么就会当作是抢夺罪中最严重的情节去考虑。行为人使用暴力的目的是防止被害人进行反抗，以顺利夺取对方的财物。而这个暴力行为的程度仅仅是能够起到打击和强制的作用就可以了，而没有必要伤害到对方的人身安全。将人伤害、重伤甚或杀死，固然是暴力，一般的拳打脚踢、捆绑禁闭、扭抱推拽等因其对他人人身有强制、打击作用，亦可称为抢劫罪的暴力。

（3）主体要件。抢劫罪的主体为一般主体。依刑法第十七条规定，年满14周岁并具有刑事责任能力的自然人，均能构成该罪的主体。

（4）主观要件。抢劫罪在主观方面表现为直接故意，并具有将公私财物非法占有的目的，如果没有这样的故意内容就不构成抢劫罪。如果行为人只抢回自己被骗走或者赌博输的财物，不具有非法占有他人财物的目的，不构成抢劫罪。

3.共同犯罪

共同犯罪是指数人共同实施犯罪的情形和现象。构成共同犯罪，需要参加人的犯罪意思互相沟通，而加功于他人犯罪的，即使没有与他人沟通也能成立某种共犯，如帮助犯。所以，有在理论上承认片面有形帮助犯（从犯）的余地。在立法上对片面帮助犯的刑事责任予以规定，有利于处理现实中存在的此类危害行为。而所谓片面的共同正犯，实际生活中很难发生，即使出现，也可直接依单独实行犯论处。

共同犯罪主要有四种形式：

（1）必要的共犯和任意的共犯。这是根据共同犯罪是否能够依据法律的规定任意形成而对共同犯罪行式所做出的划分。

①必要的共犯。所谓必要的共犯，是指法律规定其犯罪主体必须是2人

以上的犯罪。聚众性犯罪是常见的必要的共犯，如聚众哄抢罪，聚众持械劫狱罪，聚众扰乱社会秩序罪。还有一些集团性的犯罪属于必要的共犯，如组织、领导、参加恐怖组织罪，组织、领导、参加黑社会性质组织犯罪。其特点就是犯罪主体必须是2人以上，这是由法律规定的。换言之，法律规定以采取数人共同犯罪为必要形式的犯罪，是必要共犯。而这种规定只有在分则会有，所以必要的共犯主要是分则问题，也就是分则条文对犯罪主体数量有特别要求的情况。或者说，以犯罪主体为"复数"，作为构成要件的情况。

②任意的共犯。所谓任意共犯，是刑法分则规定的一人能够单独实施的犯罪由二人以上共同故意实施。从《刑法》来看，大部分的犯罪在主体数量上都没有限制，所以通常发生共同犯罪的都是任意的共犯，如抢劫、强奸、杀人、放火、投放危险物质、绑架、诈骗、盗窃、抢夺等罪的共同犯罪均属于任意的共犯。所谓"任意"，是指法律对犯罪主体的数量没有特别限制。也就是说从法律规定来看，实行这样的犯罪，其犯罪主体是个人还是2人以上的，没有特别的限制。

（2）事先有通谋的共同犯罪和事先无通谋的共同犯罪。这是根据通谋的时间，即共同犯罪故意形成的时间做的划分。这里的"事先"，是指着手实行犯罪之前。在着手实行之前就预谋共同犯罪或故意形成共犯的，属于事先通谋；在着手实行犯罪之后才形成共犯故意的，是事先无通谋的共犯。

如果先行为人已实施一部分实行行为后，后行为人以共同犯罪的意思参与实行或者提供帮助，则叫承继的共同犯罪。后行为人就其参与后的行为与先行为人构成共同犯罪。对其加入前的基本犯罪行为也要承担责任，但对加入以前的加重行为不负责任。如张三抢劫b的财物而对其实施暴力，并且造成了b的重伤，此时李四到了现场，并且明知张三要抢劫b的财物，李四与张三一起共同劫取了b的财物。李四虽然与张三构成抢劫罪的共同犯罪，但李四不对b的重伤承担刑事责任，只有张三对b的重伤承担刑事责任。

承继的共犯成立的时间：必须是在着手后既遂前。既遂后加入不构成继承的共犯，属于窝藏、包庇类的犯罪。但是，多环节犯罪以及继续犯罪例外。

（3）一般共同犯罪和特殊共同犯罪，即犯罪集团或称有组织形式的共犯。这是根据有无组织形式所做的划分。犯罪集团通常具有以下特征：①人数较多。即三人以上，二人不足以成为集团。②较为固定。表现为有明显的首要分子；重要成员固定或者基本固定；集团成员以首要分子为核心结合得比较紧密；实施一次或数次犯罪后，其组织形式往往继续存在。③目的明确。犯罪集团的形成是为了反复多次实施一种或者数种犯罪行为。犯罪集团又分为两类，一种是特殊的犯罪集团，特殊共同犯罪是指集团犯罪，即三人以上有组织地实施的共同犯罪。实施犯罪的组织称为犯罪集团，犯罪集团是指三人以上为共同实施犯罪而组成的较为固定的犯罪组织。

（4）简单共犯和复杂共犯。这是根据共同犯罪人之间有无特定的分工所做的分类。简单共犯，是指所有的共同犯罪人实行共同犯罪，这又被称为共同正犯或者共同实行犯。复杂共犯，则是指共同犯罪人中除实行犯外还有教唆或者帮助分工的共同犯罪。

### （三）释法说理

法院生效裁判认为：被告人董某某、宋某某以非法占有为目的，持械劫取他人财物，其行为均已构成抢劫罪。鉴于被告人董某某、宋某某犯罪时不满十八周岁，且均系初犯，到案后认罪悔罪态度较好，被告人宋某某又系在校学生，符合缓刑条件，决定分别判处二被告人有期徒刑二年六个月，缓刑三年。

鉴于二被告人将犯罪所得用于网吧消费，主要是因为上网、贪玩等因素的刺激导致了犯罪行为的发生，因此，网吧等娱乐场所与其犯罪之间有着密切的联系，如果将两名被告人和他们犯罪诱因相隔离，有利于家长和社区在缓刑期间对其实施管教，保证二被告人在缓刑期间遵纪守法，预防和减少再次犯罪，故判决禁止二被告人在缓刑考验期内进入网吧等娱乐场所，适用法律正确。关于禁止令的期限，根据最高人民法院、最高人民检察院、公安部、司法部《关于对判处管制、宣告缓刑的犯罪分子适用禁止令有关问题的规定（试行）》第六条的规定，在本案中，考虑到两名未成年的被告人生理、心理发育不成熟，自控能力较差，将适用禁止令的期限确定为与缓刑期相同的 3 年，这样，有利于他们增强自我控制能力，戒掉自身网瘾等恶习，从而达到预防犯罪的目的。故法院依法作出如上裁判。

# 案例 7：臧某泉等盗窃、诈骗案

## 一、案例简介

### （一）关键词

刑事、盗窃、诈骗、利用信息网络。

### （二）裁判要点

行为人利用信息网络，诱骗他人点击虚假链接而实际通过预先植入的计算机程序窃取财物构成犯罪的，以盗窃罪定罪处罚；虚构可供交易的商品或者服务，欺骗他人点击付款链接而骗取财物构成犯罪的，以诈骗罪定罪处罚。

### （三）相关法条

《中华人民共和国刑法》第二百六十四条、第二百六十六条。

### （四）基本案情

1. 盗窃事实

2010 年 6 月 1 日，被告人郑某玲骗取被害人金某 195 元后，获悉金某的某银行网银账户内有 305000 余元存款且无每日支付限额，遂电话告知被告人臧某泉，预谋合伙作案。臧某泉赶至网吧后，以尚未看到金某付款成功的记录为由，发送给金某一个交易金额标注为 1 元而实际植入了支付 305000 元的计算机程序的虚假链接，谎称金某点击该 1 元支付链接后，其即可查看到付款成功的记录。金某在诱导下点击了该虚假链接，其某银行网银账户中的 305000 元随即通过臧某泉预设的计算机程序，经某信息公司的平台支付到臧某泉提前在某科技公司注册的"kissal23"账户中。臧某泉使用其中的

116863元购买大量游戏点卡，并在"小泉先生哦"的某购物平台网店上出售套现。案发后，公安机关追回赃款187126.31元发还被害人。

2.诈骗事实

2010年5月至6月间，被告人臧某泉、郑某玲、刘某分别以虚假身份开设无货可供的某购物平台网站店铺，并以低价吸引买家。三被告人事先在网游网站注册一账户，并对该账户预设充值程序，充值金额为买家欲支付的金额，后将该充值程序代码植入到一个虚假购物平台网站链接中。与买家商谈好商品价格后，三被告人各自以方便买家购物为由，将该虚假购物平台网站链接通过某聊天工具发送给买家。买家误以为是某购物平台网站链接而点击该链接进行购物、付款，并认为所付货款会汇入某第三方支付公司为担保交易而设立的公用账户，但该货款实际通过预设程序转入网游网站在某第三方支付公司的私人账户，再转入被告人事先在网游网站注册的充值账户中。三被告人获取买家货款后，在网游网站购买游戏点卡等，然后将其按事先约定统一放在臧某泉的"小泉先生哦"的某购物平台网站店铺上出售套现，所得款均汇入臧某泉的工商银行卡中，由臧某泉按照获利额以约定方式分配。

被告人臧某泉、郑某玲、刘某经预谋后，先后到江苏省苏州市、无锡市、昆山市等地网吧采用上述手段作案。臧某泉诈骗22000元，获利5000余元，郑某玲诈骗获利5000余元，刘某诈骗获利12000余元。

### （五）裁判结果

浙江省某杭州市中级人民法院于2011年6月1日作出（2011）浙杭刑初字第91号刑事判决：

（1）被告人臧某泉犯盗窃罪，判处有期徒刑十三年，剥夺政治权利一年，并处罚金人民币三万元；犯诈骗罪，判处有期徒刑二年，并处罚金人民币五千元，决定执行有期徒刑十四年六个月，剥夺政治权利一年，并处罚金人民币三万五千元。

（2）被告人郑某玲犯盗窃罪，判处有期徒刑十年，剥夺政治权利一年，并处罚金人民币一万元；犯诈骗罪，判处有期徒刑六个月，并处罚金人民币二千元，决定执行有期徒刑十年三个月，剥夺政治权利一年，并处罚金人民币一万二千元。

（3）被告人刘某犯诈骗罪，判处有期徒刑一年六个月，并处罚金人民币五千元。宣判后，臧某泉提出上诉。浙江省高级人民法院于 2011 年 8 月 9 日作出（2011）浙刑三终字第 132 号刑事裁定，驳回上诉，维持原判。

## 二、案例解读

### （一）本案涉及基本法律知识

1. 盗窃罪

根据《刑法》第二百六十四条的规定，盗窃罪是指以非法占有为目的，盗窃公私财物数额较大或者多次盗窃、入户盗窃、携带凶器盗窃、扒窃公私财物的行为。

2. 诈骗罪

诈骗罪是指违反刑法以非法占有为目的，用虚构事实或者隐瞒真相的方法，骗取数额较大的公私财物的行为。

3. 网络犯罪数额的认定

在刑事司法中，犯罪数额会对犯罪人员的定罪量刑有着很大影响。在以往的传统犯罪事件中，在认定犯罪人员的犯罪数额时通常都是对实际金额的认定，但随着网络和信息技术的发展，层出不穷的网络犯罪和以往传统的犯罪方式有着很大的区别，其不但包含了犯罪人员通过网络来实施的衍化为传统犯罪的诈骗罪、盗窃罪等，还包含了通过网络的发展而新出现的新型犯罪，对于这样的犯罪行为，其犯罪数额的形式并不仅限于金额。这里的犯罪数额指的是可以体现犯罪行为的危害程度，通过货币或者是别的计量单位来认定的物品数量或是经济价值量，不仅包括金额，同时也包括数量。归纳起来，目前司法实践中对网络犯罪数额的认定主要有以下三种模式：

（1）有限追惩模式。在我国的刑事诉讼法中，并没有区分开定罪、量刑的证明标准，从我国刑法中的"证据确实、充分"的规定就可以看出，对于犯罪行为中定量以及定性的问题，立法者都是视同一律的，所使用的证明标准也是统一的。我国刑事司法、刑事立法在证明标准方面都十分注重客观性，要求定案时证据的量要充分，同时可以将案件的真实经过进行细致的还原，此外，证据间一定要存在内在的关联性。这要求可以对案件事实进行证明，从而实现证据间的相互印证，并且经过综合的审查，对每一个证据的证明力度进行判断。长期以来，我国司法人员严格遵循这一印证证明模式。实际的证据印证过程中，司法人员一定要对证据间是否可以相互印证进行确定，如果不能印证或者是印证不足，就不会定案。不过，在我国的刑法中，有些罪名的判定除了要求定性以外，还有定量的要求，所以对违法人员定罪的时候，既要具备足够的证据和达成证据间的相互印证，对于金额或数量的证明也要符合规定才能定罪。受限于此种传统的刑事证明理念，为了不放纵犯罪分子，侦查机关努力找到相应的网络犯罪数额并以此对犯罪分子定罪量刑，此即为有限追惩模式。在有限追惩的模式下，对缺乏被害人陈述印证的剩余犯罪数额，即使比较确信，也不予认定和追究，恪守传统印证证明方式及其理念，降低了发生冤假错案的概率。

（2）综合认定模式。"综合认定"的证明模式最早适用于非法集资刑事案件的办理。2016年最高法、最高检、公安部联合发布了相关司法解释，用以指导电信网络诈骗案件的办理，并首次采纳了"综合认定"的证明方法。它是大数据时代背景下由"人证中心主义"转向"数据中心主义"的产物，突破了传统印证模式的桎梏，简化了网络犯罪数额的证明方法。该种证明方式适用于涉案人员众多的网络犯罪案件，侦查部门在取证过程中因受害人数众多、取证技术水平受限等因素，无法逐一收集被害人陈述的，可以根据已经收集的部分受害人的口供，结合相关银行账户的交易记录、通讯记录、第三方支付平台的转账记录等多种电子证据，综合认定网络犯罪数额。

（3）形式认定模式。形式认定证明模式是以案件中直接查获的计量对象数量或通常能反映计量对象的事实要素的数量进行认定。如网络赌博犯罪中办案机关直接根据查获的在该赌博网站注册的会员账号数目或者相关银行账户数目来计算参与赌博的人数而无需逐笔查实账号与人员之间是否存在一一对应的关系；网络电信诈骗案件中诈骗信息浏览量直接以页面浏览量的总数进行认定；以及侵犯公民个人信息犯罪中的公民信息条数以查获数量直接认定而不必逐一对每条信息的真实性进行验证，这些皆体现出司法机关在实践操作中对网络犯罪案件中的定量因素认定的形式化趋势。

### （二）本案涉及基本法律原理

1. 侵犯财产罪

侵犯财产罪，是指以非法占有为目的，非法占有公私财物，或者故意毁坏公私财物的行为。构成侵犯财产罪，必须符合下列条件：

（1）侵犯财产罪的主体，大多数是一般主体，也有少数是特殊主体。根据刑法第十七条的规定，凡是年满十六周岁，并具有刑事责任能力的人都可以成为侵犯财产罪的主体；已十四周岁不满十六周岁的人，可以成为抢劫罪的主体。但是根据刑法第三十一条的规定，单位不能成为侵犯财产罪的主体。

（2）侵犯财产罪的主观方面，只能是直接故意。因为毕竟侵犯财产罪主要是以非法占有为目的，或者是以故意毁坏公私财物为目的的犯罪行为，只能由直接故意才能引起侵犯财产犯罪行为的发生。

（3）侵犯的客体是公共财产和公民私人财产的所有权。其侵犯的对象，通常是各种各样具体的财物，有生产资料、生活资料，又有动产、不动产，以及能源、票证等等。

（4）侵犯财产罪的客观方面，表现为以各种手段侵犯公私财产的行为。根据刑法的规定，侵犯财产罪的主要类型包括：抢劫罪、盗窃罪、抢夺罪、诈骗罪、聚众哄抢罪、侵占罪、职务侵占罪、挪用资金罪、挪用特定款物罪、敲诈勒索罪、故意毁坏财物罪、破坏生产经营罪。

2. 盗窃罪与诈骗罪的区别

（1）二者在刑法处罚上有所区别。刑法第二百六十四条规定，盗窃公私财物，数额较大的，或者多次盗窃、入户盗窃、携带凶器盗窃、扒窃的，处三年以下有期徒刑、拘役或者管制，并处或者单处罚金；数额巨大或者有其他严重情节的，处三年以上十年以下有期徒刑，并处罚金；数额特别巨大或者有其他特别严重情节的，处十年以上有期徒刑或者无期徒刑，并处罚金或者没收财产。

刑法第二百六十六条规定，诈骗公私财物，数额较大的，处三年以下有期徒刑、拘役或者管制，并处或者单处罚金；数额巨大或者有其他严重情节的，处三年以上十年以下有期徒刑，并处罚金；数额特别巨大或者有其他特别严重情节的，处十年以上有期徒刑或者无期徒刑，并处罚金或者没收财产。

从处罚程度上看，二者有以下区别：①多次盗窃、入户盗窃、携带凶器盗窃、扒窃是盗窃罪单独入罪的条件，没有数额较大的要求，而诈骗罪的成立必须要达到数额较大的要求，对于诈骗罪来说，数额较大是罪与非罪的差别。②盗窃罪数额较大的标准是 1000 元至 3000 元以上，而诈骗罪数额较大的标准是 3000 元至 1 万元以上，同样，盗窃罪中数额巨大、数额特别巨大的标准也比诈骗罪要低得多。

（2）二者在采取的犯罪手段上有所区别。盗窃罪和诈骗罪虽然都是以非法占有为目的，占有他人数额较大的财物，但所采取的犯罪手段不同。①盗窃罪表现为秘密窃取，犯罪分子采取公私财物所有人、保管人未发觉的手段、方法，将财物据为己有，如顺手牵羊、深夜撬门扭锁、公共场所扒窃的手段等。②诈骗罪表现为虚构事实、隐瞒真相，常见的诈骗方法有编造谎言、假冒身份、伪造文书或者证件、涂改单据等，使被害人产生错误认识后主动处分自己的财产。

### （三）释法说理

法院生效裁判认为：盗窃是指以非法占有为目的，秘密窃取公私财物的行为；诈骗是指以非法占有为目的，采用虚构事实或者隐瞒真相的方法，骗取公私财物的行为。对既采取秘密窃取手段又采取欺骗手段非法占有财物行为的定性，应从行为人采取主要手段和被害人有无处分财物意识方面区分盗窃与诈骗。如果行为人获取财物时起决定性作用的手段是秘密窃取，诈骗行为只是为盗窃创造条件或作掩护，被害人也没有"自愿"交付财物的，就应当认定为盗窃；如果行为人获取财物时起决定性作用的手段是诈骗，被害人基于错误认识而"自愿"交付财物，盗窃行为只是辅助手段的，就应当认定为诈骗。在信息网络情形下，行为人利用信息网络，诱骗他人点击虚假链接而实际上通过预先植入的计算机程序窃取他人财物构成犯罪的，应当以盗窃罪定罪处罚；行为人虚构可供交易的商品或者服务，欺骗他人为支付货款点击付款链接而获取财物构成犯罪的，应当以诈骗罪定罪处罚。本案中，被告人臧某泉、郑某玲使用预设计算机程序并植入的方法，秘密窃取他人网上银行账户内巨额钱款，其行为均已构成盗窃罪。臧某泉、郑某玲和被告人刘某以非法占有为目的，通过开设虚假的网络店铺和利用伪造的购物链接骗取他人数额较大的货款，其行为均已构成诈骗罪。对臧某泉、郑某玲所犯数罪，应依法并罚。

关于被告人臧某泉及其辩护人所提非法获取被害人金某的网银账户内305000元的行为，不构成盗窃罪而是诈骗罪的辩解与辩护意见，经查，臧某泉和被告人郑某玲在得知金某网银账户内有款后，即产生了通过植入计算机程序非法占有目的；随后在网络聊天中诱导金某同意支付1元钱，而实际上制作了一个表面付款"1元"却支付305000元的假购物平台网站链接，致使金某点击后，其网银账户内305000元即被非法转移到臧某泉的注册账户中，对此金某既不知情，也非自愿。可见，臧某泉、郑某玲获取财物时起决定性作用的手段是秘密窃取，诱骗被害人点击"1元"的虚假链接系实施盗窃的辅助手段，只是为盗窃创造条件或作掩护，被害人也没有"自愿"交付巨额财物，获取银行存款实际上是通过隐藏的事先植入的计算机程序来窃取的，符合盗窃罪的犯罪构成要件，依照刑法第二百六十四条、第二百八十七条的规定，应当以盗窃罪定罪处罚。故臧某泉及其辩护人所提上述辩解和辩护意见与事实和法律规定不符，不予采纳。

# 案例8：潘某某、陈某受贿案

## 一、案例简介

### （一）关键词

刑事、受贿罪、"合办"公司受贿、低价购房受贿承诺谋利、受贿数额计算、掩饰受贿退赃。

（二）裁判要点

国家工作人员利用职务上的便利为请托人谋取利益，并与请托人以"合办"公司的名义获取"利润"，没有实际出资和参与经营管理的，以受贿论处。

国家工作人员明知他人有请托事项而收受其财物，视为承诺"为他人谋取利益"，是否已实际为他人谋取利益或谋取到利益，不影响受贿的认定。

国家工作人员利用职务上的便利为请托人谋取利益，以明显低于市场的价格向请托人购买房屋等物品的，以受贿论处，受贿数额按照交易时当地市场价格与实际支付价格的差额计算。

国家工作人员收受财物后，因与其受贿有关联的人、事被查处，为掩饰犯罪而退还的，不影响认定受贿罪。

（三）相关法条

《中华人民共和国刑法》第三百八十五条第一款。

（四）基本案情

2003年8、9月间，被告人潘某某、陈某分别利用担任某街道工委书记、某办事处主任的职务便利，为某房地产开发有限公司总经理陈某1在某创业园区低价获取100亩土地等提供帮助，并于9月3日分别以其亲属名义与陈某1共同注册成立某工贸公司（简称工贸公司），以"开发"上述土地。潘某某、陈某既未实际出资，也未参与该公司经营管理。2004年6月，陈某1以工贸公司的名义将该公司及其土地转让给南京某体育用品有限公司，潘某某、陈某以参与利润分配名义，分别收受陈某1给予的480万元。2007年3月，陈某因潘某某被调查，在美国出差期间安排其驾驶员退给陈某180万元。案发后，潘某某、陈某所得赃款及赃款收益均被依法追缴。

2004年2月至10月，被告人潘某某、陈某分别利用担任某街道工委书记、某办事处主任的职务之便，为某置业公司在某创业园购买土地提供帮助，并先后4次各收受该公司总经理吴某某给予的50万元。

2004年上半年，被告人潘某某利用担任某街道工委书记的职务便利，为某发展公司受让某大厦项目减免100万元费用提供帮助，并在购买对方开发的一处房产时接受该公司总经理许某某为其支付的房屋差价款和相关税费 61 万余元（房价含税费 121.0817 万元，潘支付 60 万元）。2006 年 4 月，潘某某因检察机关从许某某的公司账上已掌握其购房仅支付部分款项的情况而补还给许某某 55 万元。

此外，2000 年春节前至 2006 年 12 月，被告人潘某某利用职务便利，先后收受某办事处一党支部书记兼某商贸公司总经理高某某人民币 201 万元和美元 49 万元、某房地产公司范某某美元 1 万元。2002 年至 2005 年间，被告人陈某利用职务便利，先后收受某办事处一党支部书记高某某 21 万元、某办事处副主任刘某 8 万元。

综上，被告人潘某某收受贿赂人民币 792 万余元、美元 50 万元（折合人民币 398.1234 万元），共计收受贿赂 1190.2 万余元；被告人陈某收受贿赂 559 万元。

## （五）裁判结果

江苏省某中级人民法院于 2009 年 2 月 25 日以（2008）宁刑初字第 49 号刑事判决，认定被告人潘某某犯受贿罪，判处死刑，缓期二年执行，剥夺政治权利终身，并处没收个人全部财产；被告人陈某犯受贿罪，判处无期徒刑，剥夺政治权利终身，并处没收个人全部财产。宣判后，潘某某、陈某提出上诉。江苏省高级人民法院于 2009 年 11 月 30 日以同样的事实和理由作出（2009）苏刑二终字第 0028 号刑事裁定，驳回上诉，维持原判，并核准一审以受贿罪判处被告人潘某某死刑，缓期二年执行，剥夺政治权利终身，并处没收个人全部财产的刑事判决。

## 二、案例解读

### （一）本案涉及基本法律知识

#### 1.受贿罪

我国《刑法》第一百六十三条规定，公司、企业或者其他单位的工作人员，利用职务上的便利，索取他人财物或者非法收受他人财物，为他人谋取利益，数额较大的，处三年以下有期徒刑或者拘役；数额巨大或者有其他严重情节的，处三年以上十年以下有期徒刑，并处罚金；数额特别巨大，或者有其他特别严重情节的，处十年以上有期徒刑或者无期徒刑，并处罚金。

公司、企业或者其他单位的工作人员在经济往来中，利用职务上的便利，违反国家规定，收受各种名义的回扣、手续费，归个人所有的，依照前款的规定处罚。

国有公司、企业或者其他国有单位中从事公务的人员和国有公司、企业或者其他国有单位委派到非国有公司、企业以及其他单位从事公务的人员有前两款行为的，依照本法第三百八十五条、第三百八十六条的规定定罪处罚。

第一百八十四条规定，银行或者其他金融机构的工作人员在金融业务活动中索取他人财物或者非法收受他人财物，为他人谋取利益的，或者违反国家规定，收受各种名义的回扣、手续费，归个人所有的，依照本法第一百六十三条的规定定罪处罚。

国有金融机构工作人员和国有金融机构委派到非国有金融机构从事公务的人员有前款行为的，依照本法第三百八十五条、第三百八十六条的规定定罪处罚。

第三百八十五条规定，国家工作人员利用职务上的便利，索取他人财物的，或者非法收受他人财物，为他人谋取利益的，是受贿罪。

国家工作人员在经济往来中，违反国家规定，收受各种名义的回扣、手续费，归个人所有的，以受贿论处。

第三百八十七条规定，国家机关、国有公司、企业、事业单位、人民团体，索取、非法收受他人财物，为他人谋取利益，情节严重的，对单位判处罚金，并对其直接负责的主管人员和其他直接责任人员，处五年以下有期徒刑或者拘役。

前款所列单位，在经济往来中，在账外暗中收受各种名义的回扣、手续费的，以受贿论，依照前款的规定处罚。

第三百八十八条规定，国家工作人员利用本人职权或者地位形成的便利条件，通过其他国家工作人员职务上的行为，为请托人谋取不正当利益，索取请托人财物或者收受请托人财物的，以受贿论处。

第三百八十八条之一规定，利用影响力受贿罪是指，国家工作人员的近亲属或者其他与该国家工作人员关系密切的人，通过该国家工作人员职务上的行为，或者利用该国家工作人员职权或者地位形成的便利条件，通过其他国家工作人员职务上的行为，为请托人谋取不正当利益，索取请托人财物或者收受请托人财物，数额较大或者有其他较重情节的，处三年以下有期徒刑或者拘役，并处罚金；数额巨大或者有其他严重情节的，处三年以上七年以下有期徒刑，并处罚金；数额特别巨大或者有其他特别严重情节的，处七年以上有期徒刑，并处罚金或者没收财产。

离职的国家工作人员或者其近亲属以及其他与其关系密切的人，利用该离职的国家工作人员原职权或者地位形成的便利条件实施前款行为的，依照前款的规定定罪处罚。

2.为他人谋取利益要件

（1）"他人"的范围。此处的"行贿人"作为利益的获取主体，也就是"他人"一般情形中为"行贿人"。受贿罪有着一定的相互对向性，因此在收受型的受贿情形中，若是欠缺行贿人的相关行为，那么受贿罪自身就无法成立。通过贿赂的方法得到相应利益，是行贿人的根本目的，此处的行贿人作为"他人"的核心构成。同时行贿人、利益获取者之间往往会有所区别，在这一关系中，身为获利人的"他人"或许为"指示或暗示的第三人"。例如父母为子女的晋升，对于子女的上司进行贿赂。在这一行为中，获利人、行贿人并不重叠。此外，"他人"同时涵盖自然人外的"单位"。此处的受贿罪即为限制权钱交易，即有运用职务和金钱交易，即可构成受贿罪，此处的"他人"应当采用自然人或单位的定义，通过行贿者自身或第三人负责，都不会干扰受贿罪的最终判定。

（2）"谋取"的定位。"为他人谋取利益"从该定义的整体来分析，该表述的重点为"谋取利益"的客观现象。从刑法的表达特征上来看，我国刑法对犯罪主观要件的限定往往在罪名的起始部分。如果将为他人谋取利益定位为主观要件，那么相关法律的表述应该是"为他人谋取利益而收受贿赂"。不论从何种法律上来看都不具备这样的表述条件，所以法律所针对概括的实际表述是"收受他人财物并为他人谋取利益"，从语义解释上来看，为他人谋取利益应该属于客观要件存在。另一方面，为他人谋取利益强调的是他人是行贿人，而不是收受财物的一方，所以法律表述习惯上会用"以……为目的"表达主观方面责任。"为他人谋取利益"中具体的含义应该是"替"或者"给"他人谋取利益，主语是他人，所以为他人谋取利益在定位上应该是客观要件。

如果将"为他人谋取利益"认定为主观要件并定义为主观要件，那么就是说将是否收取财物作为判定为他人谋取利益的直接衡量标准，仅仅靠受贿人的陈述就可以对其判定，显然这不符合刑法做出司法判决的定罪标准。如果发生这样难以认定的问题，会影响司法认定，本末倒置。因此，将"为他人谋取利益"定位为客观要件直接有利于司法认定。

（3）"利益"的范围。对于"利益"的范围，理论界也有较大争议。较为一致的主张是，为他人谋取利益中的"利益"不仅包括正当利益，还包括不正当利益（甚至是犯罪利益）。也就是说，是否构成受贿罪与所寻求利益的正当与否无关。在实际生活中，公职人员为他人谋取的利益大多数是正当利益，少数情况下是不正当利益。谋利行为可能同时触犯两个罪名，即受贿罪和在谋利过程中触犯的其他罪。公职人员的薪酬由国家发放，所以其不能因公职行为再获取其他报偿。若公职人员因其可能实施的公职行为收受他人财物，他人财物就成为影响职务公正的因素。受贿的公职人员会逐渐从正当履行职务获取薪酬转变到为了获取财物而不正当履行职责。后者不仅违反公职行为不可收买的规定，也违反正当履行职责的规定，同时会侵害公民对公职行为的信任。为他人谋取正当利益而受贿，侵犯了职务行为的不可收买性，构成受贿罪；为谋取不正当利益而受贿的危害更大，更应该被规制。因此，"为他人谋取利益"中的"利益"包括正当利益和不正当利益。

### （二）本案涉及基本法律原理

#### 1.受贿罪的认定

关于如何认定受贿罪，一般有以下四点：第一，主体是国家工作人员；第二，在主观方面只能出于故意；第三，侵犯的客体是国家机关工作人员的职务廉洁性；第四，在客观方面上表现为行为人利用职务上的便利，索取他人现金，或者非法收受他人现金，为他人谋取利益。

2. 对"为他人谋取利益"的认定

根据最高人民检察院《关于人民检察院直接受理立案侦查案件立案标准的规定（试行）》（高检发释字〔1999〕2号），索取他人财物的，不论是否"为他人谋取利益"，均可构成受贿罪。非法收受他人财物的，必须同时具备"为他人谋取利益"的条件，才能构成受贿罪。但是为他人谋取的利益是否正当，为他人谋取的利益是否实现，不影响受贿罪的认定。根据刑法第三百八十八条的规定，国家工作人员利用本人职权或者地位形成的便利条件，通过其他国家工作人员职务上的行为，为请托人谋取不正当利益，索取请托人财物或者收受请托人财物的，以受贿罪论处，这里，为请托人谋取的利益必须是"不正当利益"。

根据最高人民法院《全国法院审理经济犯罪案件工作座谈会纪要》（法发〔2003〕167号），为他人谋取利益包括承诺、实施和实现三个阶段的行为。只要具有其中一个阶段的行为，如国家工作人员收受他人财物时，根据他人提出的具体请托事项，承诺为他人谋取利益的，就具备了为他人谋取利益的要件。明知他人有具体请托事项而收受其财物的，视为承诺为他人谋取利益。

根据最高人民法院、最高人民检察院《关于办理贪污贿赂刑事案件适用法律若干问题的解释》（法释〔2016〕9号）第十三条，具有下列情形之一的，应当认定为"为他人谋取利益"，构成犯罪的，应当依照刑法关于受贿犯罪的规定定罪处罚：

（1）实际或者承诺为他人谋取利益的。

（2）明知他人有具体请托事项的。

（3）履职时未被请托，但事后基于该履职事由收受他人财物的。

国家工作人员索取、收受具有上下级关系的下属或者具有行政管理关系的被管理人员的财物价值三万元以上，可能影响职权行使的，视为承诺为他人谋取利益。

（三）释法说理

法院生效裁判认为：关于被告人潘某某、陈某及其辩护人提出二被告人与陈某1共同开办工贸公司开发土地获取"利润"480万元不应认定为受贿的辩护意见。经查，潘某某时任某街道工委书记，陈某时任某街道办事处主任，对某创业园区的招商工作、土地转让负有领导或协调职责，二人分别利用各自职务便利，为陈某1低价取得创业园区的土地等提供了帮助，属于利用职务上的便利为他人谋取利益；在此期间，潘某某、陈某与陈某1商议合作成立工贸公司用于开发上述土地，公司注册资金全部来源于陈某1，潘某某、陈某既未实际出资，也未参与公司的经营管理。因此，潘某某、陈某利用职务便利为陈某1谋取利益，以与陈某1合办公司开发该土地的名义而分别获取的480万元，并非所谓的公司利润，而是利用职务便利使陈某1低价获取土地并转卖后获利的一部分，体现了受贿罪权钱交易的本质，属于以合办公司为名的变相受贿，应以受贿论处。

关于被告人潘某某及其辩护人提出潘某某没有为许某某实际谋取利益的辩护意见。经查，请托人许某某向潘某某行贿时，要求在受让金桥大厦项目中减免100万元的费用，潘某某明知许某某有请托事项而收受贿赂；虽然该请托事项没有实现，但"为他人谋取利益"包括承诺、实施和实现不同阶段的行为，只要具有其中一项，就属于为他人谋取利益。承诺"为他人谋取利益"，可以从为他人谋取利益的明示或默示的意思表示予以认定。潘某某明知他人有请托事项而收受其财物，应视为承诺为他人谋取利益，至于是否已实际为他人谋取利益或谋取到利益，只是受贿的情节问题，不影响受贿的认定。

关于被告人潘某某及其辩护人提出潘某某购买许某某的房产不应认定为受贿的辩护意见。经查，潘某某购买的房产，市场价格含税费共计应为121万余元，潘某某仅支付60万元，明显低于该房产交易时当地市场价格。潘某某利用职务之便为请托人谋取利益，以明显低于市场的价格向请托人购买房产的行为，是以形式上支付一定数额的价款来掩盖其受贿权钱交易本质的一种手段，应以受贿论处，受贿数额按照涉案房产交易时当地市场价格与实际支付价格的差额计算。

关于被告人潘某某及其辩护人提出潘某某购买许某某开发的房产，在案发前已将房产差价款给付了许某某，不应认定为受贿的辩护意见。经查，2006年4月，潘某某在案发前将购买许某某开发房产的差价款中的55万元补给许某某，相距2004年上半年其低价购房有近两年时间，没有及时补还巨额差价；潘某某的补还行为，是由于许某某因其他案件被检察机关找去谈话，检察机关从许某某的公司账上已掌握潘某某购房仅支付部分款项的情况后，出于掩盖罪行目的而采取的退赃行为。因此，潘某某为掩饰犯罪而补还房屋差价款，不影响对其受贿罪的认定。

综上所述，被告人潘某某、陈某及其辩护人提出的上述辩护意见不能成立，不予采纳。潘某某、陈某作为国家工作人员，分别利用各自的职务便利，为他人谋取利益，收受他人财物的行为均已构成受贿罪，且受贿数额特别巨大，但同时鉴于二被告人均具有归案后如实供述犯罪、认罪态度好，主动交代司法机关尚未掌握的同种余罪，案发前退出部分赃款，案发后配合追缴涉案全部赃款等从轻处罚情节，故一、二审法院依法作出如上裁判。

# 第三章　行政法与行政诉讼法案例与实务

## 案例 1：某建材公司诉某环境保护局环境行政处罚案

### 一、案例简介

#### （一）关键词

防治、法律适用、超过排放标准。

#### （二）裁判要点

企业事业单位和其他生产经营者堆放、处理固体废物产生的臭气浓度超过大气污染物排放标准，环境保护主管部门适用处罚较重的《中华人民共和国大气污染防治法》对其进行处罚，企业事业单位和其他生产经营者主张应当适用《中华人民共和国固体废物污染环境防治法》对其进行处罚的，人民法院不予支持。

#### （三）相关法条

《中华人民共和国环境保护法》第十条；《中华人民共和国大气污染防治法》第十八条、第九十九条；《中华人民共和国固体废物污染环境防治法》第六十八条。

#### （四）基本案情

原告某建材公司（以下简称建材公司）不服某环境保护局（以下简称

环保局）行政处罚提起行政诉讼，诉称：环保局以其厂区堆放污泥的臭气浓度超标适用《中华人民共和国大气污染防治法》（以下简称大气污染防治法）进行处罚不当，应当适用《中华人民共和国固体废物污染环境防治法》（以下简称固体废物污染环境防治法）处罚，请求予以撤销。

法院经审理查明：因群众举报，2016 年 8 月 17 日，被告环保局执法人员前往建材公司进行检查，并由某环境监测站工作人员对该公司厂界臭气和废气排放口进行气体采样。同月 26 日，该环境监测站出具了编号为 XF26-2016 的《测试报告》，该报告中的《监测报告》显示，依据《恶臭污染物排放标准》（GB 14554—93）规定，臭气浓度厂界标准值二级为 20，经对原告厂界四个监测点位各采集三次样品进行检测，3 # 监测点位臭气浓度一次性最大值为 25。2016 年 9 月 5 日，被告收到前述《测试报告》，遂于当日进行立案。经调查，被告于 2016 年 11 月 9 日制作了金环保改字〔2016〕第 224 号《责令改正通知书》及《行政处罚听证告知书》，并向原告进行了送达。应原告要求，被告于 2016 年 11 月 23 日组织了听证。2016 年 12 月 2 日，被告作出第 2020160224 号《行政处罚决定书》，认定 2016 年 8 月 17 日，被告执法人员对原告无组织排放恶臭污染物进行检查、监测，在原告厂界采样后，经金山环境监测站检测，3 # 监测点臭气浓度一次性最大值为 25，超出《恶臭污染物排放标准》（GB14554-93）规定的排放限值 20，该行为违反了大气污染防治法第十八条的规定，依据大气污染防治法第九十九条第二项的规定，决定对原告罚款 25 万元。

另查明，2009 年 11 月 13 日，被告审批通过了原告上报的《多规格环保型淤泥烧结多孔砖技术改造项目环境影响报告表》，2012 年 12 月 5 日前述技术改造项目通过被告竣工验收。同时，2015 年以来，原告被群众投诉数十起，反映该公司排放刺激性臭气等环境问题。2015 年 9 月 9 日，因原告同年 7 月 20 日厂界两采样点臭气浓度最大测定值超标，被告对该公司作出金环保改字〔2015〕第 479 号《责令改正通知书》，并于同年 9 月 18 日作出第 2020150479 号《行政处罚决定书》，决定对原告罚款 35000 元。

## （五）裁判结果

上海市某人民法院于 2017 年 3 月 27 日作出 （2017）沪 0116 行初 3 号

行政判决：驳回原告某建材公司的诉讼请求。宣判后，当事人服判息诉，均未提起上诉，判决已发生法律效力。

## 二、案例解读

### （一）本案涉及基本法律知识

#### 1.环境行政处罚

环境行政处罚，是指环境保护行政机关依照环境保护法规，对犯有一般环境违法行为的个人或组织作出的具体的行政制裁措施。其直接结果是确定环境行政责任，包括罚款、限制生产、停产、责令停业、关闭、责令恢复原状等多种具体形式。广泛适用于不同的环境违法行为。根据中国环境保护法律法规的规定，环境违法的行政处罚只能由依法行使环境保护监督管理权的行政机关，按法定程序作出并付诸执行。被处罚的个人或组织如果不服，有权提起行政复议或行政诉讼。

环境行政处罚具有如下主要特征：

第一，行政处罚的主体是县级以上环境保护行政主管部门，其他依照法律规定行使环境监督管理权的行政部门，以及县级以上人民政府。应注意的是，行政处罚权在行政职权中属于一种非常规职权，它属于一种特殊职权，它必须在法律、法规、规章做特别规定的条件下，行政机关才拥有行政处罚权。本案中这些行政主体只能实施环境法律规范规定的属于其监督管理范围内的行政处罚权，否则就是违法。如《环境噪声污染防治法》第五十八条规定，在城市市区噪声敏感建筑物集中区域内使用高音广播喇叭，由公安机关给予警告，可以并处罚款。若拥有环境行政处罚权的行政机关依照法律或法规的规定，授权或委托符合法定条件的环境监察机构实施行政处罚权，则这些被授权的环境监察机构或被委托的环境监察机构也必须在法定范围内实施行政处罚权，否则其处罚无效。

第二，行政处罚的对象是环境行政管理的相对人，即实施了违反环境法律规范行为而导致污染、破坏环境或破坏了正常环境管理秩序的单位和个人。不是行政管理相对人，不能对其实施行政处罚。

第三，行政处罚的前提是管理相对人实施了违反环境法律规范的行为。也就是说，处罚必须有法律依据。只有环境行政管理相对人实施了违反环境法律规范的行为，才能给予行政处罚，也只有环境法律规范规定必须或可以处罚的行为才可以处罚，法无明文不处罚。

### 2. 大气污染防治

所谓大气污染综合防治，实质上就是为了达到区域环境空气质量控制目标，对多种大气污染控制方案的技术可行性、经济合理性、区域适应性和实施可能性等进行最优化选择和评价，从而得出最优的控制技术方案和工程措施。例如，对于我国大中城市存在的颗粒物和$SO_2$等污染的控制，除了应对工业企业的集中点源进行污染物排放总量控制外，还应同时对分散的居民生活用燃料结构、燃用方式、炉具等进行控制和改革，对机动车排气污染、城市道路扬尘、建筑施工现场环境、城市绿化、城市环境卫生、城市功能区规划等方面，一并纳入城市环境规划与管理，才能取得综合防治的显著效果。

### 3. 固体废物污染环境防治

《中华人民共和国固体废物污染环境防治法》是为了防治固体废物污染环境，保障公众健康，维护生态安全，促进经济社会可持续发展。

《中华人民共和国固体废物污染环境防治法》于1995年10月30日第八届全国人民代表大会常务委员会第十六次会议通过，1995年10月30日中华人民共和国主席令第58号公布，自1996年4月1日起施行。2016年11月7日第十二届全国人民代表大会常务委员会第二十四次会议通过对《中华人民共和国固体废物污染环境防治法》第四十四条第二款和第五十九条第一款等两款做出修改。2019年6月5日，国务院常务会议通过《中华人民共和国固体废物污染环境防治法（修订草案）》。该法案中提出以下五点：

（1）生活垃圾处置场所不能随意选也不能随意关。居民放置生活垃圾的场所不能随便选择，也不能说不用就不用，生活垃圾的处理也须按法律规定进行。

（2）固体废物污染损害赔偿实行举证责任倒置制。针对环境污染损害赔偿案件中最常见的受污染者没有能力起诉以及举证困难等问题，修订后的固体废物污染环境防治法在现有污染损害赔偿规定的基础上，增加了举证责任倒置等规定。

（3）法律确立生产者延伸责任制。污染者承担污染防治的责任，这一原则在法律中全面落实，有助于解决固体废物污染问题。对此，新修订的固体废物污染环境防治法补充了有关生产者延伸责任的条款，规定国家对部分产品、包装物实行强制回收制度。

（4）我国法律对过度包装说"不"。新修订的固体废物污染环境防治法明确规定："国务院标准化主管部门应当根据国家经济和技术条件、固体废物污染环境防治状况以及产品的技术要求，组织制定有关标准，防止过度包装造成环境污染。"

（5）向江河湖泊丢垃圾将触法律"红线"。将垃圾随手丢进江河湖泊，或许是很多人都曾有过的经历，2005年4月起，这个先前仅靠道德约束的行为，将被纳入法律处罚的视野。修订后的固体废物污染环境防治法规定，禁止任何单位或者个人向江河、湖泊、运河、渠道、水库及其最高水位线以下的滩地和岸坡以及法律法规规定的其他地点倾倒、堆放、贮存固体废物。

### （二）本案涉及基本法律原理

#### 1. 法律适用规则在环境行政处罚中的运用

法律条文具有抽象性和概括性，这为立法的精炼、简洁和适用情形所涉及的范围提供了保障。法律条文之所以能发挥其规范作用，主要有赖于适用者与具体事实的结合，并赋予了法律效果。不过在案件事实涉及多种法律规范的时候，对于法律条文的协调就有了一定的难度，严重的话还可能产生一定的冲突。所以，就像前文所说的那样，适用规则为上位法优于下位法，特别法优于一般法，新法优于旧法。如果下位法与上位法的规定不相符，那么就适用上位法；同样的道理，如果一般法和特别法的规定不相符，则适用特别法；旧法与新法的规定不相符，则适用新法。这一规则对于法律规范的选择具有非常重要的意义，可以使很多的法律适用难题得到有效解决。

在实际的环境法律规范里，经常会出现法律条文竞合的情况，和一些行政领域相比，法律方面的选择适用问题更加突出。这与目前我国环境法律规范的特点以及社会环境的需求是息息相关的。社会经济的发展使得人们对生态环境保护有了越来越高的要求，既有的环境法律规范不断受到挑战，既有处罚幅度也无法与快速发展的社会现实相适应，但大量的环境法律规范客观上难以实时、全面、系统、彼此严密衔接地修订。环境违法行为法律竞合、法律冲突多可通过前述法律适用一般规则予以解决，但无法发挥全部效用甚至失灵的情形也不鲜见。

以本案所涉大气污染防治法及固体废物污染环境防治法为例，大气污染防治法于1987年由第六届全国人民代表大会常务委员会第二十二次会议通过，1995年、2000年、2015年、2018年进行了多次修订或修正。固体废物污染环境防治法于1995年由第八届全国人民代表大会常务委员会第十六次会议通过，2004年、2013年、2015年、2016年、2020年也进行了多次修订或修正。企业事业单位和其他生产经营者堆放、处理固体废物产生的臭气浓度超过大气污染物排放标准，客观上既涉及大气污染，又有固体废物堆放于现场，环境保护部门应适用大气污染防治法还是固体废物污染环境防治法就成了争议焦点。从处罚相对人角度而言，其自然希望适用处罚幅度较轻的。而按照法律适用一般规则，从位阶分析，因为两部法律都是全国人大常委会通过，法律位阶相同，不存在上位法、下位法的问题；从规范特定性角度分析，两部法律分别规制大气污染、固体废物污染的行为，很难说谁为特别、谁为一般；从时间分析，两部法律均已持续多番修改，也难言谁为新法、谁为旧法。法律适用一般规则在本案中适用存在困难。

2. 堆放、处理固体废物致臭气浓度超标时的法律选择与适用的考量

如果法律适用的一般规则不适用的时候，相关的执法人员以及司法部门就要对案件的情况进行衡平和综合判定，最终选出最适宜的法律适用规范。对于法律规范中的适用和解释来说，要注意不要对法律条文进行机械地理解，要站在法律解释的方法、环境利益的衡平等多个视角去考量，对法律条文进行较为灵活的理解。

第一，从责罚相当的角度进行分析，对于环境监管问题，大气污染防治法更为有效。行政处罚法规定，设定和实施行政处罚必须以事实为依据，与违法行为的事实、性质、情节及社会危害程度相当。本案中，涉案企业堆放污泥产生大量臭气，环保局先后接到几十封投诉举报信反映空气质量问题，严重影响了周边居民正常生活，且恶臭浓度已超过大气污染物排放标准，行为后果较为严重。大气污染防治法规定处罚的金额为十万元以上一百万元以下，固体废物污染环境防治法规定，处罚金额在为一万元以上十万元以下，如果因为臭气浓

度严重超标而产生了严重后果，就要根据适用大气污染防治法进行严格处罚，坚持责罚相当原则，能够有效促进环境效益和法律效果实现统一。

第二，从环保利益衡平角度进行分析，适用大气污染防治法可以使环境审判司法能动性得到有效发挥。不仅要创造出充足的物质与精神财富使人们对美好生活的需求得到满足，还要为人们提供良好的生活环境，使人们对于良好生态环境的需求得到满足，使人们的生存环境更加优质，可以获得更多好的生态产品。对于我国资源储备紧张、生态环境脆弱等现状，一定要严格遵循相关的法治理念和制度，使环境资源审判司法能动性得到充分发挥，为生态保护大局提供相应的服务。借此，在环境资源案件审理中，应从更有利于环境资源保护与监管的角度进行解释和认定。

### （三）释法说理

法院生效裁判认为，本案核心争议焦点在于被告适用大气污染防治法对原告涉案行为进行处罚是否正确。其中涉及固体废物污染环境防治法第六十八条第一款第七项、第二款及大气污染防治法第九十九条第二项之间的选择适用问题。前者规定，未采取相应防范措施，造成工业固体废物扬散、流失、渗漏或者造成其他环境污染的，处一万元以上十万元以下的罚款；后者规定，超过大气污染物排放标准或者超过重点大气污染物排放总量控制指标排放大气污染物的，由县级以上人民政府环境保护主管部门责令改正或者限制生产、停产整治，并处十万元以上一百万元以下的罚款；情节严重的，报经有批准权的人民政府批准，责令停业、关闭。前者规制的是未采取防范措施造成工业固体废物污染环境的行为，后者规制的是超标排放大气污染物的行为；前者有未采取防范措施的行为并具备一定环境污染后果即可构成，后者排污单位排放大气污染物必须超过排放标准或者重点大气污染物排放总量控制指标才可构成。本案并无证据可证实臭气是否来源于任何工业固体废物，且被告接到群众有关原告排放臭气的投诉后进行执法检查，检查、监测对象是原告排放大气污染物的情况，适用对象方面与大气污染防治法更为匹配；《监测报告》显示臭气浓度超过大气污染物排放标准，行为后果方面适用大气污染防治法第九十九条第二项规定更为准确，故被诉行政处罚决定适用法律并无不当。

## 案例2：田某诉某大学拒绝颁发毕业证、学位证案

### 一、案例简介

#### （一）关键词

行政诉讼、颁发证书、高等学校、受案范围、正当程序。

#### （二）裁判要点

高等学校对受教育者因违反校规、校纪而拒绝颁发学历证书、学位证书，受教育者不服的，可以依法提起行政诉讼。

高等学校依据违背国家法律、行政法规或规章的校规、校纪，对受教育者作出退学处理等决定的，人民法院不予支持。

高等学校对因违反校规、校纪的受教育者作出影响其基本权利的决定时，应当允许其申辩并在决定作出后及时送达，否则视为违反法定程序。

#### （三）相关法条

《中华人民共和国行政诉讼法》第二十五条。《中华人民共和国教育法》第二十一条、第二十二条。《中华人民共和国学位条例》第八条。

#### （四）基本案情

原告田某于1994年9月考取某大学，取得本科生的学籍。1996年2月29日，田某在电磁学课程的补考过程中，随身携带写有电磁学公式的纸条。考试中，去上厕所时纸条掉出，被监考教师发现。监考教师虽未发现其有偷看纸条的行为，但还是按照考场纪律，当即停止了田某的考试。被告某大学根据原国家教委关于严肃考场纪律的指示精神，于1994年制定了校发（94）

第 068 号《关于严格考试管理的紧急通知》（简称第 068 号通知）。该通知规定，凡考试作弊的学生一律按退学处理，取消学籍。被告据此于 1996 年 3 月 5 日认定田某的行为属作弊行为，并作出退学处理决定。同年 4 月 10 日，被告填发了学籍变动通知，但退学处理决定和变更学籍的通知未直接向田某宣布、送达，也未给田某办理退学手续，田某继续以该校大学生的身份参加正常学习及学校组织的活动。1996 年 9 月，被告为田某补办了学生证，之后每学年均收取田某交纳的教育费，并为田某进行注册、发放大学生补助津贴，安排田某参加了大学生毕业实习设计，由其论文指导教师领取了学校发放的毕业设计结业费。田某还以该校大学生的名义参加考试，先后取得了大学英语四级、计算机应用水平测试 BASIC 语言成绩合格证书。被告对原告在该校的四年学习中成绩全部合格，通过毕业实习、毕业设计及论文答辩，获得优秀毕业论文及毕业总成绩为全班第九名的事实无争议。

1998 年 6 月，田某所在院系向被告报送田某所在班级授予学士学位表时，被告有关部门以田某已按退学处理、不具备某大学学籍为由，拒绝为其颁发毕业证书，进而未向教育行政部门呈报田某的毕业派遣资格表。田某所在院系认为原告符合大学毕业和授予学士学位的条件，但由于当时原告因毕业问题正在与学校交涉，故暂时未在授予学位表中签字，待学籍问题解决后再签。被告因此未将原告列入授予学士学位资格的名单交该校学位评定委员会审核。因被告的部分教师为田某一事向原国家教委申诉，国家教委高校学生司于 1998 年 5 月 18 日致函被告，认为被告对田某违反考场纪律一事处理过重，建议复查。同年 6 月 10 日，被告复查后，仍然坚持原结论。田某认为自己符合大学毕业生的法定条件，某大学拒绝给其颁发毕业证、学位证是违法的，遂向北京市某人民法院提起行政诉讼。

## （五）裁判结果

北京市海淀区人民法院于 1999 年 2 月 14 日作出（1998）海行初字第 00142 号行政判决：

某大学在本判决生效之日起 30 日内向田某颁发大学本科毕业证书；某大学在本判决生效之日起 60 日内组织本校有关院、系及学位评定委员会对田某的学士学位资格进行审核；某大学于本判决生效后 30 日内履行向当地教育行政部门上报有关田某毕业派遣的有关手续的职责；驳回田某的其他诉讼请求。北京科技大学提出上诉，北京市第一中级人民法院于 1999 年 4 月 26 日作出（1999）一中行终字第 73 号行政判决：驳回上诉，维持原判。

## 二、案例解读

### （一）本案涉及基本法律知识

1. 行政主体

行政主体，是指依法享有行政权力，能以自己的名义行使行政权并能独立承担由此产生的相应法律责任的社会组织。从这一定义可以看出，要取得行政主体资格必须具备如下条件：

（1）行政主体是社会组织。社会组织是与自然人相对应的概念，组织在一定条件下可以成为行政主体。自然人不能够成为行政主体，因为国家在行政权的分配上是以组织而不是以自然人为媒介的。只有组织才有能力管理行政事务，行使国家行政职能，才能被法律赋予行政权，代表国家实施行政行为而成为行政主体。

（2）享有行政权力。行政主体必须享有行政权，否则不是行政主体。公司、企业、社会团体等社会组织，虽然对本组织内部具有管理权，但是只要没被法律、法规授予行政权，就不具有行政主体资格。

（3）能以自己的名义行使行政权。这是指行为主体能够独立自主地表达自己的意志，按照自己的意志实施特定行为，具有独立的法律人格，即能够以自己的名义对外行文或者作出处理决定，并能以自己的名义参加诉讼活动。

（4）能够独立承担法律责任。行政主体要对其所实施的行政行为所引起的法律效果承担法律责任，而且能够独立承担法律责任，这是一个组织成为行政主体的必备条件。

2. 受案范围

行政诉讼法第十二条规定，人民法院受理公民、法人或者其他组织提起的下列诉讼：第一，对行政拘留、暂扣或者吊销许可证和执照、责令停产停业、没收违法所得、没收非法财物、罚款、警告等行政处罚不服的；第二，对限制人身自由或者对财产的查封、扣押、冻结等行政强制措施和行政强制执行不服的；第三，申请行政许可，行政机关拒绝或者在法定期限内不予答复，或者对行政机关作出的有关行政许可的其他决定不服的；第四，对行政机关作出的关于确认土地、矿藏、水流、森林、山岭、草原、荒地、滩涂、海域等自然资源的所有权或者使用权的决定不服的；第五，对征收、征用决定及其补偿决定不服的；第六，申请行政机关履行保护人身权、财产权等合法权益的法定职责，行政机关拒绝履行或者不予答复的；第七，认为行政机关侵犯其经营自主权或者农村土地承包经营权、农村土地经营权的；第八，认为行政机关滥用行政权力排除或者限制竞争的；第九，认为行政机关违法集资、摊派费用或者违法要求履行其他义务的；第十，认为行政机关没有依法支付抚恤金、最低生活保障待遇或者社会保险待遇的；第十一，认为行政机关不依法履行、未按照约定履行或者违法变更、解除政府特许经营协议、土地房屋征收补偿协议等协议的；第十二，认为行政机关侵犯其他人身权、财产权等合法权益的。除前款规定外，人民法院受理法律、法规规定可以提起诉讼的其他行政案件。

3.正当的行政程序

正当行政程序是指行政主体在实施行政行为时必须遵循合法、适当的原则，包含程序公开、程序公正、听取相对人意见和实行回避制度几个要素，是正当行政法律程序的简称。需要强调的是，行政行为是不平等主体之间的行为，行政行为并不以相对人的合意为前提。但是，这并不是说行政机关就可以不听取相对人的意见而强制要求其服从，行政相对人有权对行政主体即将作出的行为表达意见，且此意见应当获得尊重。

**（二）本案涉及基本法律原理**

1.高校能否成为行政诉讼中的适格被告

由于高校是事业法人单位，不是行政机关，按照一般原则，它没有行政职权，不能成为行政诉讼的被告。但是法律、法规授权的非行政机关行使法定的行政职权时，也可构成行政行为的主体，可成为行政诉讼的被告。

2.被诉行为能否纳入行政诉讼的受案范围

本案的被诉行为是属于行政法调整的范围的，但在日常生活中，对于出现较多的关于学生处分的案件，如退学等，是否可诉，则有着不同的意见。根据目前的法律规定，这些行为是不属于行政诉讼的受案范围，不应该受理的，理由如下：

第一，对开除学籍处分，法律、法规并未明文规定可向法院起诉，而是规定了可以提出申诉或依法提起诉讼。根据《中华人民共和国教育法》第四十三条规定，受教育者有"对学校给予的处分不服向有关部门提出申诉，对学校、教师侵犯其人身权、财产权等合法权益，提出申诉或者依法提起诉讼"的权利。尽管开除学籍也是对受教育权的剥夺，理应包含在人身权、财产权等合法权益内，但并不能直接向法院起诉，因为对开除学籍等处分而引起的纠纷已经规定了特殊的解决机制，即"向有关部门提出申诉"。第二，按照现行的法律规定，学校对于学生的处分权不是行政权。在我国现行法律上，公立学校的权利即使具有支配性和公益性，但不属于行政权。某种权力是不是行政权，只能根据法律的规定来确定。在我国立法技术上，对作为国家权力的行政权的文字表述一般用"职权""职责""权力""负责……工作"或者"主管……工作"等。在现行法律规范中，还没有把行政权称为"权利"的现象。也就是说，被称为"权利"的肯定不会是行政权。那么教育法第二十八条（经2021年修订后，该条文现为该法第二十九条）赋予学校的处分权到底是不是一种行政权呢？"学校及其他教育机构行使下列权利：……（四）对受教育者进行学籍管理，实施奖励或者处分"。与此相对应的，该法使用了"义务"而没有采用"职责"一词。该法第二十九条规定，学校及其他教育机构应当履行下列义务……（经2021年修订后，该条文现为该法第三十条）。这就表明，无论学校的处分权在本质上是否应当作为一种行政权，法律是否应当作为行政权来加以规定，但就现行法律规定而言，它并不是一种行政权。第三，学校的处分权是一种授权或委托的观点，并不正确。如果某项权利本身并非行政权，即使它来源于法律、法规和行政机关，也并非行政诉讼法上的行政授权或行政委托。家长对未成年子女的监护权，私营企业对人财物的管理指挥权，都来源于法律，但显然不是行政授权，而是法律赋予的权利。同理，行政机关委托律师代理法律事务，也不是行政委托，而是一种民事委托。权利来源于法律或行政机关与这一权利是何种性质的权利，并没有必然的逻辑联系。相反，如果某项权力是行政权，那么即使授权或委托并不合法，也仍然是行政权。

3. 教育自主权的行使范围

高等教育法规定高校拥有办学的自主权，为使自身办学宗旨得以实现，可独立进行教育管理，开展教育活动，这是高校专有的权利。高校的办学自主权主要内容有：第一，教学自主权。高校为实现自身的办学宗旨，可以独立进行教学的管理活动，以及实际的教学活动；第二，可以进行自主招生；第三，组织相关的教学、教研活动，对学生的学习情况进行考核；第四，聘请教师；第五，对本校的经费与设备进行管理与使用。

（三）释法说理

法院生效裁判认为：根据我国法律、法规规定，高等学校对受教育者有进行学籍管理、奖励或处分的权力，有代表国家对受教育者颁发学历证书、学位证书的职责。高等学校与受教育者之间属于教育行政管理关系，受教育者对高等学校涉及受教育者基本权利的管理行为不服的，有权提起行政诉讼，高等学校是行政诉讼的适格被告。

高等学校依法具有相应的教育自主权，有权制定校纪、校规，并有权对在校学生进行教学管理和违纪处分，但是其制定的校纪、校规和据此进行的教学管理和违纪处分，必须符合法律、法规和规章的规定，必须尊重和保护当事人的合法权益。本案原告在补考中随身携带纸条的行为属于违反考场纪律的行为，被告可以按照有关法律、法规、规章及学校的有关规定处理，但其对原告作出退学处理决定所依据的该校制定的第 068 号通知，与《普通高等学校学生管理规定》第二十九条规定的法定退学条件相抵触，故被告所作退学处理决定违法。

退学处理决定涉及原告的受教育权利，为充分保障当事人权益，从正当程序原则出发，被告应将此决定向当事人送达、宣布，允许当事人提出申辩意见。而被告既未依此原则处理，也未实际给原告办理注销学籍、迁移户籍、档案等手续。被告于 1996 年 9 月为原告补办学生证并注册的事实行为，应视为被告改变了对原告所作的按退学处理的决定，恢复了原告的学籍。被告又安排原告修满四年学业，参加考核、实习及毕业设计并通过论文答辩等。上述一系列行为虽系被告及其所属院系的部分教师具体实施，但因他们均属职务行为，故被告应承担上述行为所产生的法律后果。

国家实行学历证书制度，被告作为国家批准设立的高等学校，对取得普通高等学校学籍、接受正规教育、学习结束达到一定水平和要求的受教育者，应当为其颁发相应的学业证明，以承认该学生具有的相应学历。原告符合上述高等学校毕业生的条件，被告应当依《中华人民共和国教育法》第二十八条第一款第五项及《普通高等学校学生管理规定》第三十五条的规定，为原告颁发大学本科毕业证书。

国家实行学位制度，学位证书是评价个人学术水平的尺度。被告作为国家授权的高等学校学士学位授予机构，应依法定程序对达到一定学术水平或专业技术水平的人员授予相应的学位，颁发学位证书。依《中华人民共和国学位条例暂行实施办法》第四条、第五条、第十八条第三项规定的颁发学士学位证书的法定程序要求，被告首先应组织有关院系审核原告的毕业成绩和毕业鉴定等材料，确定原告是否已较好地掌握本门学科的基础理论、专业知识和基本技能，是否具备从事科学研究工作或担负专门技术工作的初步能力；再决定是否向学位评定委员会提名列入学士学位获得者的名单，学位评定委员会方可依名单审查通过后，由被告对原告授予学士学位。

## 案例3：某天然气公司因某燃气公司诉某城市管理局、某人民政府确认行政协议无效再审案

### 一、案例简介

#### （一）关键词

行政诉讼、行政协议、行政裁定、特许经营合同。

#### （二）裁判要点

行政协议系行政机关为实现行政管理或公共服务目标，与公民、法人或者其他组织协商订立的具有行政法上权利义务内容的协议。管道燃气特许经

营协议作为政府特许经营协议，属于典型的行政协议，该协议兼具"行政性"和"合同性"。人民法院在审理行政协议效力认定案件时，不但要根据行政诉讼法及相关司法解释规定的无效情形进行审查，还要遵从相关民事法律规范对于合同效力认定的规定。

### （三）相关法条

《中华人民共和国行政诉讼法》第七十四条、第八十九条。

### （四）基本案情

2012 年 8 月 21 日，某燃气公司（以下简称燃气公司）与某城市管理局签订《某燃气公司管道燃气特许经营协议》，合同约定的特许经营权行使范围为："某市规划区 [ 包括但不仅限于某区、某高新技术开发区、某工业园区（某产业聚集区）等以及下属的各乡镇 ] 及原某天然气公司已取得的其他经营区域，并随所在区域的扩大而扩大。但在《设立某燃气有限公司合资合同》签署时在某市规划区内已经由某城管局批复的某油田内部职工自供用户范围、某燃气公司的供气区域除外。"

2013 年 12 月 10 日，某城市管理局作为甲方与乙方天然气公司签订被诉协议。协议约定天然气公司的特许经营权范围为：

①现清丰县南县界以南、文化路以南、绿城路以北、龙乡路以西，该区域不包括油田内部单位、企业和职工住宅区。

②绿城路以南、盘锦路以东、黄河路以北、龙乡路以西。

③在规定区域内，由其他燃气公司供应的原用户保持不变。

④特殊情况由市燃气主管部门根据情况确定。

### （五）裁判结果

最高人民法院于 2021 年 10 月 18 日作出（2020）最高法行再 509 号行政判决，认定某城管局与天然气公司于 2013 年 12 月 10 日签订的被诉协议没有《中华人民共和国行政诉讼法》第七十五条以及协议签订时有效的《中华人民共和国合同法》第五十二条规定的无效情形。某燃气公司提起本案诉讼，请求确认上述协议无效，不应支持。二审判决确认被诉协议无效，适用法律错误，法院予以纠正。

本案经法院审判委员会民事行政审判专业委员会会议讨论决定，依照《中华人民共和国行政诉讼法》第八十九条第一款第二项、《最高人民法院关于适用〈中华人民共和国行政诉讼法〉的解释》第一百一十九条第一款之规定，判决如下：

第一，撤销河南省高级人民法院(2018)豫行终111号行政判决；

第二，撤销河南省某中级人民法院（2014）鹤行初字第38号行政判决；

第三，驳回某燃气公司的诉讼请求。

本案一、二审诉讼费各50元，由某燃气有限公司承担。

本判决为终审判决。

## 二、案例解读

### （一）本案涉及基本法律知识

#### 1.行政诉讼

行政诉讼是指公民、法人或者其他组织认为行政机关的行政行为侵犯其合法权益，向人民法院提起诉讼，人民法院依法予以受理、审理并作出裁判的活动。简言之，行政诉讼是人民法院适用司法程序解决行政争议的活动。

行政诉讼具有以下特征：

第一，行政诉讼的内容具有特殊性。行政诉讼解决的是行政争议。行政争议即所谓的"官民"之争。"官民"关系是一国之中最重要的社会关系，"官民"之争的公正、和平、及时、顺利解决对国家的稳定与发展具有深远的意义。作为解决"官民"之争的最终的和最有效的途径，行政诉讼对构建和谐社会、建设法治政府发挥着关键作用。

第二，行政诉讼的当事人具有恒定性。在行政法律关系中，行政机关认为公民、法人或者其他组织的行为违法，可以依法采取行政强制措施、实施行政处罚，无需提起行政诉讼。公民、法人或者其他组织认为行政机关的行政行为违法，则只能通过提起行政诉讼等方式保护自己的合法权益。因此，在行政诉讼中，原告只能是公民、法人或者其他组织，被告则只能是行政机关。

第三，行政诉讼的主导者是人民法院。在行政法律关系中，占主导地位的是行政机关；在行政诉讼法律关系中，原告与被告的法律地位是平等的，而人民法院则是居于原告与被告之上的主导者，决定着整个行政诉讼程序的开始、进行与终结。

2.行政协议

行政协议也称行政合同，是指行政机关或行政机关委托的单位为了实现行政管理或者公共服务目标，与公民、法人或者其他组织协商订立的具有行政法上权利义务内容的协议。

作为现代行政管理活动的新方式，行政协议是行政机关与行政相对人之间从权力服从关系转变到平等合作关系的重要体现，是满足公众社会治理参与权和公共资源分享权的重要路径，也是社会治理模式转变的必然结果，体现了现代社会服务行政、给付行政的发展理念。行政协议对于推动市场在资源配置中发挥决定性作用，推动生产要素公开、公平、公正竞争，推动社会资本潜力充分释放，推动实现行政管理和公共服务目标，具有十分重要的意义。特别是在新时代中国特色社会主义市场经济高质量发展的形势下，行政协议的广泛运用已经对经济社会发展产生越来越重要的影响。

3.行政裁定

行政裁定是指人民法院在审理行政案件的诉讼期间，人民法院针对行政程序问题作出的带有强制性的判定。行政裁定是与行政判决具有同样法律效力的裁判形式。

行政裁定主要是针对行政诉讼程序上的争议事项作出的，它能保障诉讼活动正常地按顺序结束。在诉讼不同阶段对不同的程序问题，都可以作出行政裁定。可以根据一起案件的实际情况和需要作出一个或者多个裁定，并且裁定不受书面格式的限制，也可以以口头形式作出。

**（二）本案涉及基本法律原理**

1.行政协议的效力

行政合同效力主要包括主体标准、目的标准与行政优益权标准三种。第一，主体标准。即主体之一是否为行政机关。第二，目的标准。即签订合同是为了公共利益还是签约主体的个体私利。行政合同的目的是实现行政机关的行政职责，完成行政任务，为公共利益；民商事合同签订的目的是合同主体的个体利益。第三，行政优益标准。即从合同主体是否享有行政优益权进行判断。

换句话说，在签订、履行、解除以及终止合同的时候，处于主导地位的是不是行政机关，在合同的履行中，行政职权是否发挥主导作用，行政主体是否享有合同发起、合同履行和指挥与监督、单方面合同变更和解除等相关权利。权利义务的约定是否对行政管理关系进行了体现，是否存在不对等性。

行政机关享有行政优益权，合同内容体现出不平等的行政管理关系，此为行政合同，否则就是民商事合同。

2.特许经营合同的相关法律规定

特许经营合同是指拥有注册商标、企业标志、专利、专有技术等经营资源的企业（以下称特许人），以合同形式将其拥有的经营资源许可其他经营者（以下称被特许人）使用，被特许人按照合同约定在统一的经营模式下开展经营，并向特许人支付特许经营费用的经营活动。国内的特许经营单店合同大致可以被分为四个组成部分，合同引言、合同中关键用语释义、合同的主体部分以及合同的附件部分。特许经营合同中一些应注意的法律规定：

第一，特许经营权转让问题。未经特许人同意，被特许人不得向他人转让特许经营权。被特许人不得向他人泄露或者允许他人使用其所掌握的特许人的商业秘密。第二，特许经营权的期限。一般不少于3年。第三，特许经营费用的收取。特许经营除了可以收取特许经营费，还可以收取保证金。第四，保密条款。特许人应与被特许人约定被特许人应保守特许人的商业秘密，以及被特许人泄密时应承担的责任。第五，特许人为被特许人提供货物供应的问题。特许人为被特许人提供货物供应。除专卖商品及为保证特许经营品质必须由特许人或者特许人指定的供应商提供的货物外，特许人不得强行要求被特许人接受其货物供应。但可以规定货物应当达到的质量标准，或提出若干供应商供被特许人选择。第六，特许人指定供应商的产品质量问题。对于由特许人指定的供应商提供的产品，特许人对该产品的质量承担保证责任。第七，特许人对被特许人的培训、指导问题。特许人应当为被特许人提供开展特许经营所必需的销售、业务或者技术上的指导、培训及其他服务。第八，终止特许经营资格的问题。特许人可以在合同中约定，对违反特许经营合同规定，侵犯特许人合法权益，破坏特许经营体系的被特许人，按照合同约定终止其特许经营资格。第九，合同终止后，原被特许人的义务。特许经营合同终止后，原被特许人未经特许人同意不得继续使用特许人的注册商标、商号或者其他标志，不得将特许人的注册商标申请注册为相似类别的商品或者服务商标，不得将与特许人注册商标相同或近似的文字申请登记为企业名称中的商号，不得将与特许人的注册商标、商号或门店装潢相同或近似的标志用于相同或类似的商品或服务中。

### （三）释法说理

经审法院认为，为了实现行政管理及提供社会公共服务的需要，某城管局和天然气公司签订了本案被诉协议。该协议属于典型的政府特许经营协议，即政府根据有关法律、法规的规定，在提供社会公用产品或公共服务领域，通过市场竞争机制，选择公用事业投资者或者经营者，授权其在一定期限和范围内进行经营管理并与其订立的协议。因政府特许经营协议具有行政法上权利义务内容，故其属于行政协议。根据《中华人民共和国行政诉讼法》第十二条第一款第十一项的规定，依法属于行政诉讼受案范围。《城镇燃气管理条例》第五条第二款规定："县级以上地方人民政府燃气管理部门负责本行政区域内的燃气管理工作。"因此，某城管局具有签订被诉协议的法定职权，其作为能够独立承担法律责任的行政主体，是本案的适格被告。某政府不是签订被诉协议的主体，一、二审法院关于其不是本案适格被告的认定，本院予以认可。

本案争议焦点为被诉协议是否存在无效情形，以及燃气公司关于被诉协议侵害其权益的主张是否成立。行政协议作为一种特殊的行政行为，兼具"行政性"和"合同性"。《最高人民法院关于审理行政协议案件若干问题的规定》第十二条第一、二款规定："行政协议存在行政诉讼法第七十五条规定的重大且明显违法情形的，人民法院应当确认行政协议无效。人民法院可以适用民事法律规范确认行政协议无效。"据此，人民法院在审理行政协议效力认定的案件时，首先要根据行政诉讼法规定的无效情形进行审查，此外，还要遵从相关民事法律规范对于合同效力认定的规定。

1. 本案被诉协议是否存在行政诉讼法规定的无效情形

《中华人民共和国行政诉讼法》第七十五条规定："行政行为有实施主体不具有行政主体资格或者没有依据等重大且明显违法情形，原告申请确认行政行为无效的，人民法院判决确认无效。"根据行政诉讼法的规定可知，无效行政行为是指该行为存在"重大且明显"的违法情形。"重大"一般是指行政行为的实施将给公民、法人或者其他组织的合法权益带来重大影响；而"明显"一般是指行政行为的违法性已经明显到任何有理智的人都能够作出判断的程度。行政行为只有同时存在"重大且明显"违法的情形，该行为才能被认定为无效。在《最高人民法院关于适用〈中华人民共和国行政诉讼法〉的解释》中，对行政行为无效情形亦作了例举式规定。该解释第九十九条规定"有下列情形之一的，属于行政诉讼法第七十五条规定的'重大且明显违法'：（1）行政行为实施主体不具有行政主体资格。（2）减损权利或者增加义务的行政行为没有法律规范依据。（3）行政行为的内容客观上不可能实施。（4）其他重大且明显违法的情形。"

本案中，被诉协议约定了天然气公司在特许经营管道燃气的区域、年限等内容。《城镇燃气管理条例》第五条第二款规定："县级以上地方人民政府燃气管理部门负责本行政区域内的燃气管理工作。"《市政公用事业特许经营管理办法》第四条第三款规定："直辖市、市、县人民政府市政公用事业主管部门依据人民政府的授权，负责本行政区域内的市政公用事业特许经营的具体实施。"据此，某城管局具有负责濮阳市包括城市供气在内的市政公用事业特许经营管理工作的职权。根据《建设部关于印发〈关于加快市政公用行业市场化进程的意见〉的通知》中关于"城市市政公用行业主管部门代表城市政府与被授予特许经营权的企业签订特许经营合同"的规定，某城管局作为城市市政公用行业主管部门，与天然气公司签订被诉协议，具有法律依据，因此，该协议不存在"签订主体没有行政主体资格或者超越法定权限"的情形。此外，该协议中也不存在《最高人民法院关于适用〈中华人民共和国行政诉讼法〉的解释》第九十九条规定的"减损权利或者增加义务的行政行为没有法律规范依据""行政行为的内容客观上不可能实施"或者其他重大且明显违法的情形。因此，本院认为，被诉协议不存在《中华人民共和国行政诉讼法》第七十五条规定的无效情形。

2.被诉协议是否存在民事法律规范规定的无效情形

本案被诉协议签订时有效的《中华人民共和国合同法》第五十二条规定"有下列情形之一的，合同无效：（1）一方以欺诈、胁迫的手段订立合同，损害国家利益。（2）恶意串通，损害国家、集体或者第三人利益。（3）以合法形式掩盖非法目的。（4）损害社会公共利益。（5）违反法律、行政法规的强制性规定。"本案中，燃气公司未提出被诉协议违反前述法律规定的主张，且被诉协议作为在某城管局和天然气公司之间签订的政府特许经营协议，亦不存在《中华人民共和国合同法》第五十二条规定的无效情形。

3.燃气公司关于被诉协议侵害其权益的主张是否成立

第一，根据本案再审查明的事实，天然气公司与某区政府于 2010 年 8 月 18 日已签订《某产业集聚区燃气项目投资建设合同》，该合同约定某区政府授权天然气公司在某产业集聚区独家投资建设城市燃气管网。尽管该合同中关于特许经营权年限、区域等约定在 2015 年 12 月经人民法院生效判决撤销，但天然气公司基于该合同已于 2010 年开始在某市投资建设燃气管网，相应的项目用地、建设项目、工程规划经过某市、某区政府相关职能部门审批，其经营的天然气管网低压输气管线建设项目经过备案，某省住房和城乡建设厅亦向天然气公司颁发了燃气经营许可证。上述事实可以证明，天然气公司早在本案被诉协议签订前，已实际在某产业集聚区投资修建管道并经营管道燃气。

第二，根据本案再审查明的事实，在燃气公司与某城管局签订《某燃气公司管道燃气特许经营协议》之前，某市法制办就该协议作出濮政法审〔2012〕81 号《法制审核意见书》，指出天然气公司、某县某天然气公司、某市某燃气公司均对该协议所涉特许经营区域提出异议，建议某市城管局进一步协调，对各方特许经营区域予以明确，达成一致意见。该事实可以证明，对于燃气公司管道燃气的特许经营范围是存有争议的。根据《某省城镇燃气管理办法》第十二条规定，"特许经营协议应当明确特许经营内容、区域、范围、有效期限及服务标准等"。《某省住房和城乡建设厅关于进一步规范全省城镇管道燃气特许经营管理的通知》中亦有"签订特许经营协议时要充分考虑到城市发展的动态变化，对特许经营的区域要明确界定，标明四至并附《特许经营区域范围图示》"的规定。根据原中华人民共和国建设部建城

〔2004〕162 号《关于印发城市供水、管道燃气、城市生活垃圾处理特许经营协议示范文本的通知》中《管道燃气特许经营协议示范文本》（GF-2004-2502）的指引，管道燃气特许经营协议中"特许经营权经营范围"应当标明地理四至。因此，签订管道燃气特许经营协议时，应将特许经营的范围标明地理四至，即东西南北各至何路、何界，该特许经营的范围应当是相对固定的。燃气公司于 2012 年 8 月 21 日与某市城管局签订《某燃气有限公司管道燃气特许经营协议》，将特许经营范围约定为"某市规划区"，该约定并没有明确的地理四至，且"某市规划区"亦非一级行政区划。据此，华润公司虽与濮阳市城管局签订特许经营协议的时间早于本案被诉协议签订时间，但因《某燃气有限公司管道燃气特许经营协议》约定的特许经营区域四至不明，故不能证明被诉协议与其经营区域部分重叠，亦不能证明燃气公司的合法权益受到侵害，故法院认为燃气公司关于被诉协议侵害其权益的主张不能成立。

此外，法院还认为，对行政协议效力的审查，一方面要严格按照法律及司法解释的相关规定，另一方面，基于行政协议的订立是为了进行行政管理和提供公共服务的目的，从维护国家利益和社会公共利益的角度出发，对行政协议无效的认定要采取谨慎的态度，如果可以通过瑕疵补正的，应当尽可能减少无效行政协议的认定，以推动协议各方主体继续履行义务。本案中，某城管局通过与华润公司签订补充协议明确四至，以及燃气公司按照实际经营区域办理燃气特许经营许可证，都可以说明市场秩序已经稳定。

## 案例 4：罗某昌诉某地方海事处政府信息公开案

### 一、案例简介

#### （一）关键词

行政、政府信息公开、信息不存在、检索义务。

## （二）裁判要点

在政府信息公开案件中，被告以政府信息不存在为由答复原告的，人民法院应审查被告是否已经尽到充分合理的查找、检索义务。原告提交了该政府信息系由被告制作或者保存的相关线索等初步证据后，若被告不能提供相反证据，并举证证明已尽到充分合理的查找、检索义务的，人民法院不予支持被告有关政府信息不存在的主张。

## （三）相关法条

《中华人民共和国政府信息公开条例》第二条、第十三条。

## （四）基本案情

原告罗某昌是兴运2号船的船主，在某江流域从事航运、采砂等业务。2014年11月17日，罗某昌因诉某水电开发公司财产损害赔偿纠纷案需要，通过邮政特快专递向被告某地方海事处（以下简称"地方海事处"）邮寄书面政府信息公开申请书，具体申请的内容为：（1）公开某港航管理处（以下简称"港航处"）、地方海事处的设立、主要职责、内设机构和人员编制的文件。（2）公开下列事故的海事调查报告等所有事故材料：兴运2号在2008年5月18日、2008年9月30日的2起安全事故及鑫源306号、鑫源308号、高谷6号、荣华号等船舶在2008年至2010年发生的安全事故。

地方海事处于2014年11月19日签收后，未在法定期限内对罗某昌进行答复，罗某昌向某人民法院（以下简称"法院"）提起行政诉讼。2015年1月23日，地方海事处作出（2015）彭海处告字第006号《政府信息告知书》，载明：一是对申请公开的港航处、地方海事处的内设机构名称等信息告知罗某昌获取的方式和途径；二是对申请公开的海事调查报告等所有事故材料经查该政府信息不存在。法院于2015年3月31日对该案作出（2015）彭法行初字第00008号行政判决，确认地方海事处在收到罗某昌的政府信息公开申请后未在法定期限内进行答复的行为违法。

2015年4月22日，罗某昌以地方海事处作出的（2015）彭海处告字第006号《政府信息告知书》不符合法律规定，且与事实不符为由，提起行政诉讼，请求撤销地方海事处作出的（2015）彭海处告字第006号《政府信息告知书》，并由地方海事处向罗某昌公开海事调查报告等涉及兴运 2 号船的所有事故材料。

另查明，罗某昌提交了涉及兴运 2 号船于 2008 年 5 月 18 日发生整船搁浅事故以及于 2008 年 9 月 30 日在某发生沉没事故的《某水电站断航碍航问题调查评估报告》《某地方海事处关于近两年因某电站不定时蓄水造成船舶搁浅事故的情况报告》《某发展和改革委员会关于委托开展某水电站断航碍航问题调查评估的函（渝发改能函〔2009〕562 号）》等材料。在案件二审审理期间，地方海事处主动撤销了其作出的（2015）彭海处告字第 006 号《政府信息告知书》，但罗某昌仍坚持诉讼。

## （五）裁判结果

某人民法院于 2015 年 6 月 5 日作出（2015）彭法行初字第 00039 号行政判决，驳回罗某昌的诉讼请求。罗某昌不服一审判决，提起上诉。重庆市某中级人民法院于 2015 年 9 月 18 日作出（2015）渝四中法行终字第 00050 号行政判决，撤销（2015）彭法行初字第 00039 号行政判决；确认某地方海事处于 2015 年 1 月 23 日作出的（2015）彭海处告字第 006 号《政府信息告知书》行政行为违法。

## 二、案例解读

### （一）本案涉及基本法律知识

1.政府信息公开

在法律上，政府信息公开是指国家行政机关和法律、法规以及规章授权和委托的组织，在行使国家行政管理职权的过程中，通过法定形式和程序，主动将政府信息向社会公众或依申请而向特定的个人或组织公开的制度。对此，可以从广义与狭义两个方面来理解。

从广义上讲，政府信息公开所包含的内容主要有两个方面，一是政务公开。二是信息公开。从狭义上讲，政府信息公开则是指政务公开。政务公开的意思是行政机关对自身的行政事务进行公开，强调的是行政机关要公开其执法依据、执法程序和执法结果，属于办事制度层面的公开。广义上的政府信息公开的内涵和外延要比政务公开广阔得多，它除了要求政府事务公开，还要求政府将其掌握的其他信息也公开。

### 2.政府信息不存在

国务院法制办编写的《中华人民共和国政府信息公开条例》中明确："申请公开的政府信息不存在的，也就是这一政府信息自始至终不曾产生，根本上谈不上是否应当公开的，对此，行政机关应当告知申请人该政府信息本身不存在。"由于国务院法制办是《中华人民共和国政府信息公开条例》的起草单位，可将该释义理解为立法原意。

但是，随着《中华人民共和国政府信息公开条例》的实施和政府信息公开制度的运行，行政执法和司法实践中对"政府信息不存在"的认定早已超出上述范畴。

新《中华人民共和国政府信息公开条例》第二条规定的政府信息，是指行政机关在履行行政管理职能过程中制作或者获取的，以一定形式记录、保存的信息。据此，政府信息未制作、未获取、未保存，则当然不会存在。

笔者检索到，在（2017）最高法行申9250号王某华、上海市某人民政府再审审查与审判监督行政裁定书中，最高人民法院认为：在现行立法未对"政府信息不存在"的内涵和外延作出明确界定的情况下，除明确答复政府信息不存在外，行政机关答复"未制作""未获取""未保存""未找到"相应的政府信息，均可视为属于"政府信息不存在"范畴。

### 3.合理检索义务

在实务中，行政机关告知政府信息不存在应当尽到合理检索义务。如何尽到合理检索义务，笔者认为应当做好以下几点：一是善用补正制度。在行政机关对申请人所要获取的政府信息无法判读，或者申请人描述有歧义的情况下，行政机关应当主动与申请人沟通释明，引导申请人作出更改、补充。二是履行必要的多渠道检索义务。由于行政机关和申请政府信息公开的申请人之间掌握的信息并不对称，所以对于申请人对政府信息的描述的要求不能过于苛刻，不能简单以申请人对政府信息的描述进行检索，应当履行必要的多渠道查找、检索义务。在合理检索范围内，对包括题名、档案主题词、内容等方面的书面文件和电子文件进行合理、全面的检索，以充分保障申请人的知情权。三是强化证据意识。检索是一个行为过程，必须通过某种证据形式予以保存。检索时，要尽可能以文字、图片、视频等形式保存记录，在条件允许的情况下，可以邀请申请人参加检索，做好检索记录并请申请人签字确认。

## （二）本案涉及基本法律原理

### 1.原告提交初步材料

（1）原告的身份证明材料以及有效联系方式。

（2）被诉行政行为或者不作为存在的材料。

（3）原告与被诉行政行为具有利害关系的材料。

（4）人民法院认为需要提交的其他材料。

（5）由法定代理人或者委托代理人代为起诉的，还应当在起诉状中写明或者在口头起诉时向人民法院说明法定代理人或者委托代理人的基本情况，并提交法定代理人或者委托代理人的身份证明和代理权限证明等材料。

### 2.申请政府信息公开的主体条件

申请政府信息公开的主体必须同时符合两个条件：行政机关或者法律、法规授权的具有管理公共事务职能的组织；信息的制作者或者保存者。

### 3.信息存在与否的判断与分析

政府信息不存在是《中华人民共和国政府信息公开条例》第三十六条规定的不予公开的法定情形之一，因此可以说，政府信息存在是行政机关公开政府信息的前提。人民法院判断政府信息是否存在，不能基于"推定"，而应当基于政府信息是否"客观存在"。审查判断的方法一般是要看行政机关是否确实尽到了积极的检索、查找义务。

## （三）释法说理

法院生效裁判认为：《中华人民共和国政府信息公开条例》第十三条规定，除本条例第九条、第十条、第十一条、第十二条规定的行政机关主动公开的政府信息外，公民、法人或者其他组织还可以根据自身生产、生活、科研等特殊需要，向国务院部门、地方各级人民政府及县级以上地方人民政府部门申请获取相关政府信息。某地方海事处作为行政机关，负有对罗某昌提出的政府信息公开申请作出答复和提供政府信息的法定职责。根据《中华人民共和国政府信息公开条例》第二条"本条例所称政府信息，是指行政机关在履行职责过程中制作或者获取的，以一定形式记录、保存的信息"的规定，罗某昌申请公开某港航处、某地方海事处的设立、主要职责、内设机构和人员编制的文件，属于某地方海事处在履行职责过程中制作或者获取的，以一定形式记录、保存的信息，当属政府信息。某地方海事处已为罗某昌提供了彭水编发〔2008〕11号《某机构编制委员会关于对县港航管理机构编制进行调整的通知》的复制件，明确载明了某港航处、某地方海事处的机构性质、人员编制、主要职责、内设机构等事项，罗某昌已知晓，予以确认。

罗某昌申请公开涉及兴运2号船等船舶发生事故的海事调查报告等所有事故材料的信息，根据《中华人民共和国内河交通事故调查处理规定》的相关规定，船舶在内河发生事故的调查处理属于海事管理机构的职责，其在事故调查处理过程中制作或者获取的，以一定形式记录、保存的信息属于政府信息。某地方海事处作为某海事管理机构，负有对某行政区域内发生的内河交通事故进行立案调查处理的职责，其在事故调查处理过程中制作或者获取的，以一定形式记录、保存的信息属于政府信息。罗某昌提交了兴运2号船于2008年5月18日在某地发生整船搁浅事故以及于2008年9月30日在某地发生沉没事故的相关线索，而某地方海事处作出的（2015）彭海处告字第006号《政府信息告知书》第二项告知罗某昌申请公开的该项政府信息不存在，仅有某地方海事处的自述，没有提供印证证据证明其尽到了查询、翻阅和搜索的义务。故某地方海事处作出的（2015）彭海处告字第006号《政府信息告知书》违法，应当予以撤销。在案件二审审理期间，某地方海事处主动撤销了其作出的（2015）彭海处告字第006号《政府信息告知书》，罗某昌仍坚持诉讼。根据《中华人民共和国行政诉讼法》第七十四条第二款第二项之规定，判决确认某地方海事处作出的政府信息告知行为违法。

# 案例5：沙某保等诉某人民政府房屋强制拆除行政赔偿案

## 一、案例简介

### （一）关键词

赔偿数额、举证责任分配、赔偿案件、全面审查、强制拆除、行为违法、赔偿法。

### （二）裁判要点

在房屋强制拆除引发的行政赔偿案件中，原告提供了初步证据，但因行政机关的原因导致原告无法对房屋内物品损失举证，行政机关亦因未依法进行财产登记、公证等措施无法对房屋内物品损失举证的，人民法院对原告未超出市场价值的符合生活常理的房屋内物品的赔偿请求，应当予以支持。

### （三）相关法条

《中华人民共和国行政诉讼法》第三十八条第二款。

### （四）基本案情

2011年12月5日，安徽省人民政府作出皖政地〔2011〕769号《关于马鞍山市2011年第35批次城市建设用地的批复》，批准征收某街道范围内农民集体建设用地10.04公顷，用于城市建设。2011年12月23日，某市人民政府作出2011年37号《某市人民政府征收土地方案公告》，将安徽省人民政府的批复内容予以公告，并载明征地方案由某区人民政府实施。苏某华名下的某房屋在本次征收范围内。苏某华于2011年9月13日去世，其生前将该房屋处置给四原告所有。原告古某英系苏月华的女儿，原告沙某保、沙某虎、沙某莉系苏某华的外孙。在实施征迁过程中，征地单位分别制作了《某市国家建设用地征迁费用补偿表》《某市征迁住房货币化安置（产权调换）备案表》，对苏某华户房屋及地上附着物予以登记补偿，原告古某英的丈夫领取了安置补偿款。2012年年初，被告组织相关部门将苏某华户房屋及地上附着物拆除。原告沙某保等四人认为某区人民政府非法将上述房屋拆除，侵犯了其合法财产权，故提起诉讼，请求人民法院判令某区人民政府赔偿房屋损失、装潢损失、房租损失共计282.7680万元；房屋内物品损失共计10万元，主要包括衣物、家具、家电、手机等5万元；实木雕花床5万元。

某市中级人民法院判决驳回原告沙某保等四人的赔偿请求。沙某保等四人不服，上诉称：一是2012年年初，某区人民政府对案涉农民集体土地进行征收，未征求公众意见，上诉人亦不知以何种标准予以补偿；二是2012年8月1日，某区人民政府对上诉人的房屋进行拆除的行为违法，事前未达成协议，未告知何时拆迁，屋内财产未搬离、未清点，所造成的财产损失应由某区人民政府承担举证责任；三是2012年8月27日，上诉人沙某保、沙某虎、沙某莉的父亲沙某金受胁迫在补偿表上签字，但其父沙某金对房屋并不享有权益且该补偿表系房屋被拆后所签。综上，请求二审法院撤销一审判决，支持其赔偿请求。

某区人民政府未作书面答辩。

### （五）裁判结果

某市中级人民法院于2015年7月20日作出（2015）马行赔初字第00004号行政赔偿判决：驳回沙某保等四人的赔偿请求。宣判后，沙某保等四人提出上诉，安徽省高级人民法院于2015年11月24日作出（2015）皖行赔终字第00011号行政赔偿判决：撤销某市中级人民法院（2015）马行赔初字第00004号行政赔偿判决；判令某区人民政府赔偿上诉人沙某保等四人房屋内物品损失8万元。

## 二、案例解读

### （一）本案涉及基本法律知识

#### 1.举证责任

举证责任指的就是其与诉讼后果有着必然的举证责任。如果当事人主张的事实为对方所争执，那么当事人就需要担负一定的风险，也就是说在提出了全部的证据以后，如果当事人的主张没有得到证明，那么其就要承担败诉的风险。主要特点有三个：首先，它是由法律提前预设好的，在诉讼之前就已经存在了，不受当事人主张责任所牵引的不能在当事人之间转移的证明责任，是对案件在真伪不明时的风险分配。其次，它是一种隐形的存在的举证责任。只有当案件的事实在行为意义上的举证责任完成之后，仍无法判断案件真伪时，结果意义上的举证责任作用才能发挥。但是，若当行为意义上的举证责任完成之后，案件事实已经清楚明了，那么结果意义上的举证责任将不会显现。因此，其为"隐形"。最后，它是附条件的证明责任，结果意义上的举证责任出现后果，显现作用的条件是在双方都拿出了证据以后，依然不能对案件的真假对错进行判定，法官无法做出明确判断时。为促使案件可以顺利进行，根据相关法律的规定承担举证责任的一方要对案件的不利后果承担责任。换句话说就是，举证责任的重要价值在于结果意义上的举证责任。

#### 2.行政赔偿中举证责任转移理论依据

行政侵权责任是一种特殊的侵权责任，为了避免滥诉，要让原告承担举证责任是合理且可行的。

笔者认为，在行政赔偿诉讼中，原告只需举出损害事实的存在以及一般人都会合理地怀疑损害事实与被告的行为存在因果关系，除此之外的举证责任就应当转移给被告承担。这是因为：从举证的难易看，被告的举证能力远大于原告。在行政赔偿案件中，引起侵权纠纷的是行政机关的行为，行政机关完全有能力对此承担举证责任。要求原告承担全部的举证责任不利于保护相对人的合法权益；让被告承担一定的举证责任符合国家赔偿法的立法宗旨。再以民法通则为依据，对特殊的民事侵权责任实行举证责任转移可以看出：我国的立法上向弱小的受害者倾斜，使其拥有更多的胜诉机会。之所以会将行政赔偿案件举证责任从原告转移到被告，也是为促进国家赔偿法立法宗旨的实现。

### （二）本案涉及基本法律原理

1.举证责任分配

《行政诉讼法》第三十八条第二款规定，在行政赔偿、补偿的案件中，原告应当对行政行为造成的损害提供证据。因被告的原因导致原告无法举证的，由被告承担举证责任。该条款主要涉及行政赔偿、补偿案件中，对原被告举证责任如何分配问题。该指导案例在适用该条款时有以下几个问题需要说明：

第一，关于原告的举证责任。行政赔偿诉讼审查的是行政行为是否造成损害后果，其主要解决的是行政机关是否对行政相对人承担财产责任的问题。通常来说，行政赔偿在诉讼性质上属于给付诉讼，其举证责任分配与民事损害赔偿之诉并没有太大的区别。法律上的赔偿以存在损害情况作为前提条件，受到了损害才能进行赔偿，没有受到损害，则不需要赔偿，所以对于行政赔偿诉讼来说，赔偿请求人要拿出具体行政行为造成其损害的事实的相关证据。在实践中，赔偿请求人提供证据证明的内容一般包括：赔偿义务机关实施的行政行为违法，该违法行为对行政相对人的合法权益造成了实际损害，该损害与赔偿义务机关的行为有因果关系，赔偿义务机关应予赔偿的损失数额等。

第二，关于被告的举证责任。如果是由于被告而导致原告无法举证，被告方要承担举证责任。在行政赔偿诉讼中，原告应当对存在损失的事实及具体的损失金额承担举证责任，但如果由于行政机关未依法进行财产登记、以公证等方式留存证据导致原告对灭失的财产无法举证，且原告能够提供初步证据证明有财产损失的情况下，举证责任即转移至被告，被告应当对其强制拆除行为造成的相应损失承担举证责任，并承担举证不能的后果。这种特殊的举证责任不仅充分保障原告的合法权益，除此之外，也要警醒行政机关必须依法行政，要严格根据法定程序实施拆除工作。

2.赔偿范围认定

针对沙某保等人提出的关于涉案土地、房屋的价值及装饰、装潢损失问题，根据《土地管理法》第四十七条的规定，征收土地的，按照被征收土地的原用途给予补偿，其中包括对地上附着物的补偿。沙某保等人主张的房屋及装饰、装潢损失，属于土地征收补偿的范畴，依法应由征地实施单位进行补偿安置。因涉案房屋相关权利人已与征地实施单位达成补偿安置协议并履行完毕，因此该部分损失，人民法院未予支持。需要说明的是，如原告在起诉时提出行政赔偿请求，人民法院经审理认为属于行政补偿问题，应当向原告释明，要求其变更诉讼请求。原告坚持不变更，如果补偿与赔偿的标的并无实质区别且尚未协商解决的，为实质性化解行政争议，人民法院也可以根据原告提出的行政赔偿事实，就补偿问题作出实体判决。

3.赔偿数额认定

如果法律没有明确规定，在具体的实践中，要靠法官综合全案的证据酌情确定。酌定是法官的自由裁量权，但也不能毫无道理和依据地行使酌定裁量的权利。酌定的前提，应该是对证据的充分分析与认定。从本案的审理情况看，沙某保等人主张房屋内物品损失5万元，包括衣物、家具、家电、手机等，均系日常生活必需品，符合一般家庭实际情况，且某区人民政府亦未提供证据证明上述物品不存在，故对上述5万元房屋内物品损失，人民法院予以确认。沙某保主张实木雕花床价值为5万元，已经超出市场正常价格范围，其又不能确定该床的材质、形成时间、与普通实木雕花床有何区别等，但出于最大限度保护被侵权人的合法权益考虑，根据当前市场上普通实木雕花床的价格，综合酌定该实木雕花床具有3万元的价值。这样不但对当事人的合法权益进行了保护，还能避免当事人狮子大开口，在符合社会经验和生活逻辑的前提下对其赔偿请求进行了符合公平、合乎常理的认定。

（三）释法说理

法院生效裁判认为：根据《中华人民共和国土地管理法实施条例》第四十五条的规定，土地行政主管部门责令限期交出土地，被征收人拒不交出的，申请人民法院强制执行。某区人民政府提供的证据不能证明原告自愿交出了被征土地上的房屋，其在土地行政主管部门未作出责令交出土地决定亦未申请人民法院强制执行的情况下，对沙某保等四人的房屋组织实施拆除，行为违法。关于被拆房屋内物品损失问题，根据《中华人民共和国行政诉讼法》第三十八条第二款之规定，在行政赔偿、补偿的案件中，原告应当对行政行为造成的损害提供证据。因被告的原因导致原告无法举证的，由被告承担举证责任。某区人民政府组织拆除上诉人的房屋时，未依法对屋内物品登记保全，未制作物品清单并交上诉人签字确认，致使上诉人无法对物品受损情况举证，故该损失是否存在、具体损失情况等，依法应由某区人民政府承担举证责任。上诉人主张的屋内物品5万元，包括衣物、家具、家电、手机等，均系日常生活必需品，符合一般家庭实际情况，且被上诉人亦未提供证据证明这些物品不存在，故对上诉人主张的屋内物品种类、数量及价值应予认定。上诉人主张实木雕花床价值为5万元，已超出市场正常价格范围，其又不能确定该床的材质、形成时间、与普通实木雕花床有何不同等，法院不予支持。但出于最大限度保护被侵权人的合法权益考虑，结合目前普通实木雕花床的市场价格，按"就高不就低"的原则，综合酌定该实木雕花床价值为3万元。综上，法院作出如上判决。

# 案例6：某物业公司诉某人力资源和社会保障局劳动和社会保障行政确认案

## 一、案例简介

### （一）关键词

行政、行政确认、视同工伤、见义勇为。

### （二）裁判要点

职工见义勇为，为制止违法犯罪行为而受到伤害的，属于《工伤保险条例》第十五条第一款第二项规定的为维护公共利益受到伤害的情形，应当视同工伤。

### （三）相关法条

《工伤保险条例》第十五条第一款第二项。

### （四）基本案情

罗某均系某物业公司（以下简称物业公司）保安。2011年12月24日，罗某均在物业公司服务的某小区上班（24小时值班）。8时30分左右，在某大厦附近有人对一过往行人实施抢劫，罗某均听到呼喊声后立即拦住抢劫者的去路，要求其交出抢劫的物品，在与抢劫者搏斗的过程中，不慎从22步台阶上摔倒在巷道拐角的平台上受伤。罗某均于2012年6月12日向被告某区人力资源和社会保障局（以下简称某区人社局）提出工伤认定申请。人社局当日受理后，于2012年6月13日向罗某均发出《认定工伤中止通知书》，要求罗某均补充提交见义勇为的认定材料。2012年7月20日，罗某均补充了见义勇为相关材料。某区人社局核实后，根据《工伤保险条例》第十四条第七项之规定，于2012年8月9日作出涪人社伤险认决字〔2012〕676号《认定工伤决定书》，认定罗某均所受之伤属于因工受伤。物业公司不服，向法院提起行政诉讼。在诉讼过程中，某区人社局作出《撤销工伤认定决定书》，并于2013年6月25日根据《工伤保险条例》第十五条第一款第二项之规定，作出涪人社伤险认决字〔2013〕524号《认定工伤决定书》，认定罗某均受伤属于视同因工受伤。物业公司仍然不服，于2013年7月15日向重庆市人力资源和社会保障局申请行政复议，重庆市人力资源和社会保障局于2013年8月21日作出渝人社复决字〔2013〕129号《行政复议决定书》，予以维持。物业公司认为某区人社局的认定决定适用法律错误，罗某均所受伤依法不应认定为工伤。遂诉至法院，请求判决撤销《认定工伤决定书》，并责令被告重新作出认定。

另查明，某区社会管理综合治理委员会对罗仁均的行为进行了表彰，并做出了涪综治委发〔2012〕5号《关于表彰罗某均同志见义勇为行为的通报》。

### （五）裁判结果

重庆市某区人民法院于2013年9月23日作出（2013）涪法行初字第00077号行政判决，驳回某物业公司要求撤销被告作出的涪人社伤险认决字

〔2013〕524号《认定工伤决定书》的诉讼请求。一审宣判后，双方当事人均未上诉，裁判现已发生法律效力。

## 二、案例解读

### （一）本案涉及基本法律知识

1. 行政确认

行政确认是指行政主体依法对行政相对人既存的法律地位、法律关系或者有关法律事实进行甄别，给予确定、认定、证明（或证伪），并予以宣告其法律效力的具体行政行为。

行政确认是国家行政管理的重要手段。行政主体正确地实施行政确认行为，有利于国家行政管理活动的科学化、现代化，有利于保障行政相对人的合法权益，有利于预防和解决各种社会矛盾和纠纷，有利于维护国家经济秩序和社会秩序。

2. 视同工伤

视同工伤，即视为工伤对待。工伤其原意为为了保障因工作遭受事故伤害或者患职业病的职工获得医疗救治和经济补偿，促进工伤预防和职业康复，分散用人单位的工伤风险。但《工伤保险条例》规定对部分非因工作原因发生伤亡的情形，同样享受工伤待遇，即视同工伤的情形。

3. 见义勇为

目前，我国关于见义勇为的认定主要遵循的是有关部门和地方政府出台的法规政策。近年来，我国有关部门和许多地方根据社会实践的需要，在鼓励见义勇为行为、保护和表彰见义勇为人员方面陆续出台了一些法规政策，对见义勇为的界限进行了界定。所谓见义勇为，是指不负有法定职责、法定义务的人员，为保护国家利益、社会公共利益或者他人的人身、财产安全，制止正在发生的违法犯罪行为或者实施救人、抢险、救灾等行为。实施救助的行为人称为救助人，被救助的人称为受助人。

（二）本案涉及基本法律原理

1.见义勇为行为认定标准

首先，实施见义勇为行为的人属于自然人。不管是完全民事行为能力者、具有完全政治权利者抑或是被剥夺政治权利者，都是不重要的。其次，见义勇为者所实施的一定是危难救助行为。行为人不具备法律约定义务。这里的法律约定义务指的是法律规定的行为实施者和被救助者间的救助责任。假如行为实施者的行为产生了实际的救助效果，但和被救助者存在某种法律约定，则该行为就不算是见义勇为行为。最后，行为人行为实施者在主观上具有降低公共危害或者是维护公共利益的意愿才能构成见义勇为。

2.视同工伤的认定

《工伤保险条例》第十五条规定，职工有下列情形之一的，视同工伤：

第一，在工作时间和工作岗位，突发疾病死亡或者在 48 小时之内经抢救无效死亡的；第二，在抢险救灾等维护国家利益、公共利益活动中受到伤害的；第三，职工原在军队服役，因战、因公负伤致残，已取得革命伤残军人证，到用人单位后旧伤复发的。

（三）释法说理

法院生效裁判认为：被告某区人社局是县级劳动行政主管部门，根据《工伤保险条例》第五条第二款规定，具有受理本行政区域内的工伤认定申请，并根据事实和法律作出是否工伤认定的行政管理职权。被告根据第三人罗某均提供的重庆市某区社会管理综合治理委员会《关于表彰罗某均同志见义勇为行为的通报》，认定罗某均在见义勇为中受伤，事实清楚，证据充分。罗某均不顾个人安危与违法犯罪行为作斗争，既保护了他人的个人财产和生命安全，也维护了社会治安秩序，弘扬了社会正气。法律对于见义勇为，应当予以大力提倡和鼓励。

《工伤保险条例》第十五条第一款第二项规定："职工在抢险救灾等维护国家利益、公共利益活动中受到伤害的，视同工伤。"据此，虽然职工不是在工作地点、因工作原因受到伤害，但其是在维护国家利益、公共利益活动中受到伤害的，也应当按照工伤处理。公民见义勇为，跟违法犯罪行为作斗争，与抢险救灾一样，同样属于维护社会公共利益的行为，应当予以大力提倡和鼓励。因见义勇为、制止违法犯罪行为而受到伤害的，应当适用《工伤保险条例》第十五条第一款第二项的规定，即视同工伤。

此外，《重庆市鼓励公民见义勇为条例》属于重庆市地方性法规，其第十九条和第二十一条进一步明确规定，因见义勇为受伤视同工伤，和工伤享受同等待遇。该条例上述规定符合《工伤保险条例》的立法精神，有助于最大限度地保障劳动者的合法权益，最大限度地弘扬社会正气，对于本案件应予以适用。

综上，被告某区人社局认定罗某均受伤视同因工受伤，适用法律正确。

# 案例7：贝某丰诉某交通警察大队道路交通管理行政处罚案

## 一、案例简介

### （一）关键词

行政、行政处罚、机动车让行、正在通过人行横道。

### （二）裁判要点

礼让行人是文明安全驾驶的基本要求。机动车驾驶人驾驶车辆行经人行横道，遇行人正在人行横道通行或者停留时，应当主动停车让行，除非行人明确示意机动车先通过。公安机关交通管理部门对不礼让行人的机动车驾驶人依法作出行政处罚的，人民法院应予支持。

### （三）相关法条

《中华人民共和国道路交通安全法》第四十七条第一款。

### （四）基本案情

原告贝某丰诉称：其驾驶某车牌号的汽车（以下简称"案涉车辆"）靠近人行横道时，行人已经停在了人行横道上，故不属于"正在通过人行横道"。而且，案涉车辆经过的西山路系城市主干道路，案发路段车流很大，路口也没有红绿灯，如果只要人行横道上有人，机动车就停车让行，会在很大程度上影响通行效率。所以，其可以在确保通行安全的情况下不停车让行而直接通过人行横道，故不应该被处罚。某交通警察大队（以下简称"交警大队"）作出的编号为3304811102542425的公安交通管理简易程序处罚决定违法。贝某丰请求：撤销某交警大队作出的行政处罚决定。

被告某交警大队辩称：行人在原告驾驶的车辆进入人行道之前就已经进入了人行横道中，而且正在通过，对于这种情况，案涉车辆应该主动为行人让行；假如行人停立在人行横道上，驾驶人可以向其示意，让其快速通过，如果行人不动，则驾驶人才可以驾驶机动车通过；要不然就构成违法行为。因此，对于贝某丰做出的行政处罚决定事实清楚，证据确实充分，适用法律正确，程序合法，因此请求法院驳回原告的诉讼请求。

法院经审理查明：2015年1月31日，贝某丰驾驶案涉车辆沿西山路行驶，遇行人正在通过人行横道，未停车让行。某交警大队执法交警当场将案涉车辆截停，核实了贝某丰的驾驶员身份，适用简易程序向贝某丰口头告知了违法行为的基本事实、拟作出的行政处罚、依据及其享有的权利等，并在听取贝某丰的陈述和申辩后，当场制作并送达了公安交通管理简易程序处罚决定书，给予贝某丰罚款100元，记3分。贝某丰不服，于2015年2月13日向某市人民政府申请行政复议。3月27日，某市人民政府作出行政复议决定书，维持了某交警大队作出的处罚决定。贝某丰收到行政复议决定书后于2015年4月14日起诉至海宁市人民法院。

### （五）裁判结果

浙江省某市人民法院于2015年6月11日作出（2015）嘉海行初字第6号行政判决：驳回贝某丰的诉讼请求。宣判后，贝某丰不服，提起上诉。浙江省某市中级人民法院于2015年9月10日作出（2015）浙嘉行终字第52号行政判决：驳回上诉，维持原判。

## 二、案例解读

### （一）本案涉及基本法律知识

1.机动车让行与管理

交通行为通常被认为是具有特殊属性的交通个体，在某一交通环境下，对客观环境、交通参与者心理活动变化反应的一种活动。作为交通参与者之一，机动车驾驶员在行经无信号灯控制的人行横道与行人产生冲突时，主要产生以下两种让行行为：

（1）减速让行。减速让行是指驾驶员为避免与行人产生冲突、保证行人过街安全，在人行横道前一定距离处进行减速的让行行为。

（2）停车让行。停车让行是指当车辆即将行至人行横道时，驾驶员因前方行人有过街趋势或正在过街而进行制动停车的让行行为。

机动车让行行为主要受车辆类型、车辆速度、让行手势、等待过街人数、等待过街位置，具体管理思路应注意以下几点：第一，车辆速度。当机动车以较低速度行至人行横道时，让行可能性更大。对此，应考虑从过街设施规划层面，完善重点路段减速提醒标志或减速设备的设置，促使车辆在人行横道前提前减速。第二，让行手势。行人在等待过街时使用让行手势会提高驾驶员的让行率。因此可从安全教育角度出发，向行人普及安全过街知识。第三，等待过街位置。行人过街处于路间时，驾驶员的让行选择多数情况下属于被迫让行，而行人处于路侧时，驾驶员却很少主动让行。这说明驾驶员主动让行的意识有待提高。所以，要对执法监管及安全教育等管理措施进行加强，从而使机动车让行率得到提高。

2.人行通道区域

人行通道区域是人们行走的地方的意思。不允许车辆或其他交通工具行驶。

### （二）本案涉及基本法律原理

1.机动车不礼让行人的主要表现

机动车不礼让行人的表现一般有以下两种：一是在有信号灯控制的路

口，右转弯的车辆往往不避让通过路口的行人；二是在没有信号灯控制的路口、路段，遇行人通过斑马线时，很多机动车不主动减速、不停车让行。

行车遇到斑马线的时候要提前减速。如果斑马线是有交通信号灯控制的，那么无论是行人、机动车还是非机动车，都必须按照信号灯指示通行。如果"机动车不礼让斑马线"，按照规定将予以罚款 100 元、记 3 分的处罚；如果行人不按规定通行，发生违法也将受到相应的处罚。

2. 如何判断行人正在通过人行横道

实践中如何认定行人"正在通过人行横道"？根据经验法则，一般而言，如果行人正走在人行横道上，无疑应当认定为正在通过。但是，如果行人停在了人行横道上，是否还能认定为正在通过？

如果行人以通过为目的进入人行横道，即使在人行横道上有短暂停留，也应该认定是"正在通过人行横道"，不能简单以行人走或停等短暂的特定动作进行判断。这就意味着，"正在通过人行横道"不仅意味着正在走，行人在人行横道上也可以作短暂停留，以观察交通状况，确保交通安全。试想，如果只要行人在人行横道上不走了，就不被认为是"正在通过人行横道"，机动车就可以不礼让的话，机动车就会肆无忌惮地利用自身的强势地位，迫使弱势的行人停下来。当看到机动车靠近人行横道时没有减速或停车的趋势，行人为了保护自身的生命财产安全，就会本能地主动停下来，待机动车通过后再通过。在此情形下，行人实际上是在机动车的强迫下停下来。

本案中，尽管行人在进入人行横道并走到道路中央位置后停在了人行横道上，但行人停下来，是因为看到贝某丰驾驶车辆没有停车让行的趋势，行人出于自我保护，才被迫停了下来，行人后来快速通过道路的行为就足以说明。所以，应当认定行人"正在通过人行横道"，贝某丰驾驶的案涉车辆应当停车让行。贝某丰驾车未停车让行，违反了道路交通安全法第四十七条的规定。

（三）释法说理

法院生效裁判认为：第一，人行横道是行车道上专供行人横过的通道，是法律为行人横过道路时提供的保护线，对于没有设置信号灯的路口，行人拥有优先通过人行横道的权利。机动车作为一种快速交通运输工具，在道路上行驶具有高度的危险性，相比于行人来说，机动车的地位是强势的，因此必须对机动车在道路上的行驶权利进行一定的限制，从而对行人起到一定的保护作用。第二，认定行人是否"正在通过人行横道"应当以特定时间段内行人一系列连续行为为标准，而不能以某个时间点行人的某个特定动作为标准，特别是在该特定动作不是行人在自由状态下自由地做出，而是由于外部的强力原因迫使其不得不做出的情况下。案发时，行人以较快的步频走上人行横道线，并以较快的速度接近案发路口的中央位置，当看到贝某丰驾驶案涉车辆朝自己行走的方向驶来，行人放慢了脚步，以确认案涉车辆是否停下来，但并没有停止脚步，当看到案涉车辆没有明显减速且没有停下来的趋势时，才为了自身安全不得不停下脚步。如果此时案涉车辆有明显减速并停止行驶，则行人肯定会连续不停止地通过路口。可见，在案发时间段内行人的一系列连续行为充分说明行人"正在通过人行横道"。第三，机动车和行人穿过没有设置红绿灯的道路路口属于一个互动的过程，任何一方都无法事先准确判断对方是否会停止让行，因此，处于强势地位的机动车，在遇到行人通过人行道时理应主动停车让行，而不是利用自己的强势地位迫使行人让行，除非行人明确示意机动车先通过，这既是法律的明确规定，也是保障作为弱势一方的行人安全通过马路、减少交通事故、保障生命安全的现代文明社会的内在要求。综上，贝某丰驾驶机动车行经人行横道时遇人正在通过而未停车让行，违反了《中华人民共和国道路交通安全法》第四十七条的规定。某交警大队根据贝某丰的违法事实，依据法律规定的程序在法定的处罚范围内给予相应的行政处罚，事实清楚，程序合法，处罚适当。

# 案例 8：黄某富、何某琼、何某诉某工商行政管理局行政处罚案

## 一、案例简介

### （一）关键词

行政诉讼、行政处罚、没收较大数额财产、听证程序。

### （二）裁判要点

行政机关做出没收较大数额涉案财产的行政处罚决定时，未告知当事人有要求举行听证的权利或者未依法举行听证的，人民法院应当依法认定该行政处罚违反法定程序。

### （三）相关法条

《中华人民共和国行政处罚法》第四十二条。《中华人民共和国行政处罚法》（2021修订）第六十三条。

### （四）基本案情

原告黄某富、何某琼、何某诉称：被告某工商行政管理局（简称工商局）行政处罚行为违法，请求人民法院依法撤销成工商金堂处字（2005）第02026号《行政处罚决定书》，返还电脑主机33台。

被告工商局辩称：原告违法经营行为应当受到行政处罚，对其进行行政处罚的事实清楚、证据确实充分、程序合法、处罚适当；所扣留的电脑主机是32台而非33台。

法院经审理查明：2003年12月20日，四川省某县图书馆与原告何某琼之夫黄某富联办多媒体电子阅览室。经双方协商，由黄某富出资金和场地，

每年向某县图书馆交管理费2400元。2004年4月2日，黄某富以其子何某的名义开通了ADSL84992722（期限到2005年6月30日），在一门面房挂牌开业。4月中旬，某县文体广电局市场科以整顿网吧为由要求其停办。经某县图书馆与黄某富协商，某县图书馆于5月中旬退还黄某富2400元管理费，摘除了"某县图书馆多媒体电子阅览室"的牌子。2005年6月2日，某工商局会同某县文体广电局、某县公安局对原告某门面房进行检查时发现，某实验中学初一学生叶某、杨某、郑某和数名成年人在上网游戏。原告未能出示《网络文化经营许可证》和营业执照。某工商局按照《互联网上网服务营业场所管理条例》第二十七条"擅自设立互联网上网服务营业场所，或者擅自从事互联网上网服务经营活动的，由工商行政管理部门或者由工商行政管理部门会同公安机关依法予以取缔，查封其从事违法经营活动的场所，扣押从事违法经营活动的专用工具、设备"的规定，以成工商金堂扣字（2005）第02747号《扣留财物通知书》决定扣留原告的32台电脑主机。何某琼对该扣押行为及扣押电脑主机数量有异议遂诉至法院，认为实际扣押了其33台电脑主机，并请求撤销该《扣留财物通知书》。2005年10月8日某人民法院作出（2005）金堂行初字第13号《行政判决书》，维持了成工商金堂扣字（2005）第02747号《扣留财物通知书》，但同时确认工商局扣押了何某琼33台电脑主机。同年10月12日，某工商局以原告的行为违反了《互联网上网服务营业场所管理条例》第七条、第二十七条的规定作出了成工商金堂处字（2005）第02026号《行政处罚决定书》，决定"没收在何某琼商业楼扣留的从事违法经营活动的电脑主机32台"。

（五）裁判结果

四川省某人民法院于2006年5月25日作出（2006）金堂行初字第3号行政判决：

（1）撤销成工商金堂处字（2005）第02026号《行政处罚决定书》。

（2）某工商局在判决生效之日起30日内重新作出具体行政行为。

（3）某工商局在本判决生效之日起15日内履行超期扣留原告黄某富、何某琼、何某的电脑主机33台所应履行的法定职责。宣判后，某工商局向四川省某中级人民法院提起上诉。某中级人民法院于2006年9月28日以同样的事实作出（2006）成行终字第 228 号行政判决，撤销一审行政判决第三项，对其他判项予以维持。

## 二、案例解读

### （一）本案涉及基本法律知识

1.行政处罚

行政处罚是指行政机关依法对违反行政管理秩序的公民、法人或者其他组织，以减损权益或者增加义务的方式予以惩戒的行为。

（1）行政处罚的主体是具有行政处罚权的行政机关和法律法规授权的组织。并不是所有的行政主体都有行政处罚权，行政主体是否享有行政处罚权、享有何种行政处罚权以及在多大范围内享有行政处罚权，都必须基于行政法律规范的规定而定。具有行政处罚权的特定行政主体必须严格依照法定权限和法定程序实施行政处罚，否则行政处罚无效。

（2）行政处罚的对象是违反行政法律规范、应当给予行政处罚的相对人。行政处罚是行政主体对社会进行管理、维护社会秩序的重要手段，是行政主体作出的外部行政行为，因此，被处罚的对象只能是违反行政法律规范的行政管理相对人，即具有违法行为的公民、法人或其他组织。

2.行政听证程序

行政听证程序是指行政机关为了查明案件事实、公正合理地实施行政处罚，在作出行政处罚决定前通过公开举行由有关利害关系人参加的听证会广泛听取意见的程序。听证程序是较为正规的听取行政相对人意见的程序，目的在于弄清事实、发现真相，给予当事人就重要的事实表达意见的机会。其本质是公民运用法定权利抵抗行政机关可能的不当行政行为，缩小公民与行政机关之间地位不平等所造成的巨大反差。一般而言，行政听证程序适用的前提是行政机关有可能作出对相对人权利义务关系影响比较大的决定。也就是说，如果行政机关的一个决定可能对相对人的权利义务产生重大影响，那么，行政机关应当举行听证，由非本案调查人员主持，听取行政机关和相对人的陈述、申辩和质证，然后根据双方质证、核实的材料再作出行政决定。

### （二）本案涉及基本法律原理

1. 当事人的听证权利和义务

（1）当事人的主要权利。当事人的主要权利有以下几点：①有陈述和辩论的权利。②有委托诉讼代理人、收集提供证据、进行质证的权利。③有放弃、变更或者补充听证请求和理由的权利。

（2）当事人的主要义务。当事人的主要义务有以下几点：①依法行使权利，不滥用权力，不损害他人的合法权益。②如实陈述和回答询问，不作虚假陈述和提供伪证。③听从主持人指挥，遵守听证秩序、听证须知、听证纪律和保密要求，不泄露、侵害听证涉及的国家秘密、商业秘密、个人隐私，不实施妨害听证的行为。

2. 行政处罚的程序

作出行政处罚的决定可依法适用简易程序、一般程序、听证程序。

简易程序一般指当场处罚程序，当行政处罚主体对于事实清楚、情节简单、后果轻微的违反行政管理秩序的行为，当场给予处罚的程序。简易程序有助于提高行政管理的效率，其范围必须严格控制，简易程序不是指没有程序。它依然也应遵循程序规则。

一般程序也指普通程序，主要适用于处罚较重、情节复杂的案件以及当事人对执法人员给予当场处罚的事实认定有分歧而无法做出行政处罚决定的案件。

听证程序是指行政处罚主体在作出行政处罚决定之前，在非本案调查人员的主持下，举行听证会，听证程序是一般程序中的一个中间环节。

3. 行政处罚违反法定程序的认定

（1）法定方式。根据《行政处罚法》的规定，行政处罚应当采用书面形式，不得采用口头形式；符合听证程序要求的，应当告知当事人有权要求听证。缺少书面决定或者告知程序的，违反法定程序。

（2）法定步骤。是指行政机关在作出具体行政行为的过程中应当按照法律、法规和规章的规定，逐步进行相关步骤。即在一般程序中作出行政处罚决定的程序。立案审查取证、案件处理意见书、行政处罚事先告知书、听取当事人陈述和申辩，作出处罚决定，最终将处罚决定书送达对方。缺少任何一个步骤，都是违法的。

（3）法定时限。行政主体对行政相对人的违法行为实施行政处罚，受到时效上的限制。超过一定的时限，行政主体便不能对行政相对人实施行政处罚。因此，法律、法规和规章对行政机关作出的具体行政行为有时间限制的规定，对执法主体实施具体行政行为必须在规定的时间内完成，否则违反法定程序。

### （三）释法说理

法院生效裁判认为：依据 1996 年《中华人民共和国行政处罚法》第四十二条规定："行政机关作出责令停产停业、吊销许可证或者执照、较大数额罚款等行政处罚决定之前，应当告知当事人有要求举行听证的权利。"虽然该条规定没有明确列举"没收财产"，但是该条中的"等"系不完全列举，应当包括与明文列举的"责令停产停业、吊销许可证或者执照、较大数额罚款"类似的其他对相对人权益产生较大影响的行政处罚。为了保证行政相对人充分行使陈述权和申辩权，保障行政处罚决定的合法性和合理性，对没收较大数额财产的行政处罚，也应当根据行政处罚法第四十二条的规定适用听证程序。关于没收较大数额的财产标准，应比照《四川省行政处罚听证程序暂行规定》第三条"本规定所称较大数额的罚款，是指对非经营活动中的违法行为处以 1000 元以上，对经营活动中的违法行为处以 20000 元以上罚款"中对罚款数额的规定。因此，某工商局没收黄某富等三人 32 台电脑主机的行政处罚决定，应属没收较大数额的财产，对黄某富等三人的利益产生重大影响的行为，某工商局在作出行政处罚前应当告知被处罚人有要求听证的权利。本案中，某工商局在作出处罚决定前只按照行政处罚一般程序告知黄某富等三人有陈述、申辩的权利，而没有告知听证权利，违反了法定程序，依法应予撤销。依据 2021 年修订的《中华人民共和国行政处罚法》，行政机关拟作出没收较大价值非法财物行政处罚决定，应当告知当事人有要求听证的权利，当事人要求听证的，行政机关应当组织听证。

# 第四章　商法与经济法案例与实务

## 案例1：某货轮公司申请设立海事赔偿责任限制基金案

### 一、案例简介

#### （一）关键词

海事诉讼、海事赔偿责任限制基金、海事赔偿责任限额计算。

#### （二）裁判要点

对于申请设立海事赔偿责任限制基金的，法院仅就申请人主体资格、事故所涉及的债权性质和申请设立基金的数额进行程序性审查。有关申请人实体上应否享有海事赔偿责任限制，以及事故所涉债权除限制性债权外是否同时存在其他非限制性债权等问题，不影响法院依法作出准予设立海事赔偿责任限制基金的裁定。

《中华人民共和国海商法》第二百一十条第二款规定的"从事中华人民共和国港口之间的运输的船舶"，应理解为发生海事事故航次正在从事中华人民共和国港口之间运输的船舶。

#### （三）相关法条

《中华人民共和国海事诉讼特别程序法》第一百零六条第二款。《中华人民共和国海商法》第二百一十条第二款。

## （四）基本案情

某货轮公司（以下简称货轮公司）所属的"宁安11"轮，于2008年5月23日从秦皇岛运载电煤前往上海某码头，5月26日在靠泊码头过程中触碰码头的2号卸船机，造成码头和机器受损。货轮公司遂于2009年3月9日向上海某法院申请设立海事赔偿责任限制基金。货轮公司申请设立非人身伤亡海事赔偿责任限制基金，数额为2242643计算单位（折合人民币25442784.84元）和自事故发生之日起至基金设立之日止的利息。

某发电公司、某第二发电公司作为第一异议人，某保险公司等7位异议人作为第二异议人，分别针对货轮公司的上述申请，向上海某法院提出了书面异议。上海某法院于2009年5月27日就此项申请和异议召开了听证会。

第一异议人称："宁安11"轮系因船长的错误操作行为导致了事故发生，应对本次事故负全部责任，故申请人无权享受海事赔偿责任限制。"宁安11"轮是一艘可以从事国际远洋运输的船舶，不属于从事中国港口之间货物运输的船舶，不适用交通部《关于不满300总吨船舶及沿海运输、沿海作业船舶海事赔偿限额的规定》（以下简称《船舶赔偿限额规定》）第四条规定的限额，而应适用《中华人民共和国海商法》（以下简称《海商法》）第二百一十条第一款第（二）项规定的限额。

第二异议人称：事故所涉及的债权性质虽然大部分属于限制性债权，但其中清理残骸费用应当属于非限制性债权，申请人无权就此项费用申请限制赔偿责任。其他异议意见和理由同第一异议人。

上海某法院经审理查明：申请人系"宁安11"轮登记的船舶所有人。涉案船舶触碰事故所造成的码头和机器损坏，属于与船舶营运直接相关的财产损失。另外，"宁安11"轮总吨位为26358吨，营业运输证载明的核定经营范围为"国内沿海及长江中下游各港间普通货物运输"。

## （五）裁判结果

上海某法院于2009年6月10日作出（2009）沪海法限字第1号民事裁定，驳回异议人的异议，准许申请人设立海事赔偿责任限制基金，基金数额为人民币25442784.84元和该款自2008年5月26日起至基金设立之日止的银行利息。宣判后，异议人某保险公司提出上诉。上海市高级人民法院于

2009 年 7 月 27 日作出（2009）沪高民四（海）限字第 1 号民事裁定，驳回上诉，维持原裁定。

## 二、案例解读

### （一）本案涉及基本法律知识

**1. 海事诉讼**

所谓的海事诉讼其实是海事法院以及发生海事纠纷案件的当事人根据民事诉讼的相关程序，解决海事争议的活动。海事诉讼主要有四类：第一，合同纠纷。常见的合同有海上货物运输合同、海上保险合同、港口装卸合同、船舶代理合同、海上旅客和行李运输合同、海上拖航合同、理货合同、船舶租赁合同、船舶修理合同、打捞合同等，当合同双方产生纠纷就会形成海事诉讼。第二，侵权行为。比如，因船舶碰撞产生的损害赔偿、船舶碰撞导致港口设备或海上设备受损产生的损害赔偿、船舶在海上作业过程中行为不当或者船舶自行排放有害物质导致水域被污染产生的损害赔偿、海上作业或海上运输造成重大责任事故产生的赔偿、海上设备或海上作业对船舶航行造成严重影响产生的经济损失赔偿、海上作业或海上运输过程中船舶人员出现伤亡事故产生的损害赔偿等形成的海事诉讼。第三，物权类。比如，船舶抵押权、船舶买卖合同以及船舶建造合同等产生纠纷形成的海事诉讼。第四，其他。比如，海上救助报酬纠纷、船舶优先权纠纷、对主管行政机关开出的行政处罚不服等形成的海事诉讼。通常情况下，海事诉讼的程序是申请人起诉、海事法院受理、制定海事保全措施、海事法院审理并执行。

**2. 海事赔偿责任限制**

承运人责任限制制度与海事赔偿责任限制制度虽然名称很相似，但是两种完全不同的责任限制制度。承运人责任限制制度也叫作单位责任限制制度，主要存在于旅客运输合同法和海上货物运输合同法当中，其主体是承运人，主要指的是承运人对每位旅客或每件行李或某件货物的最高赔偿额。而海事赔偿责任限制制度指的是责任限制主体对某次事故引起的全部赔偿请求的最高赔偿限额。这两种制度无论是限制主体、限制数额还是责任限制丧失的条件以及适用情况等方面都有很大区别。当然，在特殊情况下，两种责任限制制度可能都会起作用。

3.海事赔偿责任限制基金

海商法第二百一十三条规定，责任人要求限制赔偿责任的，可以在有管辖权的法院设立责任限制基金。海事诉讼特别程序法（以下简称海诉法）第一百零一条第一款规定，船舶所有人、承租人、经营人、救助人、保险人在发生海事事故后，依法申请责任限制的，可以向海事法院申请设立海事赔偿责任限制基金。海商法第二百一十四条规定，责任人设立责任限制基金后，向责任人提出请求的任何人，不得对责任人的任何财产行使任何权利；已设立责任限制基金的责任人的船舶或者其他财产已经被扣押，或者基金设立人已经提交抵押物的，法院应当及时下令释放或者责令退还。

### （二）本案涉及基本法律原理

1.设立海事赔偿责任限制基金申请的审查范围

（1）申请设立责任限制基金的主体。依据海诉法第一百零一条和海商法第二百零四条、第二百零六条的规定，发生海事事故后，船舶所有人、船舶承租人、船舶经营人、救助人、对海事赔偿请求承担责任的保险人，可以申请设立责任限制基金。责任限制解释第十二条还规定，海商法第二百零四条规定的船舶经营人是指登记的船舶经营人，或者接受船舶所有人委托实际使用和控制船舶并应当承担船舶责任的人，但不包括无船承运业务经营者。在本案例中，申请人系事故船舶的所有人，可以申请设立责任限制基金。

（2）海事事故所涉及的债权性质。海商法理论上一般将责任人可以提出责任限制抗辩的海事请求称为限制性债权，责任人对此类债权可以主张限制自己的赔偿责任，也可以就此申请设立责任限制基金；将责任人不可以提出责任限制抗辩的海事请求称为非限制性债权，责任人对此类债权不能主张限制自己的赔偿责任，也不能就此申请设立责任限制基金。实践中，因某一海事事故所产生的海事请求往往是错综复杂的，可能既存在限制性债权，又存在非限制性债权。此种情况下，法院应当如何对海诉法解释第八十三条规定的"海事事故所涉及的债权性质"进行审查？法院依据该条规定审查的应当是海事事故所涉及的整体的债权性质，即责任人申请设立基金所针对的海事请求是否属于海商法第二百零七条规定的限制性债权，而非审查某海事请求人特定债权的性质。只要海事事故引发的海事请求中存在限制性债权，哪怕只有一个，法院就应当准予责任人就该事故申请设立责任限制基金。某一海事请求人以其特定债权属于非限制性债权、责任人无权对此限制赔偿责任为由，对设立基金申请提出的异议，不影响法院准予设立责任限制基金。

2.从事中华人民共和国港口之间的运输的船舶的确定标准

（1）船舶适航证书。船舶适合于海上航行以及核定航行区域的必备船舶证书只是经过技术检验后对船舶的航行能力及可航区域所做出的描述。《国内航行海船入级规则》将船舶航区划分为：①远海，超出Ⅱ类航区以外的海域。②近海，距岸不超过200海里。③沿海，距岸不超过20海里。④遮蔽，沿海航区内，海岸与岛屿或岛屿与岛屿围成的海域且之间距离不超过10海里。从这些划分来看，区别特征在于距离海岸的远近程度以及由此带来的航行风险。

（2）船舶营业运输证。船舶营业运输证是国家交通运输主管部门对船舶可以从事的营运范围颁发的行政许可证书，类似企业的营业执照。船舶营运资质则类似营业执照上记载的企业经营范围。它与船舶航行能力的关系是：具备相应的航行能力是获得营业许可的必要条件，但不是充分条件。营运资质的获得仍要符合诸如资金、管理、组织机构等其他条件。有可能某条船舶本身具备远洋航行的能力，但只获得了从事国内沿海运输的许可和经营资质，不能经营国际运输；也有可能某条船舶具备远洋航行的能力，但只有经营国际航线的许可和资质，不能经营国内沿海运输业务。

（3）船舶特定航次的航行路线。就船舶的某一特定航次而言，与其航行能力未必完全吻合。其不一定按照航行能力和可航区域的上限运行，有能力进行远洋运输的可能实际在沿海航行。特殊情况下，船舶甚至也有可能从事与其营运范围不相符合的运输业务。

**（三）释法说理**

法院生效裁判认为：根据《最高人民法院关于适用〈中华人民共和国海事诉讼特别程序法〉若干问题的解释》第八十三条的规定，申请设立海事赔偿责任限制基金，应当对申请人的主体资格、事故所涉及的债权性质和申请设立基金的数额进行审查。

货轮公司是"宁安 11"轮的船舶登记所有人，属于《海商法》第二百零四条和《中华人民共和国海事诉讼特别程序法》第一百零一条第一款规定的可以申请设立海事赔偿责任限制基金的主体。异议人提出的申请人所属船舶应当对事故负全责，其无权享受责任限制的意见，因涉及对申请人是否享有赔偿责任限制实体权利的判定，而该问题应在案件的实体审理中解决，故对第一异议人的该异议不作处理。

鉴于涉案船舶触碰事故所造成的码头和机器损坏，属于与船舶营运直接相关的财产损失，依据《海商法》第二百零七条的规定，责任人可以限制赔偿责任。因此，第二异议人提出的清理残骸费用属于非限制性债权，申请人无权享有该项赔偿责任限制的意见，不影响法院准予申请人就所涉限制性债权事项提出的设立海事赔偿责任限制基金申请。

关于"宁安 11"轮是否属于《海商法》第二百一十条第二款规定的"从事中华人民共和国港口之间的运输的船舶"，进而应按照何种标准计算赔偿限额的问题。鉴于"宁安 11"轮营业运输证载明的核定经营范围为"国内沿海及长江中下游各港间普通货物运输"，涉案事故发生时其所从事的也正是从秦皇岛港至上海港航次的运营。因此，该船舶应认定为"从事中华人民共和国港口之间的运输的船舶"，而不宜以船舶适航证书上记载的船舶可航区域或者船舶有能力航行的区域来确定。为此，异议人提出的"宁安 11"轮所准予航行的区域为近海，是一艘可以从事国际远洋运输船舶的意见不予采纳。申请人据此申请适用《海商法》第二百一十条第二款和《船舶赔偿限额规定》第四条规定的标准计算涉案限制基金的数额并无不当。异议人有关适用《海商法》第二百一十条第一款第（二）项规定计算涉案基金数额的主张及理由，依据不足，不予采纳。

鉴于事故发生之日国际货币基金组织未公布特别提款权与人民币之间的换算比率，申请人根据次日公布的比率 1∶11.345 计算，异议人并无异议，涉案船舶的总吨位为 26358 吨，因此，涉案海事赔偿责任限额为 [（26358−500）×167 + 167000]×50% = 2242643 特别提款权，折合人民币 25442784.84 元，基金数额应为人民币 25442784.84 元和该款自事故发生之日起至基金设立之日止按中国人民银行同期活期存款利率计算的利息。

## 案例 2：张某诉某汽车服务公司买卖合同纠纷案

### 一、案例简介

#### （一）关键词

民事、买卖合同、欺诈、家用汽车。

#### （二）裁判要点

（1）为家庭生活消费需要购买汽车，发生欺诈纠纷的，可以按照《中华人民共和国消费者权益保护法》处理。

（2）汽车销售者承诺向消费者出售没有使用或维修过的新车，消费者购买后发现系使用或维修过的汽车，销售者不能证明已履行告知义务且得到消费者认可的，构成销售欺诈，消费者要求销售者按照消费者权益保护法赔偿损失的，人民法院应予支持。

#### （三）相关法条

《中华人民共和国消费者权益保护法》第二条、第五十五条第一款（该款系 2013 年 10 月 25 日修改，修改前为第四十九条）。

#### （四）基本案情

2007 年 2 月 28 日，原告张某从被告某汽车服务公司（简称汽车服务公司）购买上海通用雪佛兰景程轿车一辆，价格 138000 元，双方签有《汽车销售合同》。该合同第七条约定："……卖方保证买方所购车辆为新车，在交付之前已作了必要的检验和清洁，车辆路程表的千米数为 18 千米且符合卖方提供给买方的随车交付文件中所列的各项规格和指标……"。合同签订当日，张某向汽车服务公司交付了购车款 138000 元，同时支付了车辆购置税

12400 元、一条龙服务费 500 元、保险费 6060 元。同日，汽车服务公司将雪佛兰景程轿车一辆交付张某，张某为该车办理了机动车登记手续。2007 年 5 月 13 日，张某在将车辆送汽车服务公司保养时，发现该车曾于 2007 年 1 月 17 日进行过维修。

审理中，汽车服务公司表示张某所购车辆确曾在运输途中造成划伤，于 2007 年 1 月 17 日进行过维修，维修项目包括右前叶子板喷漆、右前门喷漆、右后叶子板喷漆、右前门钣金、右后叶子板钣金、右前叶子板钣金，维修中更换底大边卡扣、油箱门及前叶子板灯总成。送修人系该公司业务员。汽车服务公司称，对于车辆曾进行维修之事已在销售时明确告知张某，并据此予以较大幅度优惠，该车销售定价应为 151900 元，经协商后该车实际销售价格为 138000 元，还赠送了部分装饰。为证明上述事实，汽车服务公司提供了车辆维修记录及有张某签字的日期为 2007 年 2 月 28 日的车辆交接验收单一份，在车辆交接验收单备注一栏中注有"加 1/4 油，此车右侧有钣喷修复，按约定价格销售"。汽车服务公司表示该验收单系该公司保存，张某手中并无此单。对于汽车服务公司提供的上述两份证据，张某表示对于车辆维修记录没有异议，车辆交接验收单中的签字确系其所签，但汽车服务公司在销售时并未告知车辆曾有维修，其在签字时备注一栏中没有"此车右侧有钣喷修复，按约定价格销售"字样。

## （五）裁判结果

北京市某人民法院于 2007 年 10 月作出（2007）朝民初字第 18230 号民事判决：（1）撤销张某与合力华通公司于 2007 年 2 月 28 日签订的《汽车销售合同》。（2）张某于判决生效后七日内将其所购的雪佛兰景程轿车退还汽车服务公司。（3）汽车服务公司于判决生效后七日内退还张某购车款 124200 元。（4）汽车服务公司于判决生效后七日内赔偿张某购置税 12400 元、服务费 500 元、保险费 6060 元。（5）汽车服务公司于判决生效后七日内加倍赔偿张某购车款 138000 元。（6）驳回张某其他诉讼请求。宣判后，合力华通公司提出上诉。北京市某中级人民法院于 2008 年 3 月 13 日作出（2008）二中民终字第 00453 号民事判决：驳回上诉，维持原判。

## 二、案例解读

### （一）本案涉及基本法律知识

1. 消费者权益保护

所谓的消费者权益保护指的是国家通过行政、立法以及司法活动来保障消费者在消费过程中的合法权益。消费者权益保护主要分为以下几类：

第一，立法保护。国家通过出台相关的保护消费者权益的法律法规，不断完善我国消费者权益保护体系，切实保障消费者的合法权益，如《消费者权益保护法》等。第二，行政保护。各级人民政府以及下属单位根据国家出台的《消费者权益保护法》以及其他的法律法规切实地履行自身的法定职能、行使自身的行政权力，以此来保护消费者的合法权益。第三，司法保护。我国的公安机关以及司法机关（法院和检察院）根据相关法律对经营者在向消费者售卖商品的过程中或者为消费者提供服务的过程中产生的侵害消费者合法权益的违法行为进行严格惩处，法院作为司法机关还需要依法审理各种侵害消费者权益的案件。第四，社会保护。行业组织、消费者组织、社会媒体等通过社会监督、舆论监督的方式保护消费者的合法权益。

### （二）本案涉及基本法律原理

1. 消费者购买汽车是否受《消费者权益保护法》的保护

有人说，《消费者权益保护法》中明确规定只有消费者的生活消费才会受到法律的保护，那消费者购买汽车的行为是否会受到该法律的保护呢？《消费者权益保护法》中的生活消费只是为了有别于生产消费而提出的概念，而且，消费者购买汽车是为了方便出行，属于生活需要，当然属于生活消费。这里需要注意，出租车公司购买出租车用于运营或生产企业购买汽车用于生产和经营都不属于生活消费。另外，《消费者权益保护法》的主要目的是保护消费者的合法权益，范围有限，不能无限扩张，换言之，消费者购买汽车的目的如果是为了生活，会受到该法律的保护，如果不是，就不受该法律的保护。因此，消费者为了满足生活需要而购买汽车，如果产生纠纷，可以根据《消费者权益保护法》来解决。

2.汽车销售欺诈行为的认定

商家在销售汽车过程中存在以下行为可以认定为欺诈：第一，商家销售的商品是变质的、失效的；第二，商家销售的商品侵害了他人的商标权；第三，商家销售的商品使用了伪造的产地；第四，商家销售的商品使用了伪造的企业名称或者直接是冒用了其他企业的名称；第五，商家销售的商品上贴有假冒的质量标志，如名优标志、认证标志等。

3.消费者购买汽车遭受欺诈的赔偿

消费者想要购买的是新车，销售者为了达成交易，隐瞒汽车的真实情况，将一辆维修过的汽车或二手汽车当作新车售卖给消费者，这就属于汽车消费欺诈。本案例中，消费者张某明确要求购买一辆新车，合同中也体现了售卖的车是新车，但张某在购买后却发现该车经过了维修，虽然销售者称其已经将维修告知消费者，但并无明证，且消费者否认，所以该销售行为属于欺诈。消费者在受到商家欺诈后，要求商家根据消费者权益保护法赔偿，是合法的，人民法院对此表示支持。原《消费者权益保护法》第四十九条规定，经营者提供商品或者服务有欺诈行为的，应当按照消费者的要求增加赔偿其受到的损失，增加赔偿的金额为消费者购买商品的价款或者接受服务的费用的一倍，换言之，销售者的售车行为属于欺诈，必须双倍赔偿。

（三）释法说理

法院生效裁判认为：原告张某购买汽车系因生活需要自用，被告汽车服务公司没有证据证明张某购买该车用于经营或其他非生活消费，故张某购买汽车的行为属于生活消费需要，应当适用《消费者权益保护法》。

根据双方签订的《汽车销售合同》约定，汽车服务公司交付张某的车辆应为无维修记录的新车，现所售车辆在交付前实际上经过维修，这是双方共同认可的事实，故本案争议的焦点为汽车服务公司是否事先履行了告知义务。

车辆销售价格的降低或优惠及赠送车饰是销售商常用的销售策略，也是双方当事人协商的结果，不能由此推断出汽车服务公司在告知张某汽车存在瑕疵的基础上对其进行了降价和优惠。汽车服务公司提交的有张某签名的车辆交接验收单，因系汽车服务公司单方保存，且备注一栏内容由该公司不同人员书写，加之张某对此不予认可，该验收单不足以证明张某对车辆以前维修过有所了解。故对汽车服务公司抗辩称其向张某履行了瑕疵告知义务，不予采信，应认定汽车服务公司在售车时隐瞒了车辆存在的瑕疵，有欺诈行为，应退车还款并增加赔偿张某的损失。

# 案例3：林某清诉某实业公司、戴某明公司解散纠纷案

## 一、案例简介

### （一）关键词

民事、公司解散、经营管理、严重困难、公司僵局。

### （二）裁判要点

《中华人民共和国公司法》第一百八十三条将"公司经营管理发生严重困难"作为股东提起解散公司之诉的条件之一。判断"公司经营管理是否发生严重困难"，应从公司组织机构的运行状态进行综合分析。公司虽处于盈利状态，但其股东会机制长期失灵，内部管理有严重障碍，已陷入僵局状态，可以认定为公司经营管理发生严重困难。对于符合公司法及相关司法解释规定的其他条件的，人民法院可以依法判决公司解散。

### （三）相关法条

《中华人民共和国公司法》第一百八十三条。

### （四）基本案情

原告林某清诉称：某实业公司（简称实业公司）经营管理发生严重困难，陷入公司僵局且无法通过其他方法解决，其权益遭受重大损害，请求解散实业公司。

被告实业公司及戴某明辩称：实业公司及其下属分公司运营状态良好，

不符合公司解散的条件，戴某明与林某清的矛盾有其他解决途径，不应通过司法程序强制解散公司。

法院经审理查明：实业公司成立于 2002 年 1 月，林某清与戴某明系该公司股东，各占 50% 的股份，戴某明任公司法定代表人及执行董事，林某清任公司总经理兼公司监事。实业公司章程明确规定：股东会的决议须经代表二分之一以上表决权的股东通过，但对公司增加或减少注册资本、合并、解散、变更公司形式、修改公司章程作出决议时，必须经代表三分之二以上表决权的股东通过。股东会会议由股东按照出资比例行使表决权。2006 年起，林某清与戴某明两人之间的矛盾逐渐显现。同年 5 月 9 日，林某清提议并通知召开股东会，由于戴某明认为林某清没有召集会议的权利，会议未能召开。同年 6 月 6 日、8 月 8 日、9 月 16 日、10 月 10 日、10 月 17 日，林某清委托律师向某某公司和戴某明发函称，因股东权益受到严重侵害，林某清作为享有公司股东会二分之一表决权的股东，已按公司章程规定的程序表决并通过了解散实业公司的决议，要求戴某明提供实业公司的财务账册等资料，并对实业公司进行清算。同年 6 月 17 日、9 月 7 日、10 月 13 日，戴某明回函称，林某清作出的股东会决议没有合法依据，戴某明不同意解散公司，并要求林某清交出公司财务资料。同年 11 月 15 日、25 日，林某清再次向实业公司和戴某明发函，要求实业公司和戴某明提供公司财务账册等供其查阅、分配公司收入、解散公司。

某服装城管理委员会（简称服装城管委会）证明实业公司目前经营尚正常，且愿意组织林某清和戴某明进行调解。

另查明，实业公司章程载明监事行使下列权利：（1）检查公司财务。（2）对执行董事、经理执行公司职务时违反法律、法规或者公司章程的行为进行监督。（3）当董事和经理的行为损害公司的利益时，要求董事和经理予以纠正。（4）提议召开临时股东会。从 2006 年 6 月 1 日至今，实业公司未召开过股东会。服装城管委会调解委员会于 2009 年 12 月 15 日、16 日两次组织双方进行调解，但均未成功。

（五）裁判结果

江苏省某中级人民法院于 2009 年 12 月 8 日以（2006）苏中民二初字第

0277 号民事判决，驳回林某清的诉讼请求。宣判后，林某清提起上诉。江苏省高级人民法院于 2010 年 10 月 19 日以（2010）苏商终字第 0043 号民事判决，撤销一审判决，依法改判解散实业公司。

## 二、案例解读

### （一）本案涉及基本法律知识

#### 1.公司解散纠纷案裁判规则

《中华人民共和国公司法》第一百八十三条既是公司解散诉讼的立案受理条件，同时也是判决公司解散的实质性审查条件，公司能否解散取决于公司是否存在僵局且符合《中华人民共和国公司法》第一百八十三条规定的实质条件，而不取决于公司僵局产生的原因和责任。即使一方股东对公司僵局的产生具有过错，其仍然有权提起公司解散之诉，过错方起诉不应等同于恶意诉讼。

公司僵局并不必然导致公司解散，司法应审慎介入公司事务，凡有其他途径能够维持公司存续的，不应轻易解散公司。当公司陷入持续性僵局，穷尽其他途径仍无法化解，且公司不具备继续经营条件，继续存续将使股东利益受到重大损失的，法院可以依据《中华人民共和国公司法》第一百八十三条的规定判决解散公司。

#### 2.公司解散

所谓的公司解散指的是一个正在运营的公司因为某些事情的发生或公司章程的变化被动地或主动地停止存续的行为。公司解散是公司法人资格消灭进程的关键环节，也是消灭公司法人资格的先决条件。

公司解散的原因主要有以下几种：第一，公司章程规定的其他解散事由出现或者营业期已满；第二，公司的股东大会或股东会决定解散公司；第三，公司需要合并或成立分公司选择解散；第四，公司的营业执照被吊销，或者公司被责令撤销和关闭；第五，公司经营管理困难，如果继续经营会损害到股东的利益，持有公司全部股东表决权百分之十以上的股东可以向人民法院申请解散公司。

### （二）本案涉及基本法律原理

1.公司经营管理严重困难的判断标准

判断公司的经营管理是否困难可以根据公司内部的实际情况判断，出现以下情形意为这公司内部存在严重障碍：第一，公司的股东会机制出现问题，各股东之间都坚持自己的意见，且坚决不妥协，导致股东会无法形成有效决议，公司无法继续运营；第二，公司已经多年没有召开过股东会，即使召开了股东会也无法做出有效决定；第三，在公司中担任监事或执行董事的股东之间形成了不可调和的矛盾，严重影响他们行使自己的职权，发挥自己的作用，影响公司的正常管理。

一旦公司内部出现上述情形，无论公司是否出现亏损，都意味着公司的内部机制已经出现问题，不能做出正确的决定，可以认为公司经营管理出现困难，持有公司全部股东表决权百分之十以上的股东，可以请求人民法院解散公司。

2.继续存续会使股东利益受到重大损失的认定

本案例中，林某清是实业公司的两大股东之一，更是公司的总经理和监事，但其监事权却根本无法行使，可以认为实业公司内部运营机制已经出现问题，陷入公司僵局，继续运营不仅不能为林某清带来收益，还会损害其根本利益。

3.公司僵局状态通过其他途径无法解决的认定

从立法目的的角度考虑，《中华人民共和国公司法》第一百八十三条规定的通过其他途径不能解决，其目的是防止中小股东滥用司法解散制度，鼓励当事人通过其他非诉讼途径解决僵局，同时是为了使法院审慎适用强制解散公司的手段。但这并非要求对于公司僵局的处理必须以穷尽其他救济途径为前提。《最高人民法院关于适用〈中华人民共和国公司法〉若干问题的规定（二）》第五条明确规定，当事人不能协商一致使公司存续的，人民法院应当及时判决。在案例中，林某清在提出解散公司前已经通过多种方式想要与戴某明化解双方矛盾，而且某装城管理委员会也先后组织了两次调解，但没有起到任何效果，作为审理该案件的某中级人民法院以及江苏省高级人民法院同样为了避免强制解散公司组织双方进行调解，但收效并不高，所以，实业公司的僵局状态已经无法通过其他途径解决。

4.公司在何种情况下可以解散

当公司存在以下情况可以宣布申请解散：第一，公司在最近两年或更长的时间里都没有召开过股东大会或股东会导致公司经营管理出现困难。第二，根据公司章程，股东在股东大会或股东会进行表决时无法满足比例要求，连续两年及以上都没有得出有效决议，导致公司经营管理困难。第三，公司的主要管理者之间存在很深的矛盾，这种矛盾已经到达不可调和的地步，通过股东会或者股东大会也无法解决，导致公司经营管理困难。第四，公司经营管理难以为继，如果继续存续会严重损害公司股东的利益。

### （三）释法说理

法院生效裁判认为：首先，凯莱公司的经营管理已发生严重困难。根据公司法第一百八十三条和《最高人民法院关于适用〈中华人民共和国公司法〉若干问题的规定（二）》第一条的规定，判断公司的经营管理是否出现严重困难，应当从公司的股东会、董事会或执行董事及监事会或监事的运行现状进行综合分析。"公司经营管理发生严重困难"的侧重点在于公司管理方面存有严重内部障碍，如股东会机制失灵、无法就公司的经营管理进行决策等，不应片面理解为公司资金缺乏、严重亏损等经营性困难。本案中，实业公司仅有戴某明与林某清两名股东，两人各占50%的股份，实业公司章程规定"股东会的决议须经代表二分之一以上表决权的股东通过"，且各方当事人一致认可该"二分之一以上"不包括本数。因此，只要两名股东的意见存有分歧、互不配合，就无法形成有效表决，显然影响公司的运营。实业公司已持续4年未召开股东会，无法形成有效股东会决议，也就无法通过股东会决议的方式管理公司，股东会机制已经失灵。执行董事戴某明作为互有矛盾的两名股东之一，其管理公司的行为，已无法贯彻股东会的决议。林某清作为公司监事不能正常行使监事职权，无法发挥监督作用。由于实业公司的内部机制已无法正常运行、无法对公司的经营作出决策，即使尚未处于亏损状况，也不能改变该公司的经营管理已发生严重困难的事实。

其次，由于实业公司的内部运营机制早已失灵，林某清的股东权、监事权长期处于无法行使的状态，其投资实业公司的目的无法实现，利益受到重大损失，且实业公司的僵局通过其他途径长期无法解决。《最高人民法院关于适用〈中华人民共和国公司法〉若干问题的规定（二）》第五条明确规定了"当事人不能协商一致使公司存续的，人民法院应当及时判决"。本案中，林某清在提起公司解散诉讼之前，已通过其他途径试图化解与戴某明之间的矛盾，服装城管委会也曾组织双方当事人调解，但双方仍不能达成一致意见。两审法院也基于慎用司法手段强制解散公司的考虑，积极进行调解，但均未成功。

最后，林某清持有凯莱公司 50% 的股份，也符合《中华人民共和国公司法》中关于提起公司解散诉讼的股东须持有公司 10% 以上股份的条件。

综上所述，实业公司已符合《中华人民共和国公司法》及《最高人民法院关于适用〈中华人民共和国公司法〉若干问题的规定（二）》所规定的股东提起解散公司之诉的条件。二审法院从充分保护股东合法权益，合理规范公司治理结构，促进市场经济健康有序发展的角度出发，依法作出了上述判决。

## 案例 4：某机械公司诉某工贸公司等买卖合同纠纷案

### 一、案例简介

#### （一）关键词

民事、关联公司、人格混同、连带责任。

#### （二）裁判要点

关联公司的人员、业务、财务等方面交叉或混同，导致各自财产无法区分，丧失独立人格的，构成人格混同。

关联公司人格混同，严重损害债权人利益的，关联公司相互之间对外部债务承担连带责任。

（三）相关法条

《中华人民共和国民法通则》第四条（注：现已废止，现行法律为《中华人民共和国民法典》）。《中华人民共和国公司法》第三条第一款、第二十条第三款。

（四）基本案情

原告某机械公司（以下简称机械公司）诉称：某工贸公司（以下简称工贸公司）拖欠其货款未付，而某工程公司（以下简称工程公司）、某建设公司（以下简称建设公司）与工贸公司人格混同，三个公司实际控制人王某礼以及工贸公司股东等人的个人资产与公司资产混同，均应承担连带清偿责任。请求判令：工贸公司支付所欠货款10916405.71元及利息；工程公司、建设公司及王某礼等个人对上述债务承担连带清偿责任。

被告工贸公司、工程公司、建设公司辩称：三个公司虽有关联，但并不混同，工程公司、建设公司不应对工贸公司的债务承担清偿责任。

王某礼等人辩称：王某礼等人的个人财产与工贸公司的财产并不混同，不应为工贸公司的债务承担清偿责任。

法院经审理查明：工程公司成立于1999年，股东为某公路桥梁工程总公司二公司、王某礼、倪某、杨某刚等。2001年，股东变更为王某礼、李某、倪某。2008年，股东再次变更为王某礼、倪某。建设公司成立于2004年，股东为王某礼、李某、倪某。2007年，股东变更为王某礼、倪某。工贸公司成立于2005年，股东为吴某、张某蓉、凌某、过某利、汤某明、武某、郭某，何某庆2007年入股。2008年，股东变更为张某蓉（占90%股份）、吴某（占10%股份），其中张某蓉系王某礼之妻。在公司人员方面，三个公司经理均为王某礼，财务负责人均为凌某，出纳会计均为卢某，工商手续经办人均为张某；三个公司的管理人员存在交叉任职的情形，如过某利兼任工贸公司副总经理和工程公司销售部经理的职务，且免去过某利工贸公司副总经理职务的决定系由工程公司作出；吴某既是工贸公司的法定代表人，又是工程公司的综合部行政经理。在公司业务方面，三个公司在工商行政管理部门登记的经营范围均涉及工程机械且部分重合，其中工贸公司的经营范围被工程公司的经营范围完全覆盖；工程公司系机械公司在四川地区（攀枝花除外）的唯一经销商，但三个公司均从事相关业务，且相互之间存在共用统一格式的《销售部业务手册》《二级经销协议》、结算账户的情形；三个公司在对外宣传中区分不明，2008年12月4日重庆市公证处出具的《公证书》记载：通过因特网查询，工贸公司、建设公司在相关网站上共同招聘员工，所留电话号码、传真号码等联系方式相同；工贸公司、建设公司的招聘信息，包括大量关于工程公司的发展历程、主营业务、企业精神的宣传内容；部分工贸公司的招聘信息中，公司简介全部为对建设公司的介绍。在公司财务方面，三个公司共用结算账户，凌某、卢某、汤某明、过某利的银行卡中曾发生高达亿元的往来，资金的来源包括三个公司的款项，对外支付的依据仅为王某礼的签字；在工贸公司向其客户开具的收据中，有的加盖其财务专用章，有的则加盖建设公司财务专用章；在与机械公司均签订合同、均有业务往来的情况下，三个公司于2005年8月共同向机械公司出具《说明》，称因工程公司业务扩张而注册了另两个公司，要求所有债权债务、销售量均计算在工贸公司名下，并表示今后尽量以工贸公司名义进行业务往来；2006年12月，工贸公司、建设公司共同向机械公司出具《申请》，以统一核算为由要求将2006年度的业绩、财务均计算至工贸公司名下。

另查明，2009年5月26日，卢某在徐州市公安局经侦支队对其进行询问时陈述：工贸公司目前已经垮了，但未注销。又查明机械公司未得到清偿的货款实为10511710.71元。

### （五）裁判结果

江苏省某中级人民法院于2011年4月10日作出（2009）徐民二初字第0065号民事判决：（1）工贸公司于判决生效后10日内向机械公司支付货款10511710.71元及逾期付款利息。（2）工程公司、建设公司对工贸公司的上述债务承担连带清偿责任。（3）驳回机械公司对王某礼、吴某、张某蓉、凌某、过某利、汤某明、郭某、何某庆、卢某的诉讼请求。

宣判后，工程公司、建设公司提起上诉，认为一审判决认定三个公司人格混同，属认定事实不清；认定工程公司、建设公司对工贸公司的债务承担连带责任，缺乏法律依据。机械公司答辩请求维持一审判决。江苏省高级人民法院于2011年10月19日作出（2011）苏商终字第0107号民事判决：驳回上诉，维持原判。

## 二、案例解读

### （一）本案涉及基本法律知识

#### 1.公司人格混同

公司人格混同，公司和股东彻底分离是公司取得法人独立资格的前提，也是股东有限责任原则的基础。这种分离不仅表现在公司财产和股东财产的彻底分离，而且表现为股东远离公司的经营管理，股东的财产权和公司经营权彻底分离。但实践中公司与股东财产混同、业务混同从而造成人格混同的情形比较严重，公司虽在法律上具有独立的人格，但公司的人格只有象征意义，实际已被股东控制。财产混同主要表现为股东的营业场所或住所完全一致，公司账簿与股东账簿不分或合一，公司与股东的资本或其他财产混合等，易使公司财产被股东非法转移、私吞，影响公司对外承担责任的物质基础。

#### 2.连带责任

连带责任是因违反连带债务或者共同实施侵权行为而产生的责任，各个责任人之间具有连带关系。所谓连带，就是各责任人都有义务代负其他责任人应负担的责任份额，在权利人提出请求时，各个责任人不得以超过自己应承担的部分为由而拒绝。承担超过自己份额的责任人有权向其他责任人请求予以补偿，亦即在连带责任人内部还是有份额的。连带责任是一种加重责任，只有在法律直接规定或由当事人约定时方能适用。

#### 3.法律适用

法律适用有广义、狭义之分。广义的法律适用是指国家司法机关和国家授权的行政机关及其公职人员，依照其法定职权范围，通过法定程序将一般性的、普遍的法律规范运用到具体的社会生活情况的专门活动。狭义的法律适用则专指国家司法机关（包括具有部分司法权的准司法机关）及其公职人员在法定职权范围内，依照法定程序运用法律审理具体案件的活动，通称为司法。本书采用狭义说，主要指审判机关以及法官在审理具体案件中适用法律规定的活动。

完整的司法活动包括以下几个阶段：第一阶段，调查、分析并确认案件事实；第二阶段，查明、选择并援用法律规范；第三阶段，决定司法结论；

第四阶段，形成并制作司法文书；第五阶段，执行司法裁决（即裁定、判决或其他决定）。前三个阶段是法律适用的基本阶段。

### （二）本案涉及基本法律原理

1. 关联公司的认定

企业与另一公司、企业和其他经济组织（以下统称另一企业）有下列之一关系的，即为关联企业：一是相互间直接或间接持有其中一方的股份总和达到 25% 或以上的；二是直接或间接同为第三者所拥有或控制股份达到 25% 或以上的；三是企业与另一企业之间借贷资金占企业自有资金 50% 或以上，或企业借贷资金总额的 10% 是由另一企业担保的；四是企业的董事或经理等高级管理人员一半以上或有一名以上（含一名）常务董事是由另一企业所委派的；五是企业的生产经营活动必须由另一企业提供的特许权利（包括工业产权、专有技术等）才能正常进行的；六是企业生产经营购进的原材料、零配件等（包括价格及交易条件等）是由另一企业所控制或供应的；七是企业生产的产品或商品的销售（包括价格及交易条件等）是由另一企业所控制的；八是对企业生产经营、交易具有实际控制的其他利益上相关联的关系，包括家庭、亲属关系等。

2. 人格混同的认定

所谓人格混同，是指公司与股东或其他公司的人格完全混为一体，以至于形成股东即公司、公司即股东或两家公司无法实质区分的情形。

主要表现为母公司和子公司之间、兄弟公司之间及相互投资而引起的人格混同，表现在公司之间或股东与公司之间的财务、管理机构、业务的不分，财务混同，表现为收支记录、账簿、财务会计等难以区分。这种混同状态给债权人带来主体辨认上的困难，最终危害到债权人的债权。在公司法理论上，公司人格混同可根据混同对象区分为公司与股东的混同、公司与非股东公司的混同两大类。具体而言，公司之间不存在股东与公司之间的关系，如要构成公司人格混同，只能是公司与非股东公司之间的混同。即同一投资主体的关联公司之间的人格混同。这表现为相互之间不具有控股关系且均具有独立法人人格的公司，因具有某种程度上的关联关系（比如同一投资人设立的不同公司）导致出现组织机构、财产、经营范围等方面的混同。

3.关于本案例的法律适用

（1）关于《中华人民共和国公司法》第三条的法律适用。公司法第三条第一款的规定是关于法人财产独立的法律条文。如前所述，公司的独立财产是公司独立承担责任的物质保证，公司的独立人格也突出地表现在财产的独立上。只有在财产分离的情况下，公司才能以自己的财产独立地对其债务负责。当关联公司的财产无法区分，丧失独立人格时，就丧失了独立承担责任的基础。因此，该条款作为否认公司法人人格的适用条款，也是适当的。

（2）关于《中华人民共和国公司法》第二十条的法律适用。《中华人民共和国公司法》第二十条第一款规定，公司股东应当遵守法律、行政法规和公司章程，依法行使股东权利，不得滥用股东权利损害公司或者其他股东的利益；第三款规定，公司股东滥用公司法人独立地位和股东有限责任，逃避债务，严重损害公司债权人利益的，应当对公司债务承担连带责任。本案例中关联公司人格混同的行为，能否适用《中华人民共和国公司法》第二十条予以解决？在司法实践中，法官不可避免地需要对法律进行解释，如忠实于法律文本的原则、忠实于立法目的和立法意图原则等。扩张解释作为一种解释方法，虽然对法律用语作比通常含义更广的解释，但不能超出法律用语可能具有的含义，只能在法律文义的"射程"范围内进行解释。从《中华人民共和国公司法》第二十条的文义来看，其规制的对象是股东，行为主体和责任主体都是股东，将股东扩张解释至关联公司显然超出了扩张解释的范畴。但是，关联公司人格混同的原因多是由于股东滥用了公司法人独立地位和股东有限责任，否认关联公司各自的独立人格，将关联公司视为一体，对其中特定公司的债权人的请求承担连带责任，实质就是将滥用关联公司人格的股东责任延伸至完全由其控制的关联公司上，由此来救济利益受损的债权人。因此，本案例比照最相类似的条款，按照类似情况类似处理的原则，参照适用了《中华人民共和国公司法》第二十条第三款，判决关联公司之间承担连带责任。

（三）释法说理

法院生效裁判认为：针对上诉范围，二审争议焦点为工程公司、建设公司与工贸公司是否人格混同，应否对工贸公司的债务承担连带清偿责任。

工贸公司与工程公司、建设公司人格混同。一是三个公司人员混同。三个公司的经理、财务负责人、出纳会计、工商手续经办人均相同，其他管理人员亦存在交叉任职的情形，工贸公司的人事任免存在由工程公司决定的情形。二是三个公司业务混同。三个公司实际经营中均涉及工程机械相关业务，经销过程中存在共用销售手册、经销协议的情形；对外进行宣传时信息混同。三是三个公司财务混同。三个公司使用共同账户，以王某礼的签字作为具体用款依据，对其中的资金及支配无法证明已作区分；三个公司与机械公司之间的债权债务、业绩、账务及返利均计算在工贸公司名下。因此，三个公司之间表征人格的因素（人员、业务、财务等）高度混同，导致各自财产无法区分，已丧失独立人格，构成人格混同。工程公司、建设公司应当对工贸公司的债务承担连带清偿责任。公司人格独立是其作为法人独立承担责任的前提。《中华人民共和国公司法》（以下简称《公司法》）第三条第一款规定："公司是企业法人，有独立的法人财产，享有法人财产权。公司以其全部财产对公司的债务承担责任。"公司的独立财产是公司独立承担责任的物质保证，公司的独立人格也突出地表现在财产的独立上。当关联公司的财产无法区分，丧失独立人格时，就丧失了独立承担责任的基础。《公司法》第二十条第三款规定："公司股东滥用公司法人独立地位和股东有限责任，逃避债务，严重损害公司债权人利益的，应当对公司债务承担连带责任。"本案中，三个公司虽在工商登记部门登记为彼此独立的企业法人，但实际上相互之间界线模糊、人格混同，其中工贸公司承担所有关联公司的债务却无力清偿，又使其他关联公司逃避巨额债务，严重损害了债权人的利益。上述行为违背了法人制度设立的宗旨，违背了诚实信用原则，其行为本质和危害结果与《公司法》第二十条第三款规定的情形相当，故参照《公司法》第二十条第三款的规定，工程公司、建设公司对工贸公司的债务应当承担连带清偿责任。

# 案例 5：某科技公司诉某技术公司等不正当竞争纠纷案

## 一、案例简介

### （一）关键词

民事、不正当竞争、网络服务、诚信原则。

### （二）裁判要点

从事互联网服务的经营者，在其他经营者网站的搜索结果页面强行弹出广告的行为，违反诚实信用原则和公认商业道德，妨碍其他经营者正当经营并损害其合法权益，可以依照《中华人民共和国反不正当竞争法》第二条的原则性规定认定为不正当竞争。

### （三）相关法条

《中华人民共和国反不正当竞争法》第二条。《中华人民共和国民法通则》（注：现行有效的法律为《中华人民共和国民法典》）。

### （四）基本案情

原告某科技公司（以下简称科技公司）诉称：其拥有的 www.baidu.com 网站（以下简称搜索网站）是中文搜索引擎网站。三被告某技术公司（以下简称技术公司）、某网络通信公司青岛市分公司（以下简称青岛公司）、某网络通信有限公司山东省分公司（以下简称山东公司）在山东省青岛地区，利用互联网接入网络服务，在科技公司网站的搜索结果页面强行增加广告的行为，损害了科技公司的商誉和经济效益，违背了诚实信用原则，构成不正当竞争。请求判令：第一，技术公司、青岛公司的行为构成对原告的不正当竞争行为，并停止该不正当竞争行为，第三人承担连带责任；第二，三被告在报上刊登声明以消除影响；第三，三被告共同赔偿原告经济损失480万元和因本案的合理支出10万元。

被告技术公司辩称：其不存在不正当竞争行为，不应赔礼道歉和赔偿480万元。

被告青岛公司辩称：原告没有证据证明其实施了被指控行为，没有提交证据证明遭受的实际损失，原告与其不存在竞争关系，应当驳回原告全部诉讼请求。

被告山东公司辩称：原告没有证据证明其实施了被指控的不正当竞争或侵权行为，承担连带责任没有法律依据。

第三人某旅游公司（以下简称旅游公司）述称：本案与第三人无关。

法院经审理查明：某科技公司经营范围为互联网信息服务业务，核准经营网址为www.baidu.com的搜索网站，主要向网络用户提供互联网信息搜索服务。某技术公司经营范围包括网络工程建设、网络技术应用服务、计算机软件设计开发等，其网站为www.og.com.cn。该公司在上述网站"企业概况"中称其拥有4个网站：中国奥商网（www.og.com.cn）、讴歌网络营销伴侣（www.og.net.cn）、青岛电话实名网（www.0532114.org）、半岛人才网（www.job17.com）。该公司在其网站介绍其"网络直通车"业务时称：无须安装任何插件，广告网页强制出现。介绍"搜索通"产品表现形式时，以图文方式列举了下列步骤：第一步在搜索引擎对话框中输入关键词；第二步优先出现网络直通车广告位（5秒钟展现）；第三步同时点击上面广告位直接进入宣传网站新窗口；第四步5秒后原窗口自动展示第一步请求的搜索结果。该网站还以其他形式介绍了上述服务。青岛公司的经营范围包括因特网接入服务和信息服务等，青岛信息港（域名为qd.sd.cn）为其所有的网站。"电话实名"系青岛公司与某技术公司共同合作的一项语音搜索业务，网址为™O532114.org的"114电话实名语音搜索"网站表明该网站版权所有人为青岛公司，独家注册中心为某技术公司。山东公司经营范围包括因特网接入服务和信息服务业务。其网站（www.sdcnc.cn）显示，青岛公司是其下属分公司。某旅游公司经营范围包括航空机票销售代理等。

2009年4月14日，某科技公司发现通过山东省青岛市网通接入互联网，登录其搜索网站（www.baidu.com），在该网站显示对话框中：输入"某旅游公司",点击搜索按钮,弹出显示有"打折机票抢先拿就打114"的页面,迅速点击该页面,打开了显示地址为 http://air.qd.sd.cn/ 的页面;输入"青岛人才网",点击"搜索",弹出显示有"找好工作到半岛人才网 www.job17.com"的页面,迅速点击该页面中显示的"马上点击",打开了显示地址为 http://www.job17.com/ 的页面;输入"电话实名",点击"百度一下",弹出显示有"查信息打114,语音搜索更好用"的页面,随后该页面转至相应的"电话实名"搜索结果页面。某科技公司委托代理人利用公证处的计算机对登录其搜索网站进行搜索等网站操作过程予以公证,公证书记载了前述内容。经专家论证,所链接的网站(http://air.qd.sd.cn/)与山东公司的下属网站青岛信息港(www.qd.sd.cn)具有相同域(qd.sd.cn),网站 air.qd.sd.cn 是山东公司下属网站青岛站点所属。

### (五)裁判结果

山东省某中级人民法院于2009年9月2日作出(2009)青民三初字第110号民事判决:第一,某技术公司、青岛公司于本判决生效之日起立即停止针对某科技公司的不正当竞争行为,即不得利用技术手段,使通过青岛公司提供互联网接入服务的网络用户,在登录该科技公司的搜索网站进行关键词搜索时,弹出某技术公司、青岛公司的广告页面;第二,某技术公司、青岛公司于本判决生效之日起十日内赔偿某科技公司经济损失二十万元;第三,某技术公司、某青岛公司于本判决生效之日起十日内在各自网站首页位置上刊登声明以消除影响,声明刊登时间应为连续的十五天;第四,驳回某科技公司的其他诉讼请求。宣判后,青岛公司、某技术公司提起上诉。山东省高级人民法院于2010年3月20日作出(2010)鲁民三终字第5-2号民事判决,驳回上诉,维持原判。

## 二、案例解读

### (一)本案涉及基本法律知识

1.不正当竞争行为

所谓的不正当竞争行为指的是经营者为了在市场竞争中占据更有利的地位采取了一些不正当的、有悖于商业道德的方式来与其他的经营者竞争的行为。在现实生活当中,不正当竞争行为无处不在,其形式更是五花八门。因此,许多国家在制定竞争相关的法律法规时都会概括性的规定各种不正当竞争行为,而对于那些突出的、典型的、造成过巨大影响的不正当竞争行为会详细地列举出来,规定这些行为是坚决禁止的。我国制定的反不正当竞争法共包含十一种行为,属于不正当竞争行为的有七种,一是混淆行为;二是商业贿赂行为;三是虚假宣传行为;四是侵犯商业秘密行为;五是低价倾销行为;六是不正当有奖销售行为;七是诋毁商誉行为。

2.民事责任的承担方式

《中华人民共和国民法通则》第一百三十四条规定,承担民事责任的方式主要有:停止侵害;排除妨碍;消除危险;返还财产;恢复原状;修理、重做、更换;赔偿损失;支付违约金;消除影响、恢复名誉;赔礼道歉。

以上承担民事责任的方式,可以单独适用,也可以合并适用。人民法院审理民事案件,除适用上述规定外,还可以予以训诫、责令具结悔过、收缴进行非法活动的财物和非法所得,并可以依照法律规定处以罚款、拘留。

### (二)本案涉及基本法律原理

1.不正当竞争行为的认定

如果双方存在以下行为可认定为不正当竞争行为:第一,不正当竞争行为的主体是经营者;第二,不正当竞争行为以市场竞争为目的;第三,不正当竞争行为违反诚实信用原则和公认的商业道德;第四,不正当竞争行为损害多方利益。

2.经营者之间是否存在竞争关系的认定

在我国反不正当竞争法当中的第二条第三款有明确规定，本法所称的经营者，是指从事商品经营或者营利性服务（以下所称商品包括服务）的自然人、法人和非法人组织。根据此条款可知，发生不正当竞争行为的主体经营者之间并不一定属于竞争关系，但结合本法的其他条款可知，经营者之间应该是具备间接或直接的竞争关系。比如，反不正当竞争法中第十一条规定，经营者不得编造、传播虚假信息或者误导性信息，损害竞争对手的商业信誉、商品声誉。所以，经营者之间存在直接或间接的竞争行为是发生不正当竞争行为诉讼的关键条件，发生竞争的经营者可以是同行业的、提供相同服务的，也可以是不同行业的、提供不同服务的。具体来讲就是，在市场竞争当中，两个不同行业经营者的其中一方可能做出了一些不正当的行为，侵害了其他行业但与其有一定关系的另一方的合法权益，或者阻碍了该方的正常经营，两方属于竞争关系。

在案例中，某科技公司主要提供网络搜索服务，而某技术公司、青岛公司、山东公司提供的其实是互联网接入服务，虽然这两种服务不属于同一种，但网络接入服务是以提供网络搜索服务为媒介，只是在后续进行了人工干预。在搜索还未给出结果之前通过强行干预弹出一些特殊的广告页面，虽然这些页面的内容和搜索关键词有一定联系，但这样很容易让搜索者认为这些页面才是搜索的结果，是提供搜索服务者发布的。这种做法不仅在一定程度上降低了搜索的质量，还损害了提供搜索服务者的合法权益。更过分的是，提供接入服务者还以此牟利，这种行为严重违反了商业道德和诚信原则，根据反不正当竞争法第二条，这种行为属于不正当竞争行为。

（三）释法说理

法院生效裁判认为：本案某科技公司起诉某技术公司、青岛公司、山东公司，要求其停止不正当竞争行为并承担相应的民事责任。据此，判断原告的主张能否成立应按以下步骤进行：（1）本案被告是否实施了被指控的行为。（2）如果实施了被指控行为，该行为是否构成不正当竞争。（3）如果构成不正当竞争，如何承担民事责任。

1.关于被告是否实施了被指控的行为

域名是互联网络上识别和定位计算机的层次结构式的字符标识。根据查明的事实，www.job17.com 系某技术公司所属的半岛人才网站，"电话实名语音搜索"系青岛公司与某技术公司合作经营的业务。域名 qd.scl.cn 属于青岛公司所有，并将其作为"青岛信息港"的域名实际使用。air.qd.sd.cn 作为 qd.sd.cn 的子域，是其上级域名 qd.sd.cn 分配与管理的。青岛公司作为域名 qd.sd.cn 的持有人否认域名 air.qd.sd.cn 为其所有，但没有提供证据予以证明，应认定在公证保全时该子域名的使用人为青岛公司。

在互联网上登录搜索引擎网站进行关键词搜索时，正常出现的应该是搜索引擎网站搜索结果页面，不应弹出与搜索引擎网站无关的其他页面，但是在青岛公司所提供的网络接入服务网络区域内，却出现了与搜索结果无关的广告页面强行弹出的现象。这种广告页面的弹出并非接入互联网的公证处计算机本身安装程序所导致，青岛公司既没有证据证明在其他网络接入服务商网络区域内会出现同样情况，又没有对在其网络接入服务区域内出现的上述情况给予合理解释，可以认定在青岛公司提供互联网接入服务的区域内，对于网络服务对象针对某科技公司的搜索网站所发出的搜索请求进行了人为干预，使干预者想要发布的广告页面在正常搜索结果页面出现前强行弹出。

关于上述干预行为的实施主体问题，从查明的事实来看，某技术公司在其主页中对其"网络直通车"业务的介绍表明，其中关于广告强行弹出的介绍与公证保全的形式完全一致，且公证保全中所出现的弹出广告页面"半岛人才网""114 电话语音搜索"均是其正在经营的网站或业务。因此，奥商网络公司是该干预行为的受益者，在其没有提供证据证明存在其他主体为其实施上述广告行为的情况下，可以认定奥商网络公司是上述干预行为的实施主体。

关于青岛公司是否被控侵权行为的实施主体问题，某技术公司这种干预行为不是通过在客户端计算机安装插件、程序等方式实现，而是在特定网络接入服务区域内均可实现，因此这种行为如果没有网络接入服务商的配合则无法实现。青岛公司没有证据证明奥商网络公司是通过非法手段干预其互联网接入服务而实施上述行为。同时，青岛公司是域名 air.qcl.scl.cn 的所有人，因持有或使用域名而侵害他人合法权益的责任，由域名持有者承担。青岛公司与某技术公司合作经营电话实名业务，即青岛公司也是上述行为的受益人。因此，可以认定青岛公司也是上述干预行为的实施主体。

关于山东公司是否实施了干预行为，因山东公司、青岛公司同属于某通信公司分支机构，无证据证明两公司具有开办和被开办的关系，也无证据证明山东公司参与实施了干预行为，青岛公司作为民事主体有承担民事责任的资格，故对山东公司的诉讼请求，不予支持。某科技公司将某旅游公司作为本案第三人，但是在诉状及庭审过程中并未指出第三人有不正当竞争行为，也未要求第三人承担民事责任，故将某旅游公司作为第三人属于列举当事人不当，不予支持。

2.关于被控侵权行为是否构成不正当竞争

《中华人民共和国反不正当竞争法》（简称《反不正当竞争法》）第二章第五条至第十五条，对不正当竞争行为进行了列举式规定，对于没有在具体条文中列举的行为，只有按照公认的商业道德和普遍认识能够认定违反该法第二条原则性规定时，才可以认定为不正当竞争行为。判断经营者的行为构成不正当竞争，应当考虑以下方面：一是行为实施者是反不正当竞争法意义上的经营者；二是经营者从事商业活动时，没有遵循自愿、平等、公平、诚实信用原则，违反了反不正当竞争法律规定和公认的商业道德；三是经营者的不正当竞争行为损害正当经营者的合法权益。

首先，根据《反不正当竞争法》第二条有关经营者的规定，经营者的确定并不要求原、被告属同一行业或服务类别，只要是从事商品经营或者营利性服务的市场主体，就可成为经营者。青岛公司、某技术公司与某科技公司均属于从事互联网业务的市场主体，属于反不正当竞争法意义上的经营者。虽然青岛公司是互联网接入服务经营者，某科技公司是搜索服务经营者，服务类别上不完全相同，但是青岛公司实施的在百度搜索结果出现之前弹出广告的商业行为，与某科技公司的付费搜索模式存在竞争关系。

其次，在市场竞争中存在商业联系的经营者，违反诚信原则和公认商业道德，不正当地妨碍了其他经营者正当经营，并损害其他经营者合法权益的，可以依照《反不正当竞争法》第二条的原则性规定，认定为不正当竞争。尽管在互联网上发布广告、进行商业活动与传统商业模式有较大差异，但是从事互联网业务的经营者仍应当通过诚信经营、公平竞争来获得竞争优势，不能未经他人许可,利用他人的服务行为或市场份额来进行商业运作并从中获利。青岛公司与某技术公司实施的行为,是利用了某科技公司的网站搜索引擎在我国互联网用户中被广泛使用优势,利用技术手段,让使用青岛公司提供互联网接入服务的网络用户,在登录百度网站进行关键词搜索时,在正常搜索结果显示前强行弹出某技术公司发布的与搜索的关键词及内容有紧密关系的广告页面。这种行为诱使本可能通过某科技公司搜索结果检索相应信息的网络用户点击该广告页面,影响了某科技公司向网络用户提供付费搜索服务与推广服务,属于利用某科技公司提供的搜索服务来为自己牟利。该行为既没有征得某科技公司同意,又违背了使用其互联网接入服务用户的意志,容易导致上网用户误以为弹出的广告页面系某科技公司所为,会使上网用户对某科技公司提供服务的评价降低,对某科技公司的商业信誉产生不利影响,损害了某科技公司的合法权益,同时也违背了诚实信用和公认的商业道德,已构成不正当竞争。

3.关于民事责任的承担

由于青岛公司与某技术公司共同实施了不正当竞争行为,依照《中华人民共和国民法通则》的规定应当承担连带责任,应当承担停止侵权、赔偿损失、消除影响的民事责任。首先,某技术公司、青岛公司应当立即停止不正当竞争行为,即不得利用技术手段使通过青岛公司提供互联网接入服务的网络用户,在登录某科技公司的搜索网站进行关键词搜索时,弹出两被告的广告页面。其次,根据原告为本案支出的合理费用、被告不正当竞争行为的情节、持续时间等,酌定两被告共同赔偿经济损失 20 万元。最后,互联网用户在登录某科技公司的搜索网站进行搜索时,面对弹出的广告页面,通常会认为该行为系百度公司所为。因此两被告的行为给某科技公司造成了一定负面影响,应当承担消除影响的民事责任。由于该行为发生在互联网上,且发生在青岛公司提供互联网接入服务的区域内,故确定两被告应在其各自网站的首页上刊登消除影响的声明。

## 案例6：北京某科技公司诉深圳某科技公司、深圳某计算机公司滥用市场支配地位纠纷案

### 一、案例简介

#### （一）关键词

民事、滥用市场支配地位、垄断、相关市场。

#### （二）裁判要点

在反垄断案件的审理中，界定相关市场通常是重要的分析步骤。但是，能否明确界定相关市场取决于案件具体情况。在滥用市场支配地位的案件中，界定相关市场是评估经营者的市场力量及被诉垄断行为对竞争影响的工具，其本身并非目的。如果通过排除或者妨碍竞争的直接证据，能够对经营者的市场地位及被诉垄断行为的市场影响进行评估，则不需要在每一个滥用市场支配地位的案件中，都明确而清楚地界定相关市场。

假定垄断者测试（HMT）是普遍适用的界定相关市场的分析思路。在实际运用时，假定垄断者测试可以通过价格上涨（SSNIP）或质量下降（SSNDQ）等方法进行。互联网即时通信服务的免费特征使用户具有较高的价格敏感度，采用价格上涨的测试方法将导致相关市场界定过宽，应当采用质量下降的假定垄断者测试进行定性分析。

基于互联网即时通信服务低成本、高覆盖的特点，在界定其相关地域市场时，应当根据多数需求者选择商品的实际区域、法律法规的规定、境外竞争者的现状及进入相关地域市场的及时性等因素，进行综合评估。

在互联网领域中，市场份额只是判断市场支配地位的一项比较粗糙且可能具有误导性的指标，其在认定市场支配力方面的地位和作用必须根据案件具体情况确定。

## （三）相关法条

《中华人民共和国反垄断法》第十七条、第十八条、第十九条。

## （四）基本案情

北京某科技公司（以下简称北京公司）、某软件公司于 2010 年 10 月 29 日发布某保镖软件。2010 年 11 月 3 日，深圳某科技公司（以下简称深圳公司）发布《致广大某社交软件用户的一封信》，在装有某杀毒软件的电脑上停止运行某社交软件。11 月 4 日，北京公司宣布召回某保镖软件。同日，某杀毒安全中心亦宣布，在国家有关部门的强力干预下，目前某社交软件和某杀毒软件已经实现了完全兼容。2010 年 9 月，深圳公司某即时通信软件与某软件管理一起打包安装，安装过程中并未提示用户将同时安装某软件管理。2010 年 9 月 21 日，深圳公司发出公告称，正在使用的某软件管理和某杀毒软件将自动升级为某电脑管家。北京公司诉至广东省高级人民法院，指控深圳公司滥用其在即时通信软件及服务相关市场的市场支配地位。北京公司主张，深圳公司和深圳某计算机公司（以下简称计算机公司）在即时通信软件及服务相关市场具有市场支配地位，两公司明示禁止其用户使用北京公司的软件，否则停止某软件服务；拒绝向安装有北京公司软件的用户提供相关的软件服务，强制用户删除北京公司的软件；采取技术手段，阻止安装了某浏览器的用户访问某社交软件的某一下设功能，上述行为构成限制交易；深圳公司和计算机公司将某软件管家与即时通信软件相捆绑，以升级某软件管家的名义安装某杀毒软件，构成捆绑销售。请求判令深圳公司和计算机公司立即停止滥用市场支配地位的垄断行为，连带赔偿北京公司经济损失 1.5 亿元。

## （五）裁判结果

广东省高级人民法院于 2013 年 3 月 20 日作出（2011）粤高法民三初字第 2 号民事判决：驳回北京某科技公司的诉讼请求。北京某科技公司不服，提出上诉。最高人民法院于 2014 年 10 月 8 日作出（2013）民三终字第 4 号民事判决：驳回上诉、维持原判。

## 二、案例解读

### （一）本案涉及基本法律知识

#### 1.企业滥用市场支配地位

滥用市场支配地位，也被称之为滥用市场优势地位，指的是拥有一定市场支配地位的企业不遵守规矩滥用这种地位，用不公平的交易或者其他行为影响市场中的其他主体，排除竞争对手，主要表现形式有独家交易、掠夺性定价、强制交易、差别对待、不正当的价格行为、搭售和附加不合理交易条件等。

#### 2.垄断与反垄断

（1）垄断。垄断（Monopoly）是一个经济类专业术语，也常常被翻译为独占，根据该词的字面意思就能理解其内涵，所谓的垄断其实是一种特殊的市场结构，指的是市场中某一行业只有一家公司提供相关服务或售卖某种产品。垄断根据对象不同可分为两类，第一类是卖方垄断，即在一个或多个市场当中只有一个卖家，该卖家通过一个阶段或多个阶段来面对竞争性的消费者；第二类是买方垄断，其与卖方垄断正好相反。从某种程度上讲，行业的垄断者可以根据自身的收益随意的挑战市场上该产品或服务的产量和价格，但并没有任何真实案例可以证明这一点。

当然，除了以上两种垄断外，在一些特殊的行业当中，也会出现一种新型的垄断方式——自然垄断（Natural monopoly）。一般情况下，自然垄断大都是由政府管辖的，如国家电网、铁路建设等，这种行业垄断能促使整个行业更高效的运营，避免了因行业竞争影响到行业运营效率，从而避免市场失灵。对于自然垄断，有时需要政府进行干预，政府通过了解市场，制定相关政策，促使市场机制发挥更大作用，从而推动行业高效运营。

垄断作为经济类专业术语，属于一种特殊的经济现象，这种现象在资本主义社会发展到发达阶段拥有更显著的表现。从某种意义上讲，竞争经过不断的发展最终一定会形成垄断，而垄断的出现又会对竞争产生抑制。深究其原因，某行业的多个大型企业在经过长时间的竞争后可能会达成一定的约定，也正因为这些企业拥有超大规模，使得这些企业在竞争过程都求而不得，最终逐渐走向行业垄断。

（2）反垄断。所谓的反垄断指的是国家为了避免发生垄断行为，确切保障市场主体公平竞争，维护消费者的合法权益，同时推动经济高效运行，规范市场各类主体的市场行为的法律规范的总称。

3.搭售行为

所谓的搭售行为指的是市场经营者在销售某产品时不能附加一些捆绑性质的不合理条件，或者强制要求购买者必须购买某种搭售产品。由此可知，搭售行为主要包含以下两种情形：第一种是经营者在售卖产品时附加一些不合理的条件，此处的不合理条件指的是违背商品合理交易条件的行为；第二种是经营者在售卖产品时通过自身所具有的技术优势、经济优势等强制购买者购买其他商品或接受捆绑服务。

**（二）本案涉及基本法律原理**

1.对滥用市场支配地位的认定

（1）企业已取得市场支配（或优势）地位。这是企业实施支配地位滥用行为的前提条件，也是支配地位滥用行为的主体要件。

（2）具有支配地位的企业必须实施了支配地位滥用的行为。这是支配地位滥用行为的客观方面。如果以合法竞争的方式或以国家或政府授权的方式取得市场支配地位，并在法律允许的范围内生产、销售其产品或提供其服务的行为，不仅不为法律所禁止，而且还为法律所保护。只有当具有市场支配地位的企业所实施的市场行为限制了有效的、自由的竞争，损害了其他竞争者和消费者利益时，反垄断法才对其予以禁止和规制。

（3）具有市场支配地位的企业实施的市场行为破坏了自由的竞争秩序，损害了其他竞争者与消费者的利益，则该市场行为被认定为支配地位滥用行为。这是支配地位滥用行为的客体要件。由此可知，支配地位滥用行为的客体（对象）为自由的竞争秩序、其他竞争者以及广大消费者的利益。如果该类企业实施的市场行为没有对以上客体造成任何损害后果，那么该类企业的市场行为就不能认定为支配地位滥用行为而被反垄断法所禁止和规制。

（4）具有市场支配地位的企业利用其支配地位的优势，在与交易相对人发生交易行为时，出于限制、阻止、遏制竞争之目的，故意采取低价倾销、搭售以及附加不合理条件、诋毁竞争对手等手段以造成将竞争者排挤出该相关市场的结果，从而实现其攫取高额利润的愿望。这是支配地位滥用行为的主观方面要件。同时具备以上四个要件，该类企业的行为才能构成支配地位滥用行为。

在一般的反垄断当中，需要界定相关市场的情况大多考虑产品和地域范围，依据产品的特性、供需、价格、自身特性等条件，互联网的相关市场当中，大多是一方免费提供产品或者服务，根据用户的使用基数来提供增值服务，在此过程中不考虑运输成本与产品的自身价格，即在互联网的相关市场的判断与一般的相关市场的判断存在差异，适用假定垄断者测试方法由于互联网的相关市场界定也存在困难。

**（三）释法说理**

法院生效裁判认为：本案当中存在的主要争议点主要有以下三个，第一，如何界定本案中的相关市场；第二，被上诉人是否具有市场支配地位；第三，被上诉人是否构成反垄断法所禁止的滥用市场支配地位行为。

1.如何界定本案中的相关市场

该争议焦点可以进一步细化为一些具体问题，择要概括如下：

（1）并非在任何滥用市场支配地位的案件中均必须明确而清楚地界定相关市场。竞争行为都是在一定的市场范围内发生和展开的，界定相关市场可以明确经营者之间竞争的市场范围及其面对的竞争约束。在滥用市场支配地位的案件中，合理地界定相关市场，对于正确认定经营者的市场地位、分析经营者的行为对市场竞争的影响、判断经营者行为是否违法，以及在违法情况下需承担的法律责任等关键问题，具有重要意义。因此，在反垄断案件的审理中，界定相关市场通常是重要的分析步骤。尽管如此，是否能够明确界定相关市场取决于案件具体情况，尤其是案件证据、相关数据的可获得性、相关领域竞争的复杂性等。在滥用市场支配地位案件的审理中，界定相关市场是评估经营者的市场力量及被诉垄断行为对竞争的影响的工具，其本身并非目的。即使不明确界定相关市场，也可以通过排除或者妨碍竞争的直接证据对被诉经营者的市场地位及被诉垄断行为可能的市场影响进行评估。因此，并非在每一个滥用市场支配地位的案件中均必须明确而清楚地界定相关市场。一审法院实际上已经对本案相关市场进行了界定，只是由于本案相关市场的边界具有模糊性，一审法院仅对其边界的可能性进行了分析而没有对相关市场的边界给出明确结论。有鉴于此，北京公司关于一审法院未对本案相关商品市场作出明确界定，属于本案基本事实认定不清的理由不能成立。

（2）关于"假定垄断者测试"方法可否适用于免费商品领域问题。法院生效裁判认为：第一，作为界定相关市场的一种分析思路，假定垄断者测试（HMT）具有普遍的适用性。实践中，假定垄断者测试的分析方法有多种，既可以通过数量不大但有意义且并非短暂的价格上涨（SSNIP）的方法进行，又可以通过数量不大但有意义且并非短暂的质量下降（SSNDQ）的方法进行。同时，作为一种分析思路或者思考方法，假定垄断者测试在实际运用时既可以通过定性分析的方法进行，又可以在条件允许的情况下通过定量分析的方法进行。第二，在实践中，选择何种方法进行假定垄断者测试取决于案件所涉市场竞争领域以及可获得的相关数据的具体情况。如果特定市场领域的商品同质化特征比较明显，价格竞争是较为重要的竞争形势，则采用数量不大但有意义且并非短暂的价格上涨（SSNIP）的方法较为可行。但是如果在产品差异化非常明显且质量、服务、创新、消费者体验等非价格竞争成为重要竞争形式的领域，采用数量不大但有意义且并非短暂的价格上涨（SSNIP）的方法则存在较大困难。特别是，当特定领域商品的市场均衡价格为零时，运用 SSNIP 方法尤为困难。在运用 SSNIP 方法时，通常需要确定适当的基准价格，进行 5%～10% 幅度的价格上涨，然后确定需求者的反应。在基准价格为零的情况下，如果进行 5%～10% 幅度的价格增长，增长后其价格仍为零；如果将价格从零提升到一个较小的正价格，则相当于价格增长幅度的无限增大，意味着商品特性或者经营模式发生较大变化，因而难以进行 SSNIP 测试。第三，关于假定垄断者测试在本案中的可适用性问题。互联网服务提供商在互联网领域的竞争中更加注重质量、服务、创新等方面的竞争而不是价格竞争。在免费的互联网基础即时通信服务已经长期存在并成为通行商业模式的情况下，用户具有极高的价格敏感度，改变免费策略转而收取哪怕是较小数额的费用都可能导致用户的大量流失。同时，将价格由免费转变为收费也意味着商品特性和经营模式的重大变化，即由免费商品转变为收费商品，由间接盈利模式转变为直接盈利模式。在这种情况下，如果采取基于相对价格上涨的假定垄断者测试，很可能将不具有替代关系的商品纳入相关市场中，导致相关市场界定过宽。因此，基于相对价格上涨的假定垄断者测试并不完全适宜在本案中适用。尽管基于相对价格上涨的假定垄断者测试难以在本案中完全适用，但仍可以采取该方法的变通形式，例如基于质量下降的假定垄断者测试。由于质量下降程度较难评估以及相关数据难以获得，因此可以采用质量下降的假定垄断者测试进行定性分析而不是定量分析。

（3）关于本案相关市场是否应确定为互联网应用平台问题。上诉人认为，互联网应用平台与本案的相关市场界定无关；被上诉人则认为，互联网竞争实际上是平台的竞争，本案的相关市场范围远远超出了即时通信服务市场。

法院生效裁判针对互联网领域平台竞争的特点，阐述了相关市场界定时应如何考虑平台竞争的特点及处理方式，认为：①互联网竞争一定程度地呈现出平台竞争的特征。被诉垄断行为发生时，互联网的平台竞争特征已经比较明显。互联网经营者通过特定的切入点进入互联网领域，在不同类型和需求的消费者之间发挥中介作用，以此创造价值。②判断本案相关商品市场是否应确定为互联网应用平台。其关键问题在于，网络平台之间为争夺用户注意力和广告主的相互竞争是否完全跨越了由产品或者服务特点所决定的界限，并给经营者施加了足够强大的竞争约束。这一问题的答案最终取决于实证检验。在缺乏确切的实证数据的情况下，至少注意如下方面：首先，互联网应用平台之间争夺用户注意力和广告主的竞争以其提供的关键核心产品或者服务为基础。其次，互联网应用平台的关键核心产品或者服务在属性、特征、功能、用途等方面上存在较大的不同。虽然广告主可能不关心这些产品或者服务的差异，只关心广告的价格和效果，因而可能将不同的互联网应用平台视为彼此可以替代，但是对于免费端的广大用户而言，其很难将不同平台提供的功能和用途完全不同的产品或者服务视为可以有效地相互替代。一个试图查找某个历史人物生平的用户通常会选择使用搜索引擎而不是即时通信，其几乎不会认为两者可以相互替代。再次，互联网应用平台关键核心产品或者服务的特性、功能、用途等差异决定了其所争夺的主要用户群体和广告主可能存在差异，因而在获取经济利益的模式、目标用户群、所提供的后续市场产品等方面存在较大区别。最后，本案中应该关注的是被上诉人是否利用了其在即时通信领域中可能的市场支配力量排除、限制互联网安全软件领域的竞争，将其在即时通信领域中可能存在的市场支配力量延伸到安全软件领域，这一竞争过程更多地发生在免费的用户端。鉴于上述理由，在本案相关市场界定阶段互联网平台竞争的特性不是主要考虑因素。③本案中对互联网企业平台竞争特征的考虑方式。相关市场界定的目的是明确经营者所面对的竞争约束，合理认定经营者的市场地位，并正确判断其行为对市场竞争的影响。即使不在相关市场界定阶段主要考虑互联网平台竞争的特性，但为了正确认定经营者的市场地位，仍然可以在识别经营者的市场地位和市场控制力时予以适当考虑。因此，对于本案，不在相关市场界定阶段主要考虑互联网平台竞争的特性并不意味着忽视这一特性，而是为了以更恰当的方式考虑这一特性。

（4）关于即时通信服务相关地域市场界定需要注意的问题。法院生效裁判认为：本案相关地域市场的界定，应从中国大陆地区的即时通信服务市场这一目标地域开始，对本案相关地域市场进行考察。因为基于互联网的即时通信服务可以低成本、低代价到达或者覆盖全球，并无额外的、值得关注的运输成本、价格成本或者技术障碍，所以在界定相关地域市场时，将主要考虑多数需求者选择商品的实际区域、法律法规的规定、境外竞争者的现状及其进入相关地域市场的及时性等因素。由于每一个因素均不是决定性的，因此需要根据上述因素进行综合评估。①中国大陆地区境内绝大多数用户均选择使用中国大陆地区范围内的经营者提供的即时通信服务。中国大陆地区境内用户对于国际即时通信产品并无较高的关注度。②我国有关互联网的行政法规规章等对经营即时通信服务规定了明确的要求和条件。我国对即时通信等增值电信业务实行行政许可制度，外国经营者通常不能直接进入我国大陆境内经营，需要以中外合资经营企业的方式进入并取得相应的行政许可。③位于境外的即时通信服务经营者的实际情况。在本案被诉垄断行为发生前，多数主要国际即时通信经营者均已经通过合资的方式进入中国大陆地区市场。因此，在被诉垄断行为发生时，尚未进入我国大陆境内的主要国际即时通信服务经营者已经很少。如果我国大陆境内的即时通信服务质量小幅下降，已没有多少境外即时通信服务经营者可供境内用户选择。④境外即时通信服务经营者在较短的时间内（例如一年）及时进入中国大陆地区并发展到足以制约境内经营者的规模存在较大困难。境外即时通信服务经营者首先需要通过合资方式建立企业、满足一系列许可条件并取得相应的行政许可，这在相当程度上延缓了境外经营者的进入时间。综上，本案相关地域市场应为中国大陆地区市场。

综合本案其他证据和实际情况，本案相关市场应界定为中国大陆地区即时通信服务市场，既包括个人电脑端即时通信服务，又包括移动端即时通信服务；既包括综合性即时通信服务，又包括文字、音频以及视频等非综合性即时通信服务。

2. 被上诉人是否具有市场支配地位

对于经营者在相关市场中的市场份额在认定其市场支配力方面的地位和作用，法院生效裁判认为：市场份额在认定市场支配力方面的地位和作用必须根据案件具体情况确定。一般而言，市场份额越高，持续的时间越长，就越可能预示着市场支配地位的存在。尽管如此，市场份额只是判断市场支配地位的一项比较粗糙且可能具有误导性的指标。在市场进入比较容易，或者高市场份额源于经营者更高的市场效率或者提供了更优异的产品，或者市场外产品对经营者形成较强的竞争约束等情况下，高的市场份额并不能直接推断出市场支配地位的存在。特别是，互联网环境下的竞争存在高度动态的特征，相关市场的边界远不如传统领域那样清晰，在此情况下，更不能高估市场份额的指示作用，而应更多地关注市场进入、经营者的市场行为、对竞争的影响等有助于判断市场支配地位的具体事实和证据。

结合上述思路，法院生效裁判从市场份额、相关市场的竞争状况、被诉经营者控制商品价格、数量或者其他交易条件的能力、该经营者的财力和技术条件、其他经营者对该经营者在交易上的依赖程度、其他经营者进入相关市场的难易程度等方面，对被上诉人是否具有市场支配地位进行考量和分析。最终认定本案现有证据并不足以支持被上诉人具有市场支配地位的结论。

3. 被上诉人是否构成反垄断法所禁止的滥用市场支配地位行为

法院生效裁判打破了传统的分析滥用市场支配地位行为的"三步法"，采用了更为灵活的分析步骤和方法，认为：原则上，如果被诉经营者不具有市场支配地位，则无需对其是否滥用市场支配地位进行分析，可以直接认定其不构成反垄断法所禁止的滥用市场支配地位行为。不过，在相关市场边界较为模糊、被诉经营者是否具有市场支配地位不甚明确时，可以进一步分析被诉垄断行为对竞争的影响效果，以检验关于其是否具有市场支配地位的结论正确与否。此外，即使被诉经营者具有市场支配地位，判断其是否构成滥用市场支配地位，也需要综合评估该行为对消费者和竞争造成的消极效果和可能具有的积极效果，进而对该行为的合法性与否作出判断。本案主要涉及两个方面的问题：

一是关于被上诉人实施的"产品不兼容"行为（用户二选一）是否构成反垄断法禁止的限制交易行为。根据反垄断法第十七条的规定，具有市场支配地位的经营者，没有正当理由，限定交易相对人只能与其进行交易或者只能与其指定的经营者进行交易的，构成滥用市场支配地位。上诉人主张，被上诉人没有正当理由，强制用户停止使用并卸载上诉人的软件，构成反垄断法所禁止的滥用市场支配地位限制交易行为。对此，法院生效裁判认为，虽然被上诉人实施的"产品不兼容"行为对用户造成了不便，但是并未导致排除或者限制竞争的明显效果。这一方面说明被上诉人实施的"产品不兼容"行为不构成反垄断法所禁止的滥用市场支配地位行为，也从另一方面佐证了被上诉人不具有市场支配地位的结论。

二是被上诉人是否构成反垄断法所禁止的搭售行为。根据反垄断法第十七条的规定，具有市场支配地位的经营者，没有正当理由搭售商品，或者在交易时附加其他不合理的交易条件的，构成滥用市场支配地位。上诉人主张，被上诉人将某软件管家与即时通信软件捆绑搭售，并且以升级某软件管家的名义安装某杀毒软件，不符合交易惯例、消费习惯或者商品的功能，消费者选择权受到了限制，不具有正当理由；一审判决关于被诉搭售行为产生排除、限制竞争效果的举证责任分配错误。对此，法院生效裁判认为，上诉人关于被上诉人实施了滥用市场支配地位行为的上诉理由不能成立。

## 案例 7：李某军诉某科技公司公司决议撤销纠纷案

### 一、案例简介

#### （一）关键词

民事、公司决议、撤销、司法审查范围。

#### （二）裁判要点

人民法院在审理公司决议撤销纠纷案件中应当审查：会议召集程序、表决方式是否违反法律、行政法规或者公司章程，以及决议内容是否违反公司章程。在未违反上述规定的前提下，解聘总经理职务的决议所依据的事实是否属实，理由是否成立，不属于司法审查范围。

#### （三）相关法条

《中华人民共和国公司法》第二十二条第二款。

#### （四）基本案情

原告李某军诉称：被告某科技公司（简称科技公司）免除其总经理职务的决议所依据的事实和理由不成立，且董事会的召集程序、表决方式及决议内容均违反了公司法的规定，请求法院依法撤销该董事会决议。

被告某科技公司辩称：董事会的召集程序、表决方式及决议内容均符合法律和章程的规定，故董事会决议有效。

法院经审理查明：原告李某军系被告某科技公司的股东，并担任总经理。某科技公司股权结构为：葛某乐持股 40%，李某军持股 46%，王某胜持股 14%。三位股东共同组成董事会，由葛某乐担任董事长，另两人为董事。

公司章程规定：董事会行使包括聘任或者解聘公司经理等职权；董事会须由三分之二以上的董事出席方才有效；董事会对所议事项作出的决定应由占全体股东三分之二以上的董事表决通过方才有效。2009年7月18日，该科技公司董事长葛某乐召集并主持董事会，三位董事均出席，会议形成了"鉴于总经理李某军不经董事会同意私自动用公司资金在二级市场炒股，造成巨大损失，现免去其总经理职务，即日生效"等内容的决议。该决议由葛某乐、王某胜及监事签名，李某军未在该决议上签名。

## （五）裁判结果

上海市某人民法院于2010年2月5日作出（2009）黄民二（商）初字第4569号民事判决：撤销被告某科技公司于2009年7月18日形成的董事会决议。宣判后，某科技公司提出上诉。上海市某中级人民法院于2010年6月4日作出（2010）沪二中民四（商）终字第436号民事判决：（1）撤销上海市某人民法院（2009）黄民二（商）初字第4569号民事判决。（2）驳回李某军的诉讼请求。

## 二、案例解读

### （一）本案涉及基本法律知识

1.实体法解读：《公司法》第二十二条的"二分法"规定

董事会是按照《公司法》规定设立的由全体董事参加的法定常设业务执行机关，负责公司业务经营活动的指挥与管理。对于董事会决议效力瑕疵的诉讼救济，我国《公司法》第二十二条对包括董事会决议在内的公司决议瑕疵的救济方法有专门的规定："公司股东会或者股东大会、董事会的决议内容违反法律、行政法规的无效。股东会或者股东大会、董事会的会议召集程序、表决方式违反法律、行政法规或者公司章程，或者决议内容违反公司章程的，股东可以自决议作出之日起六十日内，请求人民法院撤销。"该条规定已为人民法院受理和审理该类诉讼提供了清晰的裁判规则。

依照上述规定，对于董事会决议瑕疵纠纷案件，我国《公司法》将司法审查的范围限定于：

（1）决议内容符合法律、行政法规，即内容合法。具体而言，决议的实体内容应当遵守法律、行政法规中的强制性规定，遵循诚实信用原则和公序良俗原则，控股股东不得滥用表决权损害他人的合法权益。如违反此规定，应认定为无效，股东可提起无效确认之诉。

（2）董事会会议的召集程序、表决方式符合法律、行政法规和公司章程，即程序合法。此时，应根据《公司法》第四十八条之规定，审查是否存在由无召集权人召集、未通知部分股东；是否按"一人一票"表决，并对所议事项的决定做成会议记录并签名等情形；以及是否符合公司章程对程序方面的特别规定。

（3）决议内容符合公司章程。若公司章程对决议的内容和范围进行了具体的补充规定的，应据此予以内容审查。

如违反上述第（2）、第（3）条情形的，属可撤销之决议，股东可提起决议撤销之诉。

本案中原告李某军提起的董事会决议撤销之诉，一审、二审法院均根据《公司法》第二十二条对上述审查范围内的事项予以了逐项对照审查，认定董事会决议在召集、表决程序上并未违背法律、行政法规及公司章程。

2.法理解读：司法介入公司自治应当遵循的基本原则

公司法本质上属私法规范，其实现的方式主要是自我实施(self-enforcing)模式，即公司自治。公司自治体现了自由和竞争的要求，被奉为市场经济的法律基础。在立法规制和公司内外监督均不能完全避免滥权行为发生的情况下，通过司法途径进行事后救济与矫正，是促进公司内部治理机制发挥作用的有效武器。在此，合理确定公司案件中司法审查的边界，以达至并维持公司通过章程所实现的意思自治与司法介入的外部干预之间的平衡，就显得尤为重要。笔者认为，司法介入公司自治应遵循以下原则：

（1）尊重公司自治。现代社会中，公司作为多种利益诉求的有机统一体，主要通过内部自治和自我调节机制来保持顺畅运作。公司自治要求尽量减少司法权对公司治理的干预，在不得不司法介入的场合，也必须持非常谨慎的态度，充分尊重公司决策机关的商业判断。就商事经营而言，充满审判经验的法官对商事经营的判断，通常不会比充满营业经验或者经常接触营业事务的公司决策者高明。只要这些公司决策或者考量因素不损及《公司法》相关规定，不损及公共利益，便不应当否定其正当性。

（2）合法性审查为主，合理性审查为辅。公司经营活动是一种复杂的商事活动，法官在很多情况下都难以根据事后的认知来对公司或其人员的行为合理性作出准确判断。因此，司法所要考量的因素主要是公司决议的作出在形式上和内容上是否具有合法性，而非其在实体上是否具有合理性。通常，合法性审查以成文的法律规定为依据，在司法实践中易于把握；合理性审查，则可能需要法官用自己的经营判断替代公司管理人员的经营判断，而这种替代显然缺乏足够的正当性。

（3）内部救济为原则，司法救济为例外。这一方面是防止当事人滥用诉权的要求，另一方面也有利于更好地维护当事人的权益。一般而言，在遇到类似纠纷时，如果能够通过内部救济的方式寻求解决，比如在公司决议存在效力瑕疵的情况下，通过再次补正、追认等形式来矫正瑕疵，则应当尽可能施以内部救济，这显然有利于当事人更及时、便捷地实现其权利主张。而通过司法获得的救济，更多的是不得已而为之的一种次优选择。

本案中，一审法院与二审法院意见的分歧点主要在于对董事会决议罢免总经理所依据的理由是否应当进行审查，若依据严重失实，能否据此将该董事会决议予以撤销。有意见认为，高管作为公司法上享有特定权利和义务的对象，其行为和人身均受到法律的约束，当董事会决议的形成令其人格权利和民事权益遭受侵害，或者令其受到明显不公正待遇时，司法就应当进行干涉，以保护高管的合法权利、维护董事会决议形成的合法性和公正性，以及公司法律关系的稳定。对此，笔者认为，当公司法益和自然人权利受到侵害时，司法当然不会置之不理，只是，权利得到保护必须立基于适格的诉讼主体和正确的诉讼途径。

## （二）本案涉及基本法律原理

### 1.公司法上的利益平衡：以董事职位的解除为例

董事会，作为公司意志的执行机关，由股东会选举和更换。其一般为公司股东或公司股东委派的人员，特别对有限责任公司而言，董事职位的取得往往是公司股东之间斗争及妥协的结果，而董事职位的维持更是公司股东实现其投资回报的前提。因此，对于董事职位的获取和丧失有必要在公司法上设定相应的规则。

在比较法上，对于董事职位的免除规定，存在不同的学说。其一，"有因"解除论。即认为公司股东会仅在有明确规定的原因情况下，始享有解除董事职位的权利，无原因即不得解除董事职位。此种理论为英美普通法和我国旧公司法所采。其二，"无因"解除论。即认为即使不存在特定的事由，公司股东会也有权在董事的任期到来之前随时解除董事职位。此种理论为现代大多数国家法律，包括我国新公司法所采。如日本商法第257条规定，公司股东会可以随时决议解除董事职位。上述对董事职务解除的不同规定，基本上能够反映出立法理念上对公司利益或董事利益的不同偏重，以及在公司利益和董事利益之间寻求平衡的努力。

我国新公司法废除了旧公司法关于"有因"解除董事的规定，将司法审查的范围进一步予以限缩。且对于经理等高管职务的解除，也没有作出相应特别规定。因此，对于此类董事会决议事项的效力审查，与制定公司决策方针和决定投资计划等事项一样，仅需根据《公司法》第二十二条的规定进行程序性审查即可，无需对其形成罢免决议的事实进行审查和认定。

2.公司经理的诉讼救济途径：明确不同的请求权基础

经理作为公司的高级管理人员，首先，其是公司的代理人，享有公司法授予的法定代理权限、公司章程和董事会授予的委托代理权限；其次，经理也是公司的高级劳动者，履行劳动合同约定的义务，行使劳动合同约定的权利，享受劳动法的保护。因此，当经理等公司高管欲通过诉讼方式主张其权益时，应明确相应请求权基础，法院则应根据不同的诉讼类型，适用不同的法律规定，确定不同的审查内容和裁判标准，具体包括：

（1）公司经理同时享有股东身份的，可依据公司法以公司为被告提起董事会决议无效或撤销之诉，法院应适用《公司法》第二十二条予以审查并作出裁判。在此，法律对公司决议效力的认定不影响公司经理另行提起其他维权诉讼。

（2）公司经理与公司签署劳动合同或存在事实劳动合同关系的，可依据《中华人民共和国劳动合同法》（以下简称《劳动法》）以公司为被告提起劳动争议之诉，法院应根据《劳动法》和《公司法》的相关规定予以审理。

（3）公司经理既非股东，又非劳动法意义上的劳动者的（其直接接受公司股东会或董事会的聘任，担任公司高管职务，一般表现为公司的外聘董事，以及上市公司聘请的独立董事等，其与用人单位之间并无劳动关系），如认为公司董事会决议内容损害其人身、财产或其他民事权益的，可依据《中华人民共和国民法典》相关规定以公司或相应行为人为被告提起侵权或损害赔偿之诉，法院亦据此予以受理并作出裁判。

### （三）释法说理

法院生效裁判认为：根据《中华人民共和国公司法》第二十二条第二款的规定，董事会决议可撤销的事由包括：（1）召集程序违反法律、行政法规或公司章程。（2）表决方式违反法律、行政法规或公司章程。（3）决议内容违反公司章程。2009 年 7 月 18 日，某科技公司董事长葛某乐召集三位董事召开董事会，三位董事都出席，单从召集程序分析，此次董事会召集是合法、合规的，且符合公司章程。董事会作出"免除李某军总经理职位的"决议，所有董事表决，有两位董事同意。根据该公司的公司章程可知，对所议事项作出的决定应由占全体股东三分之二以上的董事表决通过方才有效，现三位股东（兼董事）中的两名表决通过，所以，从表决方式上分析，该表决也是合法、合规的，且符合公司章程。董事会决议中陈述了解聘李某军总经理职务的原因，为"总经理李某军不经董事会同意私自动用公司资金在二级市场炒股，造成巨大损失"，且根据该公司的公司章程，董事会有权解聘公司经理，所以，从决议内容上分析，该决议是合法、合规的，且符合公司章程。

当然，李某军会反驳董事会决议解聘自己职务的原因是虚假的，但原因的真假对董事会决议没有影响，原因虚假也不能让董事会撤销决议。原因有二，董事会决议解聘李某军总经理职务的原因如果不存在，并不导致董事会决议撤销。首先，《公司法》尊重公司自治，公司内部法律关系原则上由公司自治机制调整，司法机关原则上不介入公司内部事务。其次，某科技公司的章程中未对董事会解聘公司经理的职权作出限制，并未规定董事会解聘公司经理必须要有一定原因，该章程内容未违反公司法的强制性规定，应认定有效，因此某科技公司董事会可以行使公司章程赋予的权力作出解聘公司经理的决定。故法院应当尊重公司自治，无需审查佳动力公司董事会解聘公司经理的原因是否存在，即无需审查决议所依据的事实是否属实，理由是否成立。综上，原告李某军请求撤销董事会决议的诉讼请求不成立，依法予以驳回。

# 案例8：某纺织公司及其五家子公司实质合并破产重整案

## 一、案例简介

### （一）关键词

民事、破产重整、实质合并破产、关联企业、债转股、预表决。

### （二）裁判要点

（1）当事人申请对关联企业合并破产的，人民法院应当对合并破产的必要性、正当性进行审查。关联企业成员的破产应当以适用单个破产程序为原则，在关联企业成员之间出现法人人格高度混同、区分各关联企业成员财产成本过高、严重损害债权人公平清偿利益的情况下，可以依申请例外适用关联企业实质合并破产方式进行审理。

（2）采用实质合并破产方式的，各关联企业成员之间的债权债务归于消灭，各成员的财产作为合并后统一的破产财产，由各成员的债权人作为一个整体在同一程序中按照法定清偿顺位公平受偿。合并重整后，各关联企业原则上应当合并为一个企业，但债权人会议表决各关联企业继续存续，人民法院审查认为确有需要的，可以准许。

（3）合并重整中，重整计划草案的制定应当综合考虑进入合并的关联企业的资产及经营优势、合并后债权人的清偿比例、出资人权益调整等因素，保障各方合法权益。同时，可以灵活设计"现金＋债转股"等清偿方案、通过"预表决"方式事先征求债权人意见并以此为基础完善重整方案，推动重整的顺利进行。

### （三）相关法条

《中华人民共和国企业破产法》第一条、第二条。

### （四）基本案情

申请人：某纺织公司、某轻纺公司、某针织公司、某机电公司、某贸易公司、某服装公司共同的管理人。

被申请人：某纺织公司、某轻纺公司、某针织公司、某机电公司、某贸易公司、某服装公司。

2017年1月24日，南京市中级人民法院（以下简称南京中院）根据某科技公司的申请，裁定受理某纺织公司（以下简称纺织公司）破产重整案，并于同日指定某律师事务所担任管理人。2017年6月14日，南京中院裁定受理纺织公司对某轻纺公司（以下简称轻纺公司）、某针织公司（以下简称针织公司）、某机电公司（以下简称机电公司）、某贸易公司（以下简称贸易公司）的重整申请及轻纺公司对某服装公司（以下简称服装公司）的重整申请（其中，纺织公司对贸易公司的重整申请经请示江苏省高级人民法院，指定由南京中院管辖）。同日，南京中院指定某律师事务所担任管理人，在程序上对六家公司进行协调审理。2017年8月11日，管理人以纺织公司、轻纺公司、针织公司、机电公司、贸易公司、服装公司等六家公司人格高度混同为由，向南京中院申请对上述六家公司进行实质合并重整。法院经审理查明：

1.案涉六家公司股权情况

纺织公司注册资本5500万元，其中某纺织（集团）总公司（以下简称纺织集团）出资占60.71%，公司工会出资占39.29%。轻纺公司、针织公司、机电公司、贸易公司、服装公司（以下简称五家子公司）注册资本分别为1000万元、500万元、637万元、1000万元、1000万元，纺织公司在五家子公司均出资占51%，五家子公司的其余股份均由职工持有。

2.案涉六家公司经营管理情况

（1）除贸易公司外，其余案涉公司均登记在同一地址，法定代表人存在互相交叉任职的情况，且五家子公司的法定代表人均为纺织公司的高管人员，财务人员及行政人员亦存在共用情形，其中五家子公司与纺织公司共用财务人员进行会计核算，付款及报销最终审批人员相同。

（2）纺织公司和五家子公司间存在业务交叉混同情形，五家子公司的业务由纺织公司具体安排，且纺织公司与五家子公司之间存在大量关联债务及担保。

为防止随意对关联企业进行合并，损害公司的独立人格，损害部分债权人等利益相关者的合法权益，在收到合并重整申请后，南京中院对申请人提出的申请事项和事实理由进行了审查，同时组织债权人代表、债务人代表、职工代表、管理人、审计机构等进行全面的听证，听取各方关于公司是否存在混同事实的陈述，同时对管理人清理的债权债务情况、审计报告，以及各方提交的证据进行全面的审核，并听取了各方对于合并破产重整的意见。

### （五）裁判结果

依照《中华人民共和国企业破产法》（以下简称《企业破产法》）第一条、第二条规定，南京中院于2017年9月29日作出（2017）苏01破1、6、7、8、9、10号民事裁定：轻纺公司、针织公司、机电公司、贸易公司、服装公司与纺织公司合并重整。

依照《企业破产法》第八十六条第二款之规定，南京中院于2017年12月8日作出（2017）苏01破1、6、7、8、9、10号之二民事裁定：（1）批准纺织公司、轻纺公司、针织公司、机电公司、贸易公司、服装公司合并重整计划。（2）终止纺织公司、轻纺公司、针织公司、机电公司、贸易公司、服装公司合并重整程序。

## 二、案例解读

### （一）本案涉及基本法律知识

1. 破产重整

破产重整是《企业破产法》新引入的一项制度，是指专门针对可能或已经具备破产原因但又有维持价值和再生希望的企业，经由各方利害关系人的申请，在法院的主持和利害关系人的参与下，进行业务上的重组和债务调整，以帮助债务人摆脱财务困境、恢复营业能力的法律制度。破产重整制度作为公司破产制度的重要组成部分，已为多数市场经济国家采用。这一制度的实施，对于弥补破产和解、破产整顿制度的不足，防范大公司破产带来的社会问题，具有不可替代的作用。

### 2.关联企业

所谓关联企业，是指与其他企业之间存在直接或间接控制关系或重大影响关系的企业。相互之间具有联系的各企业互为关联企业。关联企业在法律上可表现为由控制公司和从属公司构成。而控制公司与从属公司的形成主要在于关联公司之间的统一管理关系的存在。这种关系往往借助于控制公司对从属公司实质上的控制而形成。

### 3.关联企业实质合并破产的认定

破产法上关联企业认定，更加关注于企业法人人格的混同，而且也是破产实务中大多数关联企业适用实质合并破产程序的理由和条件。

但是，当法院在破产实务中作出是否适用实质合并破产程序的相应判断时，除需考虑公司法上的法人人格混同外，还需以破产法的视角来进行价值考量。诸如在具体的破产案件中权衡破产成本、债权人收益、企业挽救成功的概率等问题，以解决司法实践中纷繁复杂的实际问题，实现破产法律的价值目标。可以说，实质合并破产的操作，已经打破了法人人格混同理论和"揭开公司面纱"的适用手段与方式，如果法院在判定实质合并破产时局限于公司法领域，是不足以解决破产实践中的问题的。法院应采用破产法的逻辑和思维，基于综合的考量而作出相应认定和价值判断。

## （二）本案涉及基本法律原理

### 1.企业破产制度

破产制度是市场经济条件下企业制度的重要内容。市场经济是一种以竞争为特征的经济，竞争的结果必然是优胜劣汰，而优胜劣汰势必决定企业的生存发展和企业的破产。因此，建立适应市场经济的现代企业制度必须建立现代企业破产制度。

破产作为一种法律行为是指债务人不能清偿到期债务时，依法将其全部财产抵偿其所欠各种债务，并依法免除其无法偿还的债务。企业宣告破产可以由债权人申请，也可以由债务人申请。债权人提出申请破产时，应当提供关于债权数额、有无财产担保以及债务人不能清偿到期债务的有关证据。债务人申请破产时，应当说明企业亏损情况，提交会计报表及债权债务清册。企业宣告破产后，要依法清产还债，公平分配，使债权人的合法权益得到必要的保护，同时，企业以其全部财产抵偿债务时，债务超出财产的部分不再偿还，以使企业从长期的债务中解脱出来。

现代企业破产制度有利于加大企业压力，促使企业必须以企业经济效益为根本目标，加强企业的经营管理，提高劳动生产率，改善产品质量，降低产品成本，改进服务质量，形成完善的激励机制与约束机制，加快企业发展速度，确立和巩固企业在市场竞争中的地位。

现代企业破产制度还有利于促进社会资金合理流动，合理配置使用，减少社会资源和社会劳动的浪费，提高整个社会效益。

综上所述，无论被执行人是公民、其他组织，还是企业法人，在财产足以清偿全部债务时，按照执行法院采取执行措施的先后顺序受偿。在其财产不足以清偿全部债务时，如果被执行人是公民、其他组织，申请执行人原则上按照债权比例受偿；如果被执行人是企业法人，应依法先行移送破产，无法进入破产程序时，按照财产保全和查封、扣押、冻结财产的先后顺序清偿。当然，无论先后受偿还是比例受偿，均应先清偿享有优先受偿权的债权。

### （三）释法说理

法院生效裁判认为：公司人格独立是公司制度的基石，关联企业成员的破产亦应以适用单个破产程序为原则。但当关联企业成员之间存在法人人格高度混同、区分各关联企业成员财产成本过高、严重损害债权人公平清偿利益时，可以适用关联企业实质合并破产方式进行审理，从而保障全体债权人能够公平受偿。

本案中，案涉六家公司存在人格高度混同情形，主要表现在：人员任职高度交叉，未形成完整独立的组织架构；共用财务及审批人员，缺乏独立的财务核算体系；业务高度交叉混同，形成高度混同的经营体，客观上导致六家公司收益难以正当区分；六家公司之间存在大量关联债务及担保，导致各公司的资产不能完全相互独立，债权债务清理极为困难。在此情形下，法院认为，及时对各关联企业进行实质性的合并，符合破产法关于公平清理债权债务、公平保护债权人、债务人合法权益的原则要求。《企业破产法》的立法宗旨在于规范破产程序，公平清理债权债务，公平保护全体债权人和债务人的合法权益，从而维护社会主义市场经济秩序。在关联企业存在人格高度混同及不当利益输送的情形下，不仅严重影响各关联企业的债权人公平受偿，同时也严重影响了社会主义市场经济的公平竞争原则，从根本上违反了企业破产法的实质精神。在此情形下，对人格高度混同的关联企业进行合并重整，纠正关联企业之间不当利益输送、相互控制等违法违规行为，保障各关联企业的债权人公平实现债权，符合法律规定。具体到债权人而言，在分别重整的情形下，各关联企业中的利益实质输入企业的普通债权人将获得额外清偿，而利益实质输出企业的普通债权人将可能遭受损失。因此，在关联企业法人人格高度混同的情况下，单独重整将可能导致普通债权人公平受偿的权利受到损害。进行合并后的整体重整，部分账面资产占优势的关联企业债权人的债权清偿率，虽然可能较分别重整有所降低，使其利益表面上受损，但此种差异的根源在于各关联企业之间先前的不当关联关系，合并重整进行债务清偿正是企业破产法公平清理债权债务的体现。

依照《企业破产法》第一条、第二条规定，南京中院于2017年9月29日作出（2017）苏01破1、6、7、8、9、10号民事裁定：轻纺公司、针织公司、机电公司、贸易公司、服装公司与纺织公司合并重整。

合并重整程序启动后，管理人对单个企业的债权进行合并处理，同一债权人对六家公司同时存在债权债务的，经合并进行抵销后对债权余额予以确认，六家关联企业相互之间的债权债务在合并中作抵销处理，并将合并后的全体债权人合为一个整体进行分组。根据破产法规定，债权人分为有财产担保债权组、职工债权组、税款债权组、普通债权组，本案因全体职工的劳动关系继续保留，不涉及职工债权清偿问题，且税款已按期缴纳，故仅将债权人分为有财产担保债权组和普通债权组。同时设出资人组对出资人权益调整方案进行表决。

鉴于纺织公司作为具有较高影响力的纺织外贸企业，具有优质的经营资质及资源，同时五家子公司系外贸企业的重要平台，故重整计划以纺织公司等六家公司作为整体，引入投资人，综合考虑进入合并的公司的资产及经营优势、合并后债权人的清偿、出资人权益的调整等，予以综合设计编制。其中重点内容包括：

1. 引入优质资产进行重组，盘活企业经营

进入重整程序前，案涉六家公司已陷入严重的经营危机，重整能否成功的关键在于是否能够真正盘活企业经营。基于此，本案引入某控股、某纺织集团等公司作为重整投资方，以所持上市公司股权等优质资产对纺织公司进行增资近 12 亿元。通过优质资产的及时注入对企业进行重组，形成新的经济增长因子，盘活关联企业的整体资源，提高债务清偿能力，恢复企业的经营能力，为重塑企业核心竞争力和顺利推进重整方案执行奠定了坚实基础。同时，作为外贸企业，员工的保留是企业能够获得重生的重要保障。重整计划制定中，根据外贸企业特点，保留全部职工，并通过职工股权注入的方式，形成企业经营的合力和保障，从而保障重整成功后的企业能够真正获得重生。

2. 调整出资人权益，以"现金＋债转股"的方式统一清偿债务，并引入"预表决"机制

案涉六家公司均系外贸公司，自有资产较少，在债务清偿方式上，通过先行对部分企业资产进行处置，提供偿债资金来源。在清偿方式上，对有财产担保、无财产担保债权人进行统一的区分。对有财产担保的债权人，根据重整程序中已处置的担保财产价值及未处置的担保财产的评估价值，确定有财产担保的债权人优先受偿的金额，对有财产担保债权人进行全额现金清偿。对无财产担保的普通债权人，采用部分现金清偿、部分以股权置换债权（债转股）的方式清偿的复合型清偿方式，保障企业的造血、重生能力，最大化保障债权人的利益。其中，将增资入股股东的部分股权与债权人的债权进行置换（债转股部分），具体而言，即重整投资方某纺织集团以所持（将其所持的）纺织公司的部分股份，交由管理人按比例置换债权人所持有的债权的方式进行清偿，某纺织集团免除纺织公司及五家子公司对其负有的因置换而产生的债务。清偿完毕后，债权人放弃对纺织公司及五家子公司的全部剩余债权。由于采用了"现金＋债转股"的复合型清偿方式，债权人是否愿意以此种方式进行受偿，是能否重整成功的关键。因此，本案引入了"预表

决"机制，在重整计划草案的制定中，由管理人就债转股的必要性、可行性及清偿的具体方法进行了预先的说明，并由债权人对此预先书面发表意见，在此基础上制定完善重整计划草案，并提交债权人会议审议表决。从效果看，通过"债转股"方式清偿债务，在重整计划制定过程中进行预表决，较好地保障了债权人的知情权和选择权，自主发表意见，从而使"债转股"清偿方式得以顺利进行。

2017年11月22日，案涉六家公司合并重整后召开第一次债权人会议。管理人向债权人会议提交了合并重整计划草案，各关联企业继续存续。经表决，有财产担保债权组100%同意，普通债权组亦93.6%表决通过计划草案，出资人组会议也100%表决通过出资人权益调整方案。法院经审查认为，合并重整计划制定、表决程序合法，内容符合法律规定，公平对待债权人，对出资人权益调整公平、公正，经营方案具有可行性。

# 参考文献

[1] 刘凯湘. 合同法 [M]. 北京: 中国法制出版社, 2010.

[2] 王利明. 合同法新问题研究 [M]. 北京: 中国社会科学出版社, 2011.

[3] 王泽鉴. 民法概要 [M]. 北京: 中国政法大学出版社, 2003.

[4] 苏永钦. 私法自治中的经济理性 [M]. 北京: 中国人民大学出版社, 2004.

[5] 姜太生, 张静, 苏攀. 法律理论研究与法律实务 [M]. 长春: 吉林人民出版社, 2021.

[6] 王轶. 民法典的规范配置: 以对我国《合同法》规范配置的反思为中心 [J]. 烟台大学学报 (哲学社会科学版), 2005 (3): 276-282.

[7] 刘显鹏, 孙心锐. 民事公告送达期限制度完善探析 [J]. 保定学院学报, 2022 (6): 24-29, 36.

[8] 姚相丞. 浅谈驰名商标保护中的商标权滥用和法律规制 [J]. 中国集体经济, 2022 (33): 100-103.

[9] 曹琳. 企业合同管理法律风险识别与防范研究 [J]. 中国集体经济, 2022 (33): 104-106.

[10] 曲文红. 商业秘密法律保护的探讨 [J]. 中国集体经济, 2022 (34): 114-116.

[11] 王青斌. 行政法总则的立法技术 [J]. 法学, 2022 (11): 17-30.

[12] 李袁婕. 文物保护法立法四十年 [J]. 故宫博物院院刊, 2022 (11): 125-141, 147.

[13] 叶子涵, 苏思娴, 王浩琦. 农村宅基地使用权抵押法律问题探讨 [J]. 合作经济与科技, 2022 (24): 182-185.

[14] 刘臻琨. 谈商业租赁权质押 [J]. 合作经济与科技, 2022 (23): 184-186.

[15] 裴炜. 论刑事诉讼中的算法推论及其规制 [J]. 安徽师范大学学报（人文社会科学版），2022（6）：107-115.

[16] 王帆，张娟. 入罪原则视角下增设侵犯隐私罪的正当性研究 [J]. 哈尔滨学院学报，2022（11）：42-46.

[17] 王勇. 论民法典时代我国法院直接适用条约的法律指引模式之革新 [J]. 法学评论，2022，40（6）：152-164.

[18] 何松威.《民法典》"民事权利"章的理论阐释 [J]. 法制与社会发展，2022（6）：79-96.

[19] 曹相见. 论人格的纯粹性：以人格与财产的关系为中心 [J]. 法制与社会发展，2022（6）：121-136.

[20] 邹海林. 所有权保留的制度结构与解释 [J]. 法治研究，2022（6）：35-56.

[21] 吴俏. 我国法定继承人的范围和顺序 [J]. 法制博览，2022（30）：154-156.

[22] 康子豪. 法秩序统一性视野下民刑防卫限度之协调 [J]. 法学，2022（10）：80-95.

[23] 王彦木. 论民法情势变更制度在行政协议领域的适用 [J]. 西部学刊，2022（18）：65-68.

[24] 李岱键.《民法典》中紧急救助行为责任豁免制度研究 [J]. 法制博览，2022（28）：112-114.

[25] 王茵. 刑事司法领域生态修复责任适用检视 [J]. 黑龙江生态工程职业学院学报，2022，35（6）：72-76.

[26] 卓家武，赵辰熹. 公民个人信息在刑法上的范围界定 [J]. 蚌埠学院学报，2022（6）：107-111.

[27] 骆群. 刑法中的被害人责任研究 [J]. 社会科学战线，2022（11）：211-223.

[28] 李钛戈. 刑法修正案视角下的溯及力问题研究 [J]. 法制博览，2022（31）：39-41.

[29] 刘宪权. 擅自处理公开的个人信息行为的刑法认定 [J]. 中国应用法学，2022（5）：20-33.

[30] 高永明. 刑法法益自由主义意义的检视 [J]. 法律科学（西北政法大学学报），2022（6）：161-172.

[31] 曹兴华，张浩. 刑法中基于生命法益考量的死亡判定标准之选择 [J]. 医学与法学，2022（5）：17-24.

[32] 德庆白珍. 刑法中义务冲突的内涵及构成要件探析 [J]. 法制博览，2022（28）：36-38.

[33] 万霞鸿. 特殊防卫中"行凶"一词的司法适用 [J]. 法制博览，2022（28）：160-162.

[34] 陈兴良. 正当防卫：以刑民比较为视角的规范诠释 [J]. 交大法学，2022（5）：5-15.

[35] 王青斌. 行政法总则的立法技术 [J]. 法学，2022（11）：17-30.

[36] 殷鹏飞，王芳. 行政法不确定性法律概念具体化的司法审查 [J]. 中共银川市委党校学报，2022（4）：72-79.

[37] 刘飞. 行政法中信赖保护原则的适用要件：以授益行为的撤销与废止为基点的考察 [J]. 比较法研究，2022（4）：128-141.

[38] 李慧. 行政法学研究现状与发展趋势探析 [J]. 法制博览，2022（23）：163-165.

[39] 吴欢. 中国式行政法治现代化新道路的逻辑与底蕴 [J]. 荆楚法学，2022（4）：85-96.

[40] 刘文浩. 论我国行政法法典化的本土构建 [J]. 行政与法，2022（7）：57-63.

[41] 马怀德. 中国行政法典的时代需求与制度供给 [J]. 中外法学，2022，34（4）：845-864.

[42] 邢雪. 行政处罚决定公开范围的界定 [J]. 中共青岛市委党校 青岛行政学院学报，2022（3）：102-109.

[43] 王祚远. 我国行政法法典化"三步走"路径探析 [J]. 长春大学学报, 2022, 32（5）: 69-74.

[44] 王青斌, 张雅杰. 试论我国行政法总则的功能价值及体系定位 [J]. 中国司法, 2022（5）: 33-37.

[45] 许光耀. 垄断行为非法性的认定标准及反垄断分析的基本方法 [J]. 广东社会科学, 2022（6）: 237-283.

[46] 周琦. 污染环境罪刑法保护前置化研究 [D]. 贵阳: 贵州大学, 2022.

[47] 苗艺楠. 民事裁判的刑法意义研究 [D]. 北京: 中国人民公安大学, 2022.

[48] 高金龙. 非法利用信息网络罪司法认定问题研究 [D]. 呼和浩特: 内蒙古大学, 2022.

[49] 王小燕. 破产重整中债务人自行管理制度研究 [D]. 青岛: 青岛科技大学, 2022.

[50] 任永荣. 债权人代位权诉讼研究 [D]. 开封: 河南大学, 2021.